RECHERCHES
PHILOSOPHIQUES
SUR
LES EGIPTIENS
ET
LES CHINOIS.

RECHERCHES
PHILOSOPHIQUES
SUR
LES EGYPTIENS
ET
LES CHINOIS.

Par l'Auteur des Recherches sur les Amériquains.

TOME PREMIER.

A BERLIN.
Chez C. J. DECKER, Imprimeur du Roi.

M. DCC. LXXIII.

RECHERCHES
PHILOSOPHIQUES
SUR LES EGYPTIENS
ET LES CHINOIS.

PREMIERE PARTIE.

SECTION I.

Discours Préliminaire.

J'EXAMINERAI, dans cet ouvrage, en quoi les anciens Egyptiens ont ressemblé aux Chinois modernes, & en quoi ils en ont différé.

Pour bien approfondir toutes ces choses, j'entrerai dans de grandes discussions : car si l'on vouloit toujours s'en tenir aux apparences, on risqueroit de rester toujours dans l'illusion.

Les conformités, qu'on croit quelquefois découvrir entre deux peuples fort éloignés, peuvent tromper extrêmement ceux qui, au lieu de faire là-dessus des recherches, font des systêmes.

On trouvera ici un grand nombre d'observations, bien propres à nous faire connoître les mœurs, les usages, & même la constitution physique, & les maladies des deux nations très-singulieres à tous égards ; mais qu'on connoît beaucoup moins, dans ce dix-huitieme

Tome I.   A

siecle, que l'on seroit tenté de le croire. Ce qui provient des obstacles qu'on rencontre en étudiant les monuments de l'Egypte, & les rélations de la Chine, où rien n'est plus commun que les contradictions; & c'est un bonheur que les voyageurs se soient contredits eux-mêmes; sans quoi il ne seroit pas si aisé de les convaincre qu'ils nous en ont imposé. Ces contradictions doivent sur-tout être imputées à leur peu de capacité à décrire les arts, les métiers, la maniere de se nourrir, & tous ces objets essentiels par lesquels les véritables philosophes cherchent à connoître les nations.

Ce qui a paru mériter une attention particuliere, c'est le système que les Egyptiens avoient formé sur les aliments : en développant, par le secours de l'Histoire Naturelle, toutes les parties de leur régime diététique, je me suis d'abord apperçu qu'on n'en avoit jamais eu la moindre connoissance à la Chine; de sorte que, si les Chinois pratiquent aujourd'hui l'incubation artificielle des œufs; c'est par un pur hazard, qu'ils ressemblent de ce côté-là aux habitants de l'ancienne Egypte, où l'incubation artificielle étoit, pour ainsi dire, liée au régime de la classe sacerdotale. Mais ce qui a paru mériter une attention encore plus grande, c'est l'enchaînement de toutes les causes physiques & morales, qui ont tenu les sciences & les beaux-arts dans une éternelle enfance parmi les Chinois. Quand ils parlent de leur antiquité, ils disent que le secret de tailler & de polir le marbre leur est connu depuis plus de quatre-mille ans; & cependant ils n'ont jamais fait une belle statue : il y a aussi très-long-temps sans doute, qu'ils manient le pinceau, ils le manient même tous les jours : cependant leurs Peintres ne me paroissent pas encore avoir égalé leurs Sculpteurs.

Au reste, le peu de progrès, qu'ils ont fait dans ces arts, ne les rend pas inférieurs aux autres peuples de l'Asie méridionale & de l'Afrique; mais ce qui les rend inférieurs à tous les peuples policés, c'est leur ignorance dans l'Astronomie. Les Japonnois, les Indous, les Persans & les Turcs font au moins des Almanachs sans le secours des Etrangers : mais les Chinois, qui croient avoir observé les astres depuis tant de siecles, ne font pas encore de nos jours en état de composer un bon Almanach. Ce qu'il y a de triste, c'est qu'il leur est souvent arrivé, & qu'il leur arrivera probablement encore fort souvent, de faire, par une fausse intercalation, l'année de treize mois, lorsqu'elle devoit être de douze. On en eut un exemple mémorable en 1670, & personne dans toute l'étendue de l'Empire, ne s'apperçut de l'erreur, hormis quelques Européens, qui se trouvoient à Pekin par hazard, & qui y acquirent la réputation d'être de grands Philosophes; parce qu'ils prouverent si clairement, qu'il s'étoit glissé dans l'année courante un mois surnuméraire, qu'on se détermina à le retrancher, & à punir du dernier supplice le malheureux calculateur, qui avoit inséré cette petite faute dans ses Ephémérides; c'étoit joindre la cruauté la plus atroce à l'ignorance la plus grossiere. Car enfin un Astrologue, qui avoit fait l'année de treize mois, ne méritoit pas d'avoir la tête coupée. La nouvelle édition de quarante-cinq-mille *Tangsio*, ou Calendriers plus corrects, dont on envoya trois-mille dans chaque province, suffisoit pour réparer le mal autant qu'il pouvoit l'être.

Il y avoit plus de deux-cent ans alors, que des hommes, qu'on a pris pour des Arabes, & qui n'étoient tout au plus que des Mahométans nés à la Chine, remplissoient le Tribunal des

Mathématiques, si l'on peut donner ce nom à une espece d'Académie composée de Mahométans. Cependant les Chinois, malgré leur insupportable orgueil, s'étoient adressés à ces prétendus Arabes pour obtenir d'eux des Calendriers; sans quoi ils n'eussent pas su, à 20 ou 30 jours près, quand ils avoient le nouvel an, ou la fête des lanternes, & ils ne sauroient pas encore, s'ils ne payoient un Jésuite Allemand nommé Hallerstein, qui calcule pour eux, qui leur prédit les éclipses, & qui est enfin Président de ce Tribunal des Mathématiques, où depuis l'expulsion des Tartares Mongols, on n'a pas vu d'Assesseur en état de comprendre une proposition d'Euclide.

On dira qu'il est étonnant, que le P. Verbiest, qui a occupé, il y a si long-temps, le même emploi qu'occupe aujourd'hui le P. Hallerstein, n'ait pu instruire quelques jeunes Chinois au moins dans les premiers élémens de l'Astronomie. Mais il faut que cela ne soit pas si aisé qu'on se l'imagine, ni peut-être même possible. Je sai qu'on a soupçonné les Jésuites d'entretenir les Chinois dans leur ignorance, pour perpétuer leur crédit à la Cour de Pekin: mais la vérité est, que le P. Verbiest n'avoit point précisément toute l'habileté qu'on lui suppose; puisqu'il s'est trompé en prenant la latitude de Pekin, & cette erreur a été insérée dans les Mémoires de l'Académie des Sciences de Paris, où il a bien fallu la corriger depuis.

Il faut observer ici, que le P. Gaubil a fait de grands efforts pour convaincre les Savans de l'Europe, que les anciens Chinois étoient très-éclairés, mais que leurs descendans insensiblement abrutis, sont tombés dans la nuit de l'ignorance (*); ce qui est non-seulement faux,

---

(*) *Histoire abrégée de l'astronomie Chinoise.* Tom. II, pag. 2. & suivantes.

mais même impossible. Si les Astronomes, qui vivoient sous la Dynastie des *Hans*, eussent déterminé dans leurs écrits la véritable figure de la Terre, nous ne verrions point quelques années après, d'autres Astronomes Chinois, qui devoient avoir ces écrits-là sous les yeux, soutenir opinâtrément que la terre est carrée : aussi en 1505 n'avoient-ils aucune idée ni de la longitude, ni de la latitude des villes de leur pays : car quand on fait la Terre carrée, on se perd dans tant d'absurdités, qu'il ne seroit pas aisé de les compter toutes.

C'est réellement se moquer du monde, de vouloir qu'un tel peuple ait été en état d'écrire ses Annales l'astrolabe à la main, & de vérifier, comme disent des Enthousiastes, l'histoire de la Terre par l'histoire du Ciel.

Sous la Dynastie des Mongols, il passa à la Chine quelques Savants de Balk, que l'on y appella pour faire des Almanachs, tout comme les Jésuites y ont été appellés de nos jours pour le même objet : or ce sont ces Savants-là, qui ont vraisemblablement calculé après coup quelques observations & quelques éclipses, que les Chinois ont insérées dans les nouvelles éditions de leurs livres : car on n'ignore pas qu'ils sont souvent obligés de faire de nouvelles éditions à cause de la mauvaise qualité du papier qu'ils employent, & qui se gâte encore plutôt sous leur climat qu'en Europe, quelque précaution qu'ils prennent de le musquer pour en éloigner les teignes & les vers. Mais soit que les Chinois n'ayent pas compris les calculs qu'on avoit fait pour eux, soit qu'ils les ayent mal traduits, il est certain que la plûpart des éclipses se sont trouvées fausses ; & on sait que Mr. Cassini, en examinant l'observation d'un solstice d'hiver, très-célebre dans les Fastes de la Chine, y a découvert une erreur de plus de quatre-cent-quatre-vingt-dix-sept ans (*).

Ce sont ces mêmes hommes de la Bactriane, dont je viens de parler, qui ont indubitablement fabriqué pour les Chinois quelques instruments & des globes, dont les Chinois n'ont jamais été en état de se servir ; & loin que ces secours ayent contribué à les instruire, ils n'ont contribué qu'à les précipiter dans l'erreur la plus singuliere dont on ait jamais ouï parler chez aucun peuple du Monde : j'expliquerai plus amplement tout ceci dans une autre Section, où, en parlant de l'Architecture, je ferai mention des prétendus Observatoires de Pekin & de Nankin.

Il seroit à souhaiter sans doute, que l'opinion la plus commune qu'on a des Chinois en Europe, fût bien fondée : on croit que n'ayant pu réussir dans les Sciences qui dépendent immédiatement du génie, ils ont dirigé tous leurs efforts vers une Science qui dépend uniquement de la raison, c'est-à-dire, la Morale : on ose nous assurer qu'ils ont porté la Morale à un degré de perfection où il n'a jamais été possible d'atteindre en Europe : mais je suis fâché de n'avoir pu découvrir, après tant de recherches, la moindre trace de cette Philosophie si sublime ; & cependant je ne crois pas avoir manqué absolument de pénétration en un point si essentiel.

Ce n'est point dans le meurtre des enfants, tel qu'on le voit commettre tous les jours dans toutes les villes de la Chine depuis Canton jusqu'à Pekin, que peuvent consister les progrès

---

(*) *Mémoires de l'académie des sciences de Paris.* Tom. VIII.

de la Morale : ils ne consistent pas non plus dans la fureur de châtrer des milliers de garçons par an, ce qui révolta même, au temps de la conquête, les Tartares *Mandhuis*, que nous nommons assez improprement *Mantcheoux*. Il est bien certain, sans parler ici de la Poligamie, qu'on ne découvre point les véritables notions du Droit naturel dans l'esclavage domestique, tel qu'il est établi à la Chine, où l'on réduit tant d'hommes nés libres à la condition des bêtes : car les Chinois peuvent, tout comme les Negres, vendre leurs enfants ; & jamais leurs Législateurs n'ont eu la moindre idée des bornes du pouvoir paternel : on verra, à la vérité, dans le cours de cet Ouvrage, que c'est là un écueil qu'aucun Législateur de l'antiquité n'a su éviter : mais il s'en faut de beaucoup que l'erreur générale des Législateurs de l'antiquité puisse justifier les Chinois, qu'on ne doit, par conséquent, pas comparer aux peuples de l'Europe, qui ont détruit chez eux l'esclavage & découvert les véritables bornes du pouvoir paternel : ce qui est le chef-d'œuvre de la législation.

Il ne reste donc après tout ceci que l'extrême bonne-foi des marchands Chinois, qui sont assurément de grands Moralistes ; puisqu'ils écrivent à l'entrée de toutes leurs boutiques Pou-Hou, c'est-à-dire : *ici on ne trompe personne*. Ce qu'ils n'auroient point pensé à écrire, s'ils n'avoient été très-résolus d'avance de tromper tout le monde : aussi les enfants mêmes savent, qu'ils ont de fausses aunes & qu'ils ont encore de fausses balances : si on les leur ôtoit aujourd'hui, ils en feroient demain de nouvelles. On n'a pu jusqu'à présent concevoir en Europe pourquoi les marchands de la Chine sont si fripons, ni pourquoi il y a un nombre si prodigieux de voleurs, qui dévastent de temps en temps les provinces : cependant ces choses, qu'on croiroit avoir entre elles le rapport le plus intime, proviennent de causes différentes.

Quant aux Lettrés de ce pays-là, il doit paroître un peu étrange qu'ils se laissent croître les ongles, de peur qu'on ne les prenne pour des Laboureurs : cependant ils ne sont pas assez savants à beaucoup près, pour vouloir être si nobles. Seroit-ce bien dans les vrais principes de la Morale qu'ils auroient trouvé que la Terre déshonore ceux qui la cultivent? On dira que ceci contraste extrêmement avec cette cérémonie où l'Empereur laboure lui-même : oui sans doute cela contraste aux yeux des Européens, qui ont une idée très-fausse de cette cérémonie-là. Par tout où l'Empereur de la Chine passe, il faut bien, sous peine de mort, se renfermer dans sa maison de peur de le voir ; & cette défense ne se leve pas, comme on l'a cru, le jour du labourage, où l'on étale, en présence de quelques Courtisans, tant de faste, on y dore tellement les cornes des bœufs & la flêche de la charrue, que cet appareil est encore au nombre des causes qui déterminent les Lettrés ou ceux qu'on appelle ainsi, à ne se pas couper les ongles. Quand ensuite de tels hommes parlent de défricher les terres, on n'a nulle confiance en leurs maximes : aussi y a-t-il à la Chine bien des terres incultes, qui ne seront défrichées de long-temps, & c'est une fureur des faiseurs de Relations, de vouloir qu'il n'y ait pas dans toute l'étendue de cet Empire, un pouce de terrain, qui ne soit mis en valeur ; tandis que dans l'intérieur des provinces il n'y a presque aucune ombre de culture ; ce qui produit ces famines si fréquentes & ces malheurs dont je parlerai : car il ne s'agit pas du tout dans cet ouvrage, de l'opinion que quelques Européens ont de la Chine ; mais il s'agit d'y citer des faits.

D'un autre côté les Lettrés sont assez généralement soupçonnés d'avoir supposé des histoires & des livres, même sous le nom de Confucius, auquel on attribue des écrits qu'il n'a pu lire : & il faut bien croire pour son honneur, que le *Tchun-Sieou* ou le *Printemps & l'Automne*, qu'on lui a attribué, n'est pas de lui. C'est une misérable petite chronique des Rois de *Lou* ; où on ne doit chercher ni l'esprit philosophique, ni le style, ni la maniere des grands historiens Grecs ou Latins, ni même de nos grands historiens modernes : il n'y a rien de tout cela. Je ne dis point que ce seroit un crime de supposer un Traité de Morale sous le nom de Socrate ou de Théophraste : car si les maximes en sont bonnes, il importe très-peu de savoir qui les a dictées. Mais il n'en est pas ainsi des monuments historiques : ceux qui les altérent, sont aussi coupables que s'ils altéroient un titre.

Au reste, ce n'est point mon idée de vouloir insinuer ici avec quelques savants, que toutes les Annales de la Chine antérieures à notre Ere, sont des piéces fabriquées. J'ose même mettre en fait qu'on raisonne très-mal, lorsqu'on dit que les historiens de la Chine ont été des menteurs, parce que les astronomes de la Chine ont été des ignorants qui ont fait leurs preuves ; puisqu'une histoire, quelle qu'elle soit, n'a pas besoin d'être vérifiée par des Observations astronomiques : j'ose encore mettre en fait, que les observations peuvent être fausses, sans que l'histoire où on les a inférées, cesse d'être véritable. Mézerai, qui étoit versé à peu près dans ces matieres autant que les Chinois le sont, a décrit une éclipse, laquelle a été examinée de nos jours, & il s'est trouvé qu'elle n'a pu arriver de la maniere dont elle est décrite ; d'où il résulte que Mézerai s'est trompé uniquement touchant cette éclipse-là : car on sait bien que les autres faits, qu'il rapporte, sont à peu près vrais. Ainsi cette méthode, qu'on a cru si propre à nous conduire à l'évidence, n'est propre qu'à nous jeter dans l'incertitude : car dans quelle incertitude ne tomberions-nous point, si nous voulions faire dépendre la vérité d'un fait historique de l'habilité plus ou moins grande d'un astronome, & sur tout d'un astronome Chinois.

Ce n'est donc point parce que les Annales de la Chine contiennent des observations très-mal faites, qu'on peut absolument suspecter le témoignage des Historiens. Mais il y a un autre point bien plus essentiel, sur lequel il n'est pas également facile de les excuser. Tout ce qu'ils disent, par exemple, du développement des Arts & des Métiers est assurément un amas grossier de fictions. Dans ces Historiens toutes les découvertes se font comme par enchantement, & se succédent avec une rapidité inconcevable : ce qu'il y a de pis, c'est que toutes ces découvertes sont encore attribuées à des Princes : tandis que nous savons que les Princes ne font jamais de découvertes ou que très-rarement. C'est l'Empereur *Fo-hi*, qui invente l'Almanach & les filets à pêcher, qu'il eût été plus raisonnable de faire inventer par un astrologue & par un pêcheur. C'est l'Emp. *Chung-nung*, qui invente toute la Médecine : en un jour il apprend les caracteres de soixante plantes venimeuses, & en un jour il apprend les vertus de soixante plantes médicinales, tandis que les Chinois n'ont pas encore aujourd'hui la moindre idée d'un vrai systême de Botanique. C'est enfin l'empereur *Hoangti*, qui invente l'art de filer la laine, & c'est l'Impératrice sa femme qui invente l'art de filer la soie : ensuite cet homme découvre en moins d'un instant tous les procédés de la Métallurgie ; ce qui a donné lieu à l'exagerateur Martini d'en faire un Alchymiste : mais c'est là une particularité que j'examinerai ailleurs dans un article séparé, dont le but est de rechercher pourquoi les Egyptiens & les Chinois ont été également accusés d'avoir travaillé à l'Alchymie, quelque peu croyable que cela paroisse. Au reste, on voit par tout ceci, que l'on a dû faire à la Chine, en un laps de trois ou quatre siecles, plus de découvertes que les hommes n'en ont pu faire naturellement en trois ou quatre-mille ans ; c'est qui est aussi faux, que cela est absurde.

Il y a, comme on sait, dans ce pays-là des sectateurs de *Laokium*, que les Jésuites ont eu tort d'accuser d'être à la fois athées, sorciers & idolâtres : or ces sectateurs de *Laokium* sont fort portés à admettre une longue suite de siecles antérieurs à Fo-hi, soit qu'ils ayent considéré que les inventions relatives aux arts & aux métiers, ne sauroient être renfermées dans un cercle si étroit, soit qu'ils ayent quelque penchant pour le système de la transmigration des ames : car je trouve que tous les peuples, qui croyent la transmigration des ames, font le monde beaucoup plus ancien que ceux qui ne la croyent pas, comme on le voit par la prodigieuse période des Thibetains & des Indous, qu'on soupçonne avoir été portée à la Chine, où elle a donné lieu d'imaginer ce que le Prince Ulug Beig, neveu de l'empereur Tamerlan, appelle l'*Époque du Chatai* ; & on sait que cette époque, encore suivie aujourd'hui, remonte à

décrit une éclipse, laquelle a été examinée de nos jours, & il s'est trouvé qu'elle n'a pu arriver de la maniere dont elle est décrite ; d'où il résulte que Mézerai s'est trompé uniquement touchant cette éclipse-là : car on sait bien que les autres faits, qu'il rapporte, sont à peu près vrais. Ainsi cette méthode, qu'on a cru si propre à nous conduire à l'évidence, n'est propre qu'à nous jeter dans l'incertitude : car dans quelle incertitude ne tomberions-nous point, si nous voulions faire dépendre la vérité d'un fait historique de l'habilité plus ou moins grande d'un astronome, & sur tout d'un astronome Chinois.

Ce n'est donc point parce que les Annales de la Chine contiennent des observations très-mal faites, qu'on peut absolument suspecter le témoignage des Historiens. Mais il y a un autre point bien plus essentiel, sur lequel il n'est pas également facile de les excuser. Tout ce qu'ils disent, par exemple, du développement des Arts & des Métiers est assurément un amas grossier de fictions. Dans ces Historiens toutes les découvertes se font comme par enchantement, & se succédent avec une rapidité inconcevable : ce qu'il y a de pis, c'est que toutes ces découvertes sont encore attribuées à des Princes : tandis que nous savons que les Princes ne font jamais de découvertes ou que très-rarement. C'est l'Empereur *Fo-hi*, qui invente l'Almanach & les filets à pêcher, qu'il eût été plus raisonnable de faire inventer par un astrologue & par un pêcheur. C'est l'Emp. *Chung-nung*, qui invente toute la Médecine : en un jour il apprend les caracteres de soixante plantes venimeuses, & en un jour il apprend les vertus de soixante plantes médicinales, tandis que les Chinois n'ont pas encore aujourd'hui la moindre idée d'un vrai systême de Botanique. C'est enfin l'empereur *Hoangti*, qui invente l'art de filer la laine, & c'est l'Impératrice sa femme qui invente l'art de filer la soie : ensuite cet homme découvre en moins d'un instant tous les procédés de la Métallurgie ; ce qui a donné lieu à l'exagerateur Martini d'en faire un Alchymiste : mais c'est là une particularité que j'examinerai ailleurs dans un article séparé, dont le but est de rechercher pourquoi les Egyptiens & les Chinois ont été également accusés d'avoir travaillé à l'Alchymie, quelque peu croyable que cela paroisse. Au reste, on voit par tout ceci, que l'on a dû faire à la Chine, en un laps de trois ou quatre siecles, plus de découvertes que les hommes n'en ont pu faire naturellement en trois ou quatre-mille ans ; c'est qui est aussi faux, que cela est absurde.

Il y a, comme on sait, dans ce pays-là des sectateurs de *Laokium*, que les Jésuites ont eu tort d'accuser d'être à la fois athées, sorciers & idolâtres : or ces sectateurs de *Laokium* sont fort portés à admettre une longue suite de siecles antérieurs à Fo-hi, soit qu'ils ayent considéré que les inventions relatives aux arts & aux métiers, ne sauroient être renfermées dans un cercle si étroit, soit qu'ils ayent quelque penchant pour le systême de la transmigration des ames : car je trouve que tous les peuples, qui croyent la transmigration des ames, font le monde beaucoup plus ancien que ceux qui ne la croyent pas, comme on le voit par la prodigieuse période des Thibetains & des Indous, qu'on soupçonne avoir été portée à la Chine, où elle a donné lieu d'imaginer ce que le Prince Ulug Beig, neveu de l'empereur Tamerlan, appelle l'*Epoque du Chatai* ; & on sait que cette époque, encore suivie aujourd'hui, remonte à plus de quatre-vingt-huit millions d'années avant notre Ere (*). En Europe on dit qu'il faut être fou, pour adopter une telle période, & les *Fo-schang* disent à leur tour, qu'il faut être fou pour la rejeter.

Il me paroît plus que probable que les Chinois ont été réunis en un corps de nation pendant plusieurs siecles, sans savoir écrire ; de sorte que, quand ils parvinrent au point de savoir écrire, on avoit oublié entiérement le nom de ceux qui firent les premieres découvertes dans les Arts. Cependant pour ne p.s laisser à cet égard de vuide dans les annales, on les a remplies de fables puériles de la force de celles dont j'ai rendu compte ; & si l'on y a choisi les empereurs pour leur attribuer toutes les inventions, cela provient des idées serviles que les hommes puisent dans l'esclavage : car c'est le propre des esclaves de prêter à leurs maîtres mille fois plus de lumieres qu'ils n'en ont.

Tout ce qu'on peut dire avec vérité, c'est que les Chinois sont un peuple extrêmement ancien : leur langue & leur maniere d'écrire le démontrent beaucoup mieux que les annales de *Semet-tsien*, qui est comme l'Hérodote de la Chine, & qui le premier remua, dit-on, les cendres de cet incendie des livres, excité, comme l'on croit, par l'empereur *Dzinschi-chuan-di*. Mr. Fourmont prétend que ce prince n'a pu, par un tel moyen, détruire toutes les copies d'un ouvrage ; & il cite, pour le prouver, l'exemple du Thalmud, qu'il ne fut pas possible, selon lui, d'anéantir au temps de cette odieuse persécution, qui a beaucoup affermi les Juifs dans

---

(*). *Epochæ celebriores Chataiorum*, pag. 50, in-4to, édition de Londres.

sur les Egyptiens & les Chinois.

leur croyance, comme cela étoit fort naturel; mais Mr. Fourmont ne devoit pas citer un tel exemple, ni comparer entre elles des choses, qui ne sont nullement comparables. Le comble de l'extravagance étoit de vouloir anéantir des livres répandus parmi des hommes, qui sont à leur tour répandus sur tout le globe : quand on persécutoit les Juifs en Europe à cause de leur Thalmud, on ne les persécutoit pas en Asie, ni en Afrique, à cause de leur Thalmud ou de ce monstrueux recueil d'absurdités qu'on appelle de ce nom. Mais il n'en est pas ainsi des Chinois, qui étoient tous tombés sous le joug d'un seul prince, bien plus despotique que ne le fut jamais Tibere, qui parvint néanmoins à détruire dans toute l'étendue de l'empire Romain, les annales de Crémutius Cordus ; & quoi qu'en disent Tacite & Dion, il est bien certain qu'aucun exemplaire n'en est parvenu jusqu'à nous.

Quant à ceux, qui doutent de l'incendie des livres Chinois, ou qui le nient ouvertement : voici sur quoi ils se fondent. Ce prétendu malheur est, suivant eux, une fable inventée par les Lettrés, qui ont tâché par-là d'excuser le désordre affreux qui regne dans l'histoire de leurs premieres Dynasties, qui sont plus obscures que les ténebres mêmes. Cependant on défie ces Lettrés de pouvoir reproduire un seul ouvrage, qui traite de l'architecture, de la médecine, de l'astronomie, du labourage, & qui soit indubitablement antérieur à l'an trois-cent avant notre Ere : tandis qu'ils avouent eux-mêmes que l'empereur *Schi-chuan-di* ne fit brûler aucun livre écrit sur toutes ces matieres-là. Il faut convenir que cette difficulté est telle qu'on ne pourra jamais la résoudre, si l'on ne fait à la Chine même des recherches dans des vues bien différentes de celles qu'ont eu les missionnaires, qui ont dit beaucoup de choses qu'on a trop legérement crues.

J'ai parlé vaguement de l'origine des Chinois, dans un temps où il ne m'étoit pas possible d'avoir la moindre connoissance de quelque expérience faite avec le barometre sur la hauteur du terrain habitable de la Tartarie orientale : maintenant je parlerai d'après des expériences. On a donc porté des barometres dans quelques cantons occupés par les mongales, & on a vu avec la plus grande surprise, que le mercure y descendoit aussi bas qu'il descend sur les plus hautes pointes des Alpes (*) : cependant on n'a pas mesuré vers les sources de l'*Orka* & du *Sélinga*, où il y a encore infiniment plus de convexité, & on sait à n'en pas douter, qu'on y trouve des habitations humaines. Que les Chinois soient venus de ces hauteurs-là, c'est, selon moi, un fait incontestable ; & comme ils ont pénétré dans la Chine par le milieu de la ligne, que décrit aujourd'hui la grande muraille ou le *Van-ly-cyzn*, il a dû arriver par là nécessairement, que les provinces septentrionales de leur empire se sont policées avant les provinces méridionales. Et voilà ce qui est attesté par tous leurs monuments, & par le nom même, qu'ils donnent encore de nos jours aux habitants des provinces méridionales : lorsqu'ils veulent les injurier, ils les nomment *Min-dzy*, ce qui signifie les *Barbares du midi* (**). Parce que la vie sociale commença vers le nord, & que quelques-unes de leurs Hordes, qui coururent d'a-

---

(*) *Novi Comment. acad. scient. Petropolitanæ.* Tom. VI ad an. 1756 & 1757.

(**) *Quæstiones Petropolitanæ de Nominibus Imperii Chinarum.* p. 35. Gotting 1770.

bord au-delà du *Choang-cho* ou du Fleuve Jaune, y conserverent plus long-temps les mœurs féroces de la vie pastorale, qu'elles avoient apportées de la Tartarie, le vrai pays des peuples Bergers : il y en a toujours eu là, & il y en aura probablement toujours.

On voit donc que les choses sont ici dans un ordre naturel, qui n'a pas été interrompu ou dérangé par l'arrivée de quelque peuple étranger, qui n'eût point suivi, dans sa transmigration & ses établissements, la pente du terrein.

Quant à l'Histoire de l'Egypte, elle ne seroit ni si obscure, ni si confuse, si elle n'avoit été prodigieusement embrouillée par les Chronologistes modernes, qui ont eu la prévention presque inconcevable de vouloir ajuster les Annales des Egyptiens avec l'Histoire des Juifs; & quand ils n'ont pu y réussir par une formule de calculs, ils en ont imaginé une autre : de sorte qu'on compte aujourd'hui cent-dix-sept différents systêmes de Chronologie, d'où il résulte précisément, comme l'on voit, que nous n'avons plus aucune Chronologie : & il faudra bien qu'un jour des Ecrivains philosophes prennent la place de tous ces vains cultivateurs, qui n'étant jamais d'accord entr'eux, ni avec eux-mêmes, ont répandu par-tout les ténebres, & fait ressembler la vérité au mensonge.

Le P. Petau osoit bien soutenir, que toutes les Dynasties de l'Egypte sont fabuleuses (*); tandis que d'un autre côté il dévoroit les absurdités les plus monstrueuses, débitées par Ctésias, comme Saturne a dévoré les pierres.

(*) *Dynastias istas confictas & ridiculas esse, temporum longinquitas ostendit.* De doct. temporum lib. 9.

Si vous interrogez Marsham, Fezron, Fourmont & Jackson, ils vous diront que ces Dynasties ne sont point fabuleuses à beaucoup près, & que le Jésuite Petau n'y comprenoit rien : mais ils veulent aussi qu'on leur accorde qu'il y a eu quatre ou cinq Rois à la fois en Egypte, & cet arrangement inconnu à toute l'Antiquité, leur paroît si vrai & si raisonnable, qu'ils ne soupçonnent pas même qu'on puisse là-dessus proposer des difficultés. Mais malheureusement on a découvert de nos jours, que l'Egypte est un pays beaucoup plus petit qu'on ne l'avoit jamais cru, & à-peu-près une fois plus petit, que M. le Comte de Caylus lui-même ne se l'imaginoit; de sorte que quatre ou cinq Rois à la fois ont dû y être très-mal à leur aise. On a placé un de ces prétendus Royaumes dans l'isle Eléphantine; parce que l'on a été assez ignorant dans la Géographie, pour se persuader qu'elle est d'une étendue prodigieuse. Voici ce qu'en rapporte un François, nommé d'Origny, qui a débité tant de fables sur l'Histoire ancienne : *la ville d'Eléphantine étoit construite*, dit-il, *dans une très-grande isle, que le Nil forme peu au-dessous de cataractes* (*).

Or cette isle peut avoir quatre-cent toises en largeur & huit-cent toises en longueur. Ainsi le Royaume, qu'on y met, ressemble beaucoup au Royaume d'Yvetot.

Je supplie le lecteur de voir la Carte de l'ancienne Egypte, dressée par M. d'Anville, qui donne encore moins d'étendue à cet ilot, que je lui en accorde ici (†) Il ne faut donc point

---

(*) *Chronologie du grand empire des Egyptiens.* Tom. I. p. 178. Paris 1765.

(†) Cette carte est à la tête de ses *mémoires sur l'Egypte ancienne & moderne*, imprimés au Louvre en 1766.

s'arrêter plus long-temps à des chimeres si révoltantes, & d'autant plus que je tâcherai d'expliquer dans la suite, ce que ce peut avoir été que cette Dynastie des Rois Éléphantins. De tous les Chronologistes, qu'on vient de nommer, il n'y a que l'Anglois Jackson, qui se soit apperçu que les Pharaons n'ont résidé qu'à Thébes ou à Memphis, & non dans des bourgades, & dans des villages.

Ce qu'il y a d'assez certain, c'est qu'on trouve qu'à-peu-près deux mille ans avant notre Ere, les Egyptiens gravoient déjà sur presque toutes les especes de pierres fines : or il n'y a point d'apparence qu'on ait jamais réfléchi sérieusement au temps qui a dû s'écouler pour que les hommes soient parvenus à ce point dans un art qui ne tient à aucun besoin de la vie, mais simplement au luxe. Bochart croyoit avoir découvert après bien des recherches, que l'on a commencé à se servir du *schmir*, qui est, selon lui, l'émeril : mais il y a bien de l'apparence que le *schamir* est la pierre-ponce, qu'on emploie à polir le marbre & les autres minéraux de ce genre; mais qu'on n'emploie point pour graver. Il a fallu faire bien des expériences, tantôt malheureuses, tantôt inutiles, avant que de parvenir à connoître les propriétés de l'émeril, de la pierre Naxienne & de la poudre de diamant ; car c'est une erreur de dire que les Anciens n'ont fait aucun usage de la poudre de diamant; puisque Pline en parle en termes non équivoques. Ensuite il a fallu faire encore bien des essais pour inventer cette machine qu'on nomme le *touret*, & sans laquelle on ne sauroit tracer des figures & des caracteres sur des matieres si dures : on peut bien, sans le touret, y creuser, comme les Péruviens creusoient dans les émeraudes ; mais cette pratique n'a aucun rapport à la gravure proprement dite, dans laquelle il faut se servir de scies & de bouterolles, dont on reconnoît les traces sur les antiques Egyptiens, comme Natter en convient lui-même (*). On reconnoît aussi très-bien sur l'obélisque de la Matarie, les traces de cet instrument, que les Sculpteurs Grecs nommoient *teretron*, & que nous appellons *trépan*: c'est une espece de foret, dont la pointe doit être faite d'un acier extrêmement fin; sans quoi il s'émousseroit au premier effort sur le granit. Ainsi toutes les pratiques les plus difficiles de la Métallurgie ont dû nécessairement précéder dans l'ordre des temps l'érection des Obélisques: j'avoue que les Egyptiens ont élevé ces monuments avec beaucoup moins de difficultés qu'on en rencontra à Rome, où le Pape Sixte V eut la foiblesse de faire exorciser ces grosses pierres en plein jour par un Evêque. Mais en revanche les Egyptiens ont eu bien d'autres obstacles à surmonter, dans la coupe & dans la descente de la carriere, que Fontana dans l'érection.

On fera accroire à des enfants, que ce peuple débuta par de tels ouvrages au sortir de la vie sauvage; mais des hommes raisonnables concevront, que les siecles ont dû s'écouler sur les siecles, avant que les Egyptiens aient eu assez de confiance dans leurs instruments & leurs machines, pour penser seulement à tailler de semblables aiguilles, qui ne leur servoient pas de gnomons, comme quelques écrivains modernes se le sont mis très-mal à propos dans l'esprit.

(*) Voyez son *traité de la maniere de graver en pierres fines*, de l'édition in-folio.

sur les Egyptiens & les Chinois.

Il paroît que les erreurs, où l'on est tombé au sujet du développement des Arts, ont leur source dans un passage de Varron, qui dit de la maniere la plus positive, que dans la Grece tous les Arts furent inventés en un laps de mille ans (*). Mais au lieu de copier en cela Varron, on auroit dû le corriger : car cet homme n'a jamais dit une chose plus manifestement fausse ; puisque les Grecs n'inventerent pas les Arts. Ils allerent les chercher, ou on les leur apporta : si malgré toute la fécondité de leur génie & toute l'excellence de leurs organes, ils étoient restés confinés dans leur pays, sans avoir aucune communication avec l'Egypte & la Phénicie, mille ans ne leur auroient pas suffi pour inventer l'Alphabet, qu'on leur apporta en un jour ; & c'étoit là un grand hazard, dont il ne faut pas faire une regle.

Au reste, ne prêtons pas à Varron, comme à M. Goguet, la ridicule idée d'avoir voulu abréger les temps, puisqu'il convient lui-même ailleurs, que les hommes ont dû persister dans la vie sauvage pendant un nombre d'années effroyable, *immani annorum numero*. Ainsi il ne s'est trompé que par rapport aux progrès des Arts & des Sciences, qu'il croyoit être très-rapides, & qui sont très-lents. Si l'on en vouloit un exemple, on pourroit citer la découverte de la durée de l'année tropique, qui a dû intéresser tous les peuples policés du monde : il paroît au premier regard qu'une telle découverte pourroit se faire en trois ou quatre ans : cependant elle ne s'est faite que de nos jours : les Prêtres de Thebes & d'Héliopolis, qui croyoient l'avoir trouvée, se trompoient de plusieus mi-

---

(*) *De Re Rustica.* lib. 3. pag. 54.

nutes, comme on le voit par le defaut de l'année Julienne.

Mais, dit-on, les Egyptiens n'ont pû se former de bonne heure en corps de nation, à cause des débordements réguliers du Nil. A cela on peut répondre que ceux qui font de telles objections, n'ont jamais eu la moindre connoissance du local ou de la partie topographique : car enfin il est sûr qu'il a fallu entreprendre des travaux mille fois plus grands, & mille fois plus pénibles pour garantir Babylone de l'inondation, que pour garantir Thebes : cependant des savants, qui s'intéressent beaucoup en faveur des Chaldéens, dont ils ne connoissent pas un seul monument, voudroient bien faire remonter l'origine de Babylone aux siecles les plus reculés. Tous les vains raisonnements qu'on a hazardés à cet égard, proviennent de ce qu'on croit assez généralement que la basse Egypte a été peuplée & policée avant la Thébaïde : mais c'est tout le contraire : les Egyptiens sont descendus des hauteurs de l'Ethiopie ; de sorte qu'ils ont commencé à se fixer au-dessous des cataractes : aussi leurs premiers rois ont-ils résidé à Thebes, & non pas à Memphis, comme cela est démontré par le canon d'Eratosthene & par tous les catalogues des Dynasties. Or il n'a jamais été question de faire de grands canaux pour fertiliser la Thébaïde supérieure : on n'y trouvoit qu'une seule dérivation du Nil, qui alloit jusqu'à *Hieracon-polis* ou la ville des éperviers. C'est au-dessous de Thebes que commençoient tous les grands canaux. Quand on n'a pas fait une étude particuliere de la Géographie, on ne sauroit voir fort clair dans l'Histoire ancienne.

J'avoue que je ne conçois pas comment il a pu tomber dans l'esprit du P. Kircher & de M. Huet, de faire aller une Colonie Egyptienne

sur les Egyptiens & les Chinois. 21

à la Chine, malgré le silence de tous les Historiens & de tous les monuments de l'Antiquité. Ces visions dont on n'auroit pas dû se ressouvenir, ont trouvé de nos jours des défenseurs, qui ont proposé là-dessus des conjectures & des systêmes rares par leur ridicule. On a même été jusqu'au point de prétendre que les lettres Phéniciennes & les caracteres radicaux de la Chine ont une conformité bien marquée : mais c'est-là une chose si vaine, qu'aucun veritable Savant ne s'en occupe, & sur-tout depuis l'aventure singuliere, arrivée à un Anglois, nommé Needham, & à un Professeur en langue Chinoise. On envoya, il y a quelques années, de Turin à Rome le dessin d'un buste d'Isis, haut de deux pieds, & qu'on disoit être très-ancien : il portoit sur le front, sur les joues, & sur la poitrine, trente-deux caracteres fort baroques : là-dessus le Professeur dont je parle décida hardiment, que ces caracteres, quoique gravés sur un antique Egyptien, n'en étoient pas moins Chinois ; & il tâcha de le prouver par des extraits d'un Vocabulaire apporté de Canton à la Bibliotheque du Vatican. M. Needham, qui voyageoit alors en Italie, y apprit cette prétendue découverte, & fut assez inconsidéré pour la publier dans toute l'Europe. Aujourd'hui on sait que ce buste d'Isis, qu'on avoit cru si ancien, a été fait, il n'y a pas long-temps, dans le Piémont, & même qu'il a été fait d'une pierre noirâtre, fort commune dans ce pays-là (*).

Le Sculpteur a gravé de caprice ces trente-deux caracteres qui ne signifient rien du tout,

---

(*) M. l'abbé de Guasco fait aussi mention de tout dans son ouvrage intitulé *de l'usage des statues chez les Anciens.* pag. 296. in-4to. à Bruxelles 1768.

Quoique je n'approuve pas ces fraudes, trop communes parmi les Artistes d'Italie, & qui rendront un jour suspects les monuments les plus authentiques, je dois néanmoins avouer qu'il eût été difficile de mortifier davantage l'orgueil d'un Professeur en langue Chinoise à Rome, & qui auroit dû savoir que les Chinois, auxquels on a montré de véritables inscriptions hyéroglyphiques, n'en ont pu déchiffrer un seul mot. Ils ont été bien éloignés de savoir ce que c'est que le cercle aîlé, le signe de l'Agathodémon, & sur-tout la croix à anse, qui est repétée mille & mille fois sur les Obélisques, les Canopes, les garnitures des momies, & enfin sur tous les monuments de l'Egypte.

Nos Antiquaires d'Europe ont aussi été extrêmement embarrassés au sujet de cette croix à anse. Il n'y a pas long-temps que M. Clayton, Evêque de Clogher, soutenoit que c'est un instrument à planter des laitues : le P. Kircher en faisoit le Créateur. Dom Martin en faisoit un van, & le fameux Herwat en faisoit la boussole (*). Il est vrai qu'il citoit encore d'autres preuves, car il croyoit avoir découvert dans Plutarque, que les Egyptiens ont eu de petites statues de fer & d'aimant, qui représentoient les os de Typhon & d'Orus, auxquelles on a supposé sans la moindre preuve, que les Prêtres faisoient rendre un culte (**) : tout comme

---

(*) *Théologie payenne.* Part. I. pag. 11.

(**) Pour prouver qu'on rendoit un culte à ces figures, on cite ces vers de Claudien.

- - - - - *ferrea Martis*
Forma nitet, Venerem magnetica gemma figurat :
Illis connubium celebrat de more sacerdos. &c.

Mais Claudien ne dit pas que cela se pratiquoit en Egypte, & tout ce récit peut être une fiction poétique de sa part.

l'on a vu des navigateurs Chinois offrir des sacrifices à la bouſſole au fort de la tempête, parce qu'ils ſont infiniment plus verſés dans les pratiques de la ſuperſtition, que dans les éléments du pilotage.

Aujourd'hui il n'y a pas de Savant qui ne ſache, que cette célebre croix à anſe, qui reparoit tant de fois dans les Hiéroglyphes, eſt une repréſentation fort voilée de la partie génitale de l'homme : c'eſt enfin le *Phallus*, de ſorte qu'on ne peut preſque réfléchir ſérieuſement à la prodigieuſe bévue d'Herwart : car il y a, comme l'on voit, une diſtance aſſez grande du *Phallus* à la bouſſole. Je m'étonne même qu'il ne ſe ſoit pas apperçu que ce ſigne, ſoit ſimple, ſoit compoſé, eſt tourné en tous ſens ſur les Obéliſques, & vers tous les points cardinaux du monde : lorſqu'on le voit ſuſpendu au cou des figures, alors ſon extrémité regarde la terre, préciſément comme les Indous portent aujourd'hui ſur la poitrine le *Lingam*, qu'on ſait être une repréſentation du même objet ; mais beaucoup moins voilée ; & cependant ce n'eſt point, comme le diſent ridiculement quelques voyageurs, le ſigne de leur reprobation, car il n'y a pas d'Indous qui ſe croye reprouvé.

On a ſoutenu qu'il n'y avoit pas d'Epoque plus favorable dans l'Hiſtoire de l'Egypte pour envoyer une colonie à la Chine, que l'expédition de Séſoſtris que j'ai examinée avec beaucoup d'attention, & je puis dire que c'eſt une fable ſacerdotale où il n'y a pas la moindre réalité. Cette prétendue expédition a indubitablement rapport au cours du ſoleil, tout comme celle d'Oſiris : auſſi voit-on Séſoſtris marcher ſans ceſſe de l'Orient vers l'Occident.

Venit ad Occasum, Mundique extrema Sesostris (*)

Ainsi il fit le tour du Globe & conquit par conséquent la Terre habitable, ce qui n'est qu'une bagatelle.

Il ne faut pas dire que tout cela est écrit sur un des obélisques de Rome, car la traduction d'Hermapion, telle que nous l'avons dans Ammien Marcellin, est manifestement contredite par un passage de Pline, qui assure que l'Obélisque en question contient des Observations philosophiques, & non des Contes de Fées.

Megasthene, cité par Strabon, a eu grande raison sans doute de soutenir que jamais Sesostris n'avoit mis seulement le pied aux Indes, où il n'auroit pu arriver qu'en un temps où la célebre famille de Succandit régnoit encore sur tout l'Indoustan. Or les Annales de l'Indoustan ne font jamais mention de Sésostris: tandis que les Bramines ont conservé dans leurs livres jusqu'à la mémoire de la visite qui leur a été rendue par Pythagore; & cependant Pythagore n'étoit pas escorté, ainsi que le Pharaon de l'Egypte, par une multitude de brigands, ni sur-tout par 28 mille chariots, comme parlent les exagérateurs, qui n'ont jamais su ce que c'est que 28 mille chariots.

Quand je réfléchis aux conquêtes des Carthaginois, des Arabes & des Maures, alors je ne nie point qu'il ne soit sorti des pays chauds, des peuples belliqueux & conquérants; mais il est vrai aussi, que les expéditions de ces peuples-là se sont terminées sous des climats tempérés, & que, quand ils les entreprirent, ils n'avoient rien ou ne croyoient rien avoir à

(*) *Lucain, Pharsal.* lib. X. v. 276.

craindre chez eux. Mais il n'en est pas ainsi de Sésostris, qui ne paroît point avoir été trop en sûreté dans son propre pays; puisque pour contenir quelques troupes de Scénites ou de pasteurs Arabes, qui dévastoient le *Delta* par leurs invasions, il fit fermer toute la basse Egypte par une grande muraille, comme les Chinois en ont bâti une pour arrêter les Tartares, qu'on n'arrête pas de cette façon-là. Je parlerai fort au long, dans le cours de mes recherches, de tous ces épouvantables remparts que tant de peuples ont eu la folie de construire en tant d'endroits de l'ancien continent; parce qu'ils se sont imaginés qu'on pouvoit fortifier un pays, comme on fortifie les villes. Et c'est cette erreur-là qui a fait élever les plus grands ouvrages qu'on ait vus sur la terre.

Les Phéniciens, ou plutôt les marchands de Tyr & de Sidon, ayant senti de quelle importance il étoit pour eux d'avoir des entrepôts de commerce dans la Colchide où venoient refluer beaucoup de denrées de l'Inde, firent des établissements sur les bords du Phase (*), où ils se rendoient sans difficulté par la Méditerranée; tandis qu'il eût été presque impossible à un peuple venu de l'Afrique, d'y pénétrer par le chemin du continent. Ce sont ces établissements des Phéniciens qu'Hérodote a pris pour une colonie Egyptienne, fondée dans la Col-

---

(*) Ce sont ces entrepôts des Phéniciens sur le Phase, qui ont donné lieu aux traditions touchant les colonies des Hébreux, des Philistins dans la Colchide; parce que toutes ces nations voisines se ressembloient par de certains usages. On peut consulter là-dessus les *Observations critiques sur les anciens peuples*, par M. Fourmont, Tom. II. pag. 255.

chide par Séfoſtris ; & cette méprife eſt d'autant plus groſſiere, qu'il avoue lui-même, qu'en Egypte on n'avoit pas la moindre connoiſſance touchant cette Colonie-là. C'eſt comme ſi l'on difoit, qu'on ne fait pas en Eſpagne qu'il y a des établiſſements Eſpagnols au Pérou.

Il eſt ſi vrai qu'Hérodote a le premier imaginé toutes ces fables, qu'Onomacrite, qui vivoit long-temps avant Hérodote, & qui entre dans de grands détails fur la Colchide, ne dit pas un mot d'aucune peuplade Egyptienne, tranfplantée dans cette contrée-là ; tandis qu'il fait mention des Phéniciens fous le nom de Solymes & d'Aſſyriens, dans fes Argonautiques attribués ordinairement à Orphée (*a*). Les Poëtes qui ont écrit depuis fur l'expédition des Argonautes, comme Apollonius de Rhodes & Valérius Flaccus, ont mieux aimé fuivre le fentiment d'Hérodote ; parce que le merveilleux qu'il renferme, s'accorde avec les loix d'un poëme épique.

Il ne faut pas foutenir opiniâtrément, comme on a fait, que le nom de Séfoſtris fe trouve dans le canon des rois d'Aſſyrie, ni en conclure fur-tout que l'Aſſyrie étoit au nombre des pays qu'il avoit conquis : car il eſt certain que Caſtor a copié en cela Ctéſias, celui de tous les Grecs qui a ofé mentir dans l'hiſtoire avec le plus d'impudence : auſſi Eufebe, Moïfe de Chorene, & Caſſiodore, ont-ils rejetté du canon des rois d'Aſſyrie le *Séthos* de Ctéſias, pour y placer un prince nommé *Altadas* ou

---

(*) M. Gefner a bien obfervé dans fes favantes notes fur les orphiques, que les Solymes & les Aſſyriens de la Colchide font des Phéniciens.

Azatag : & cela est, sans comparaison, plus raisonnable.

Ce qu'il y a de bien étrange encore, c'est cette flotte de six-cent vaisseaux longs, que Sésostris fit bâtir sur la mer Rouge. On place de tels prodiges dans un temps où l'ignorance des Egyptiens par rapport à la marine étoit extrême ; parce que leur aversion pour la mer étoit encore alors invincible ; & l'on verra par la suite, que cette aversion est une chose très-naturelle dans les principes de leur religion & dans les principes de leur politique. Les prêtres ne pouvoient approuver le commerce extérieur, & ce qu'il y a de bien singulier, ils avoient raison dans leur sens : car quand toutes les institutions d'un peuple sont relatives à son climat, comme l'étoient les institutions des Egyptiens, il convient de gêner le commerce extérieur & d'encourager l'agriculture : maxime, dont les prêtres ne s'éloignerent que quand ils y furent forcés par des princes qui ébranlerent l'état.

D'un autre côté, le bois de construction manquoit tellement en Egypte, qu'on y fut d'abord fort embarrassé pour completter le nombre des barques employées sur le Nil & sur les canaux ; & ce ne fut qu'après beaucoup d'essais sans doute, qu'on parvint à en faire de terre cuite, ce qu'aucun peuple du monde, que je sache, n'a osé imiter. Aussi la méthode de cuire ces vaisseaux au feu, de leur donner une certaine solidité par des proportions exactes, de les bien vernisser & de les revêtir de joncs, est-elle aujourd'hui au nombre des choses inconnues, & peut-être par rapport à nous, au nombres des choses inutiles. Quand les Ptolémées voulurent faire le commerce des Indes par la mer Rouge, le défaut de bois les obligea aussi à se servir de mauvaises barques, cousues de jonc

& de *papyrus*, qui ne pouvant porter que de petites voiles, & des équipages très-foibles, marchoient mal, & se défendoient mal contre les pirates : encore paroît-il qu'elles étoient toujours conduites par des pilotes Grecs : car les Egyptiens n'entendoient pas la manœuvre, quoiqu'en dise M. Amailhon, qui s'imagine qu'ils étoient fort habiles dans la marine, parce qu'ils descendoient, dit-il, la cataracte du Nil en canot (*). Mais la descente de la plus forte cataracte, dont la chûte n'est pendant les crues que de sept ou huit pieds, comme M. Pococke l'a vu, n'a pas le moindre rapport avec les connoissances qu'il faut posséder pour bien naviguer en mer.

Ce qu'il y a de certain, c'est que Sésostris fit beaucoup de bien à son peuple, auquel il restitua la propriété des terres, qui lui avoit été ôtée pendant l'usurpation des rois pasteurs, les plus impitoyables tyrans, dont il soit parlé dans l'histoire. Ainsi les Egyptiens ont eu raison de faire éclater leur reconnoissance envers Sésostris, pour soutenir la réputation qu'ils ont eue dans l'antiquité, d'être *les plus reconnoissants des hommes* : ils ont eu raison, dis-je, de célébrer sans cesse la mémoire de ce prince, de l'appeller le second Osiris, & de comparer ses bienfaits à ceux du soleil. Mais il ne falloit cependant pas lui faire conquérir toute la terre habitable.

(*) *Histoire de la navigation & du commerce des Egyptiens sous les Ptolémées.* pag. 129.

SECTION II.

De la condition des femmes chez les Egyptiens & les Chinois, & de l'état de la population chez ces deux peuples.

RIEN n'est plus surprenant que ce que rapportent quelques historiens, de cette liberté sans bornes, dont ils veulent que les femmes aient joui dans un pays aussi chaud que l'Egypte, & où jamais les hommes n'ont cessé d'être extrêmement jaloux. Il faut bien examiner tout ceci; puisqu'on croit y découvrir une contradiction si manifeste entre les mœurs & le climat, qu'on n'en a vu d'exemple en aucun endroit de la terre.

Si, sans autre discussion, on comparoit par cet endroit les Chinois aux Egyptiens, jamais deux peuples ne se seroient moins ressemblés ; mais pour peu qu'on veuille réfléchir sur les faits que je citerai, on verra les choses sous une autre face : cependant on ne les verra pas rentrer dans l'ordre naturel ; puisqu'elles se rapprocheront de plus en plus des mœurs de l'Orient, qui sont si opposées à la nature.

L'histoire de l'ancienne Egypte, dans l'état où elle est, ressemble à une grande ville abymée, où il n'y a rien de suivi, où des ruines en cachent d'autres ; & ce que nous en savons, ne nous est ordinairement attesté que par des Grecs, qui ne s'étant pas concertés entre eux pour mentir, ont dû nécessairement se contredire en mentant.

Hérodote assure que les Egyptiens n'épousoient qu'une femme : Diodore de Sicile assure qu'ils en épousoient plusieurs, à l'exception des prêtres, qui toujours appliqués à l'étude & aux fonctions de leur ministere, ne pouvoient qu'être monogames. Ainsi ce qui a trompé Hérodote, c'est ou l'exemple des prêtres, ou l'exemple du petit peuple, auquel la pauvreté défendoit beaucoup de choses, que la loi lui permettoit.

Il n'y a pas de doute que les institutions de l'Egypte n'aient autorisé la pluralité des femmes, qui dans les pays chauds, est une conséquence presque nécessaire de l'esclavage domestique. Car comment dans de tels pays les hommes pourroient-ils posséder des esclaves acquises à prix d'argent sans en abuser ? De sorte qu'on n'a pu y corriger le libertinage que par la polygamie, sans se mettre en peine de calculer s'il naît plus de filles que de garçons. Tout cela a résulté de la faute impardonnable des législateurs de l'Orient : soit qu'ils aient parlé en inspirés, soit qu'ils aient parlé en politiques, ils ont établi l'esclavage domestique par la force de leurs loix ; & cette erreur où ils sont tombés, est telle, qu'il ne leur a plus été possible de rien discerner de vrai ou de faux dans ce qu'on appelle le droit de l'homme ; ils avoient corrompu la source où ils puisoient.

En Egypte, la servitude domestique étoit probablement aussi ancienne que la monarchie. Quand un homme libre y épousoit une personne dans la classe des esclaves nées, les enfants issus de ce mariage accquéroient toute la liberté du pere ; parce que l'on n'y avoit aucun égard, dit Diodore, à la race maternelle : or vouloir que les femmes aient été fort considérées, là où l'on ne considéroit pas du tout la race maternelle, c'est proposer des contradictions, qu'on ne peut entendre en aucun sens, ni expliquer en aucune maniere.

Le prétendu respect, que les Egyptiens portoient aux femmes, provenoit, dit-on, de leur vénération pour Isis ou pour la lune; & voilà, ajoute-t-on, pourquoi ils ont toujours infiniment plus honoré leurs reines que leurs rois. Mais quand cette raison seroit aussi solide qu'elle est frivole & puérile, il faudroit encore avouer que dans tous les monuments, qui nous sont restés de ce peuple singulier, on ne découvre pas la moindre trace de cette préférence accordée aux reines: il n'y en a tout au plus que trois ou quatre, dont le nom se soit conservé dans les annales: toutes les autres nous sont aussi inconnues que les sultanes de la Perse depuis Seic-Séphi. Si en Egypte les reines eussent eu beaucoup de part au gouvernement, beaucoup de part à la haine ou à l'amour du peuple, leur histoire ne ressembleroit pas si bien à celle des sultanes de la Perse.

Il est constant que, par les plus anciennes institutions de l'Egypte, les femmes y avoient été déclarées incapables de régner; & cette loi d'exclusion dérivoit des principes mêmes du gouvernement de ce pays-là, où aucune femme ne pouvoit entrer dans la classe sacerdotale, ce qui les éloignoit du Trône, où l'on ne parvenoit qu'après avoir été sacré & adopté dans le college des Prêtres, comme Platon, Plutarque, Synésius & tous les anciens en conviennent. Il est vrai que George le Syncelle fait mention d'un Roi Binotris, qui fit abroger, à ce qu'il assure, la loi d'exclusion dont je parle, & déclara les femmes habiles à succéder à la Couronne (*). Mais cela est impossible, & il y a ici une erreur, qui provient d'une impropriété d'expression : on a pu faire en Egypte, comme dans la plûpart des empires de l'Orient, une loi par laquelle la tutelle des princes mineurs fut confiée ou à leurs meres ou à leurs sœurs ainées, qu'on craignoit bien moins que les oncles & les freres : ainsi *Skémiophris*, *Amessés* & *Achencrés*, qui sont nommées comme de véritables reines dans quelques catalogues des dynasties, car on ne les trouve pas dans tous, n'ont été que des tutrices des héritiers présomptifs ; & ce qui démontre évidemment qu'elles n'ont point régné d'une maniere absolue, c'est qu'on ne leur avoit point érigé de statue dans cette galerie où l'on en érigeoit à tous les rois du pays, comme on le sait par Hérodote, qui avoit été introduit dans cette galerie-là. Selon lui, jamais l'Egypte, depuis la fondation de la monarchie, n'avoit été gouvernée par aucune femme : on n'y a vu qu'une seule fois sur le trône, dit-il, une princesse étrangere, nommée *Nitocris* (**), qui ne peut avoir été qu'une usurpatrice, aussi trouvons-nous qu'elle exerça des cruautés épouvantables ; tandis que quelques flatteurs de sa cour la nommoient, suivant Manéthon, la plus belle femme de son siecle. Ainsi cet exemple unique est une exception à la regle qui confirme la regle même ; car je ne disconviens point que la violence n'ait pu pour quelque temps faire taire les loix, & changer encore pour quelque temps l'ancienne forme du gouvernement.

(*) *Syncel. Chronograph.* page 54.
(**) Lib. II.

On conçoit aisément que tout ce qu'on vient de dire n'a aucun rapport à la dynastie des Grecs ou des Ptolémées, qui loin de suivre les institutions de l'Egypte, les renverserent, & réglerent l'ordre de la succession dans la famille des Lagides par le droit Macédonique ou par de simples dispositions testamentaires : encore trouvé-je que le discours ampoulé que le poëte Lucain met dans la bouche de Cléopatre, n'est pas fort conforme aux notions que l'histoire nous donne (*).

Les Egyptiens, quoiqu'opprimés par des conquérants qui vouloient tout changer, tout renverser dans le pays conquis, n'en conserverent pas moins un attachement invincible pour leurs anciennes loix, & les ressuscitoient dès que l'occasion leur étoit favorable, ou les maintenoient contre toute la fureur de la tyrannie ; de sorte qu'ils ne renoncerent pas, même après l'invasion de Cambyse qui ne fut qu'une bête féroce, à l'usage immémorial de ne jamais conférer à aucune femme les premieres fonctions sacerdotales, qui n'étoient ni de vains emplois, ni de vains titres : il falloit pour cela être versé dans le dialecte sacré, dans les dix premiers livres Hermé-

---

(*) Lucain fait dire à Cléopatre :

. . . . *Non urbes prima tenebo Fœmina Niliacas ; nullo discrimine sexus Reginam scit ferre Pharos.*

Pharf. X. v. 90.

Cela ne peut s'entendre que de *Nitocris*, & des désordres survenus dans la dynastie des Ptolémées, où l'on vit quelquefois des reines fort puissantes.

tiques, dans l'Aſtronomie, dans la phyſique, & dans tout ce qui étoit, ou dans tout ce qu'on appelloit, la ſageſſe des Egyptiens (*). Ce ſont là des choſes que les femmes n'ont pu apprendre, & quand elles auroient pu les apprendre, les Prêtres ne les leur euſſent jamais enſeignées : car leurs ſuperſtitions ſe ſoutenoient principalement par le ſecret : c'étoit un coloſſe immenſe, dont on cachoit toujours les pieds.

Il a pu arriver dans la ſuite des temps, par l'extrême confuſion des rits Perſans, Grecs & Romains, avec la liturgie Egyptienne, que quelques dévotes d'Iſis ſe ſont fait paſſer pour des Prêtreſſes d'Iſis dans des pays étrangers: mais elles n'avoient reçu aucune conſécration, & étoient intruſes dans ce miniſtere à la faveur de cette confuſion dont je viens de parler. Tout cela a pu donner lieu aux monuments cités par Martin, Montfaucon, le Comte de Caylus & pluſieurs autres, qui paroiſſent avoir voulu oppoſer au témoignage poſitif de l'Hiſtoire ancienne des monuments auſſi modernes que la table Iſiaque, fabriquée en Italie (**). Mais ce ſeroit inutilement qu'on entreprendroit de prouver que les Egyptiens, auſſi long temps que leurs inſtitutions ont été en vigueur, aient conféré les premieres dignités ſacerdotales aux femmes, qui n'ont pu tout au plus dans l'ordre ſecondaire, s'acquitter que de quelques emplois ſans conſéquence, comme de nourrir des ſcarabées, des muſaraignes, & d'autres petits ani-

---

(*) *Clemen. Alexandrin. Strom.* VI.

(**) La table Iſiaque n'a été faite que dans le deuxieme ou le troiſieme ſiecle. C'eſt un calendrier où quelques figures, qu'on a priſes pour des prêtreſſes, ſont des Iſis. Voyez les *Miſcel. Berolinenſia*, tome VI & VII.

maux sacrés (*). Car pour le grand Bœuf *Apis*, il ne leur étoit pas même permis de le voir, sinon dans les premiers jours de son installation au Temple de Memphis. Or comme le Bœuf *Apis* pouvoit, suivant le calcul de Plutarque & de M. Jablonski, vivre vingt-cinq ans avant que d'être noyé (**), il s'écouloit souvent un siecle, pendant lequel les femmes d'Egypte ne le voyoient que quatre fois, & encore n'étoient-ce que les personnes de la lie du peuple, qui se chargeoient, comme l'on s'en appercevra dans l'instant, de cette cérémonie singuliere.

Quant au Temple de Jupiter Hammon de la Thébaïde, je suis persuadé qu'aucune femme ne pouvoit y entrer, non plus que dans celui du Jupiter Hammon de la Lybie (†) mais, par une de ces bizarreries, dont les Sages gémissent, on consacroit de temps en temps au Jupiter de Thébes une petite fille, à laquelle on imposoit le nom Egyptien de *Neith*, & qui sous prétexte d'être la concubine du Dieu, pouvoit s'abandonner à tout le monde, jusqu'à ce qu'elle parvînt à un certain âge. Il y a bien de l'apparence que c'est dans cette institution qu'il faut chercher l'origine des amours mythologiques du Pere des Dieux, & encore l'o-

---

(*) On peut consulter là-dessus la dissertation *de sacerdotibus & sacrificiis Ægyptiorum*, pag. 93 & 94, de M. Schmidt, qui a remporté le prix de l'académie des inscriptions de Paris sur cette question.

(**) *Jablonski Pantheon Ægypt. lib VI. cap. 2. de Tauro Ap de.*

(†) Silius Italicus dit en parlant du temple de Jupiter Hammon de la Lybie.

Tum queis fas & honos aditi penetralia nosse Famineos prohibent gressus. Lib. III.

B 6

rigine d'un abus beaucoup plus criant, qui se commit ensuite à *Thmuis* au nome Mendétique.

Comme les Romains, d'ailleurs si tolérants envers les cultes les plus absurdes, apportés en Italie par des fanatiques errants ou par des peuples vaincus, ont très-souvent persécuté la religion Egyptienne avec fureur, on a cru qu'ils y avoient été engagés par les désordres, dont le temple d'Isis à Rome fut accusé long-temps avant Décius Mundus & Pauline; mais il paroît par un passage du 42 livre de Dion, que les aruspices & les sacrificateurs des divinités indigenes, excitoient sous main la persécution; & comme de tels hommes étoient incapables de donner de bons conseils, les Romains se rendirent véritablement ridicules en suivant leur avis : car quoi de plus ridicule que de voir ce temple d'Isis à Rome démoli jusqu'aux fondements par arrêt du sénat, & de le retrouver bientôt après relevé : il fut de la sorte alternativement abattu & reconstruit huit ou neuf fois ; ce qui y attira un concours extraordinaire de peuple, & occasionna en grande partie cette solitude affreuse, qui regnoit autour des autres dieux de la capitale, si négligés dans leurs sanctuaires, que suivant l'expression de Properce, les araignées y filoient paisiblement leur toile : *Velavit aranea fanum*.

Si l'on demandoit pourquoi le culte Isiaque charmoit si fort l'ame des superstitieux, je répondrois que c'étoit le chef-d'œuvre des anciens prêtres de l'Egypte, qui ayant à

(*) Lib. II. Eleg. V. Ces choses n'étoient pas sur un autre pied : lorsque St. Jérôme vint à Rome : *Fuligine & aranearum telis omnia Romæ templa cooperta sunt*, dit-il. Preuve que les Romains étoient très-peu attachés à leur religion, lors même qu'ils persécuterent celle l'Egypte.

conduire un peuple très-mélancolique, augmentoient quelquefois tout exprès sa tristesse par des fêtes pleines d'austerités, pour lui faire ensuite goûter d'autant mieux la joie par des fêtes pleines de licence ; auxquelles il n'y eut cependant jamais que la populace qui prît part. Car si l'on considere avec plus d'attention qu'on ne l'a fait les mœurs des anciens Egyptiens distingués par leur rang, ou par leur naissance, il est facile de s'appercevoir que la clôture même des femmes étoit établie parmi eux. D'abord il y a toujours eu des eunuques à la cour de leurs rois, & comme nous savons bien que le ministere de cette espece d'esclaves n'a point varié dans l'Orient, on peut juger par là combien peu quelques historiens Grecs ont été instruits, lorsqu'ils ont tant parlé de cette liberté sans bornes, dont le sexe jouissoit, suivant eux, dans un pays où nous voyons les eunuques parvenus à un pouvoir auquel on ne croiroit pas qu'ils eussent pu parvenir chez un peuple, qui a joui de quelque réputation de sagesse dans l'antiquité ; mais le gouvernement de l'Egypte avoit de grands défauts : on y avoit permis aux eunuques de se marier, & on leur avoit permis encore de posséder des esclaves acquises à prix d'argent, ce qui choque l'essence des choses : car c'étoit imaginer dans la servitude domestique une autre servitude, & dans le mariage un autre mariage. Il ne faut pas m'objecter que ces désordres n'éclaterent que sous le regne de ces usurpateurs infames, qu'on a nommés les rois pasteurs ; puisqu'on voit clairement dans Manéthon, que long temps avant les rois pasteurs, le pharaon Ammamenès fut la victime d'une conspiration qu'avoient tramée contre lui les grands eunuques du palais. Au reste, cet exemple unique dans les Annales de l'Egypte, ne peut en aucune maniere être comparé aux ravages commis par ces innombrables troupeaux d'Eunuques, qui ont tant de fois dévasté la Chine.

Il est essentiel de faire observer que Villanon & Tavernier se sont grossiérement trompés, lorsqu'ils disent que la castration à ras a été inventée par le Sultan Amurat, ou par le Sultan Soliman: cette opération est si ancienne qu'on ne sait absolument rien du temps auquel elle a commencé: il en est déja parlé en termes exprès dans le Deutéronome; or l'Auteur n'a pu en parler, que parce qu'il savoit qu'on la pratiquoit chez les Egyptiens, peuple si jaloux qu'on l'a même accusé de craindre les embaumeurs: Hérodote croit que ces terribles hommes insultoient effectivement à des cadavres; mais il faut croire que la jalousie, qui exagére tout, y avoit fait naître à leur égard ces soupçons injurieux. Ce qu'il y a de bien vrai, c'est que le temps n'a point adouci la passion dominante des habitants de cette malheureuse contrée, comme on peut le voir par ce qu'en dit le Chevalier d'Arvieux, (*) & surtout par ce qu'en dit M. de Maillet.

Quelques Voyageurs ont prétendu qu'anciennement on embaumoit en Egypte avec beaucoup plus de soin & de magnificence les corps de femmes que ceux des hommes: mais c'est un pur hazard, qui a donné lieu à ce préjugé. La plûpart des momies envoyées jusqu'à présent en Europe se sont trouvées en effet être des

---

(*) D'Arvieux, Voyage au Levant. Tom. I. pag. 206. Maillet, Description de l'Egypte. Partie II. pag. 115. de l'édition in-4to.

corps de femmes, parce qu'on les a prises dans les souterrains de *Sakara* & de *Bsiris*, où l'on enterroit beaucoup de personnes du sexe. Si les Turcs & les Arabes vouloient permettre de fouiller dans des endroits où l'on sait qu'il y a des cryptes, on n'en tireroit peut-être que des momies d'hommes, dont M. Pococke a supposé que la sépulture se trouvoit, pour cette partie de l'Egypte la plus voisine de Memphis, dans les grottes, qu'on voit le long de la rive Orientale du Nil (*). Ce n'est donc pas sur des choses, qui dépendent uniquement du plus ou moins de bonheur de ceux qui fouillent dans des ruines, qu'on peut appuyer son jugement. Au reste, je ne crois point que quelques-unes momies de *Sakara* soient des corps de femmes publiques, comme M. le Docteur Shaw le prétend; les cassettes, qu'on a trouvées auprès d'elles; & qui renfermoient de petites statues dans des attitudes très-libres, & ensuite des pinceaux avec du *surmé* ou de l'antimoine pour noircir les yeux ne le prouvent pas : car dans l'Orient l'usage de se peindre les yeux a été & est encore aujourd'hui en vogue parmi les personnes de la premiere qualité : quant à ces petites statues, dont M. Shaw & le Consul de France ont si mal jugé, ce sont indubitablement des Osiris avec le *Phallum*.

Voici ce que c'étoit que la clôture des femmes distinguées par leur rang dans l'ancienne Egypte : pour les empêcher de sortir, on leur ôtoit en quelque sorte l'usage des pieds ; & cette mode, qui n'étoit que gênante, n'a pas même le rapport le plus éloigné avec la mode des

---

(*) *Description of the East.* B. V. cap. 3.

Chinois, qui est cruelle. Plutarque dit que les Egyptiens ne permettoient pas à leurs femmes de porter des souliers * : ensuite ils avoient imaginé que c'etoit une indécence pour elles de paroître en public à pieds nuds ; de sorte qu'elles n'avoient garde de se montrer. Le Kalife Hakim, troisieme des Fathimites, & fondateur de la religion des Druses, remit cette ancienne coutume en vigueur & défendit sous peine de mort aux cordonniers de l'Egypte de faire des souliers ou d'autres chaussures pour les femmes, & c'étoit bien connoître le génie des Orientaux, que de soutenir un usage par une loi. Si je n'avois pas trouvé cette loi-même dans le *Kitab-al-Machaid* (†), j'aurois pu douter de ce que Plutarque rapporte ; mais ces deux faits se confirment tellement l'un l'autre, qu'il n'est point possible d'en douter. Il paroît, par toute la vie du Kalife Hakim, tant maudit par les Mahométans, les Chrétiens & les Juifs, qu'il possédoit des connoissances assez étendues dans l'histoire ancienne, & si la religion, qu'il avoit imaginée, ne fit point de grands progrès, ce fut moins sa faute que celle de son siecle, où le fanatisme des Turcs étoit encore dans toute son effervescence : il opposa un ruisseau à un torrent.

C'est pour n'avoir pas distingué des choses qu'il ne faut jamais confondre, je veux dire les mœurs du petit peuple avec les mœurs des personnes élevées au-dessus du peuple par leur fortune ou leur naissance, qu'on a tiré des

---

(*) *Præcepta connub.* Folio 121.

(†) Le *Kitab-al-Machaid* est comme la Bible des Druses : il contient tous les mysteres de leur religion, fondée par le Kalife Hakim, & entre dans de grands détails sur la vie de cet homme singulier.

conséquences si ridicules d'un passage d'Hérodote, répété presque mot pour mot dans la Géographie de Méla (*). En Egypte, dit-il, les hommes restent dans l'intérieur du logis, & travaillent à faire des toiles tandis que les femmes sortent, vendent, achetent & font les affaires de dehors. Comment est-il possible qu'on ne se soit pas apperçu qu'il n'est question ici que des tisserands & des bas ouvriers, qui, attachés comme eux à des métiers sédentaires, ne pouvoient se charger des affaires du dehors, & qui ne renferment leurs femmes ni en Turquie, ni en Perse, ni à la Chine, où la clôture est néanmoins plus sévere qu'en aucun pays du monde ? Ces gens-là sont trop pauvres pour avoir des esclaves, & ils ne sont pas assez riches pour être polygames. Ils envoyoient en Egypte leurs femmes échanger des toiles contre de la colocase : car tout ce négoce se bornoit aux fruits & aux étoffes, comme les auteurs Arabes qui ont parlé de cet ancien usage en conviennent généralement. A mesure que le mauvais gouvernement des Mammelucs & le gouvernement encore plus mauvais des Turcs, y ont ruiné les fabriques, on y a vu ce trafic cesser par degrés & enfin finir.

Ce sont ces femmes de la lie de la nation, qui ont commis anciennement en Egypte tous ces excès, dont il est tant parlé dans l'histoire : elles dansoient dans les orgies, portoient le *phallum* d'une maniere presque incroyable, se travestissoient en *Chérubes*, en s'appliquant aux épaules deux grandes paires d'aîles, comme on les voit

---

(*) *Lib. I cap. IX. édition de Vossius.*

dépeintes sur les langes des momies (*) se lamentoient aux portes des temples d'Isis, ou pleuroient dans le deuil des particuliers pour de l'argent, tout comme cela se pratique encore de nos jours : elles se signaloient à la fête de Bubaste, à la procession de Canope, insultoient les passants sur le Nil, se rendoient furieuses en prenant de fortes doses d'*opium*, & c'est vraisemblablement pendant ces accès de fureur qu'elles se prostituoient en public à des boucs au canton de Mendès ; & c'est là un fait qu'on peut croire ; mais quand Plutarque a attesté de la maniere la plus positive qu'on en avoit vu, qui couchoient avec des crocodiles apprivoisés dans la ville d'Antée, on n'a pu le croire. Là-dessus il faut observer que le savant Jablonski s'est imaginé que le bouc de Mendès représentoit le même Dieu, qu'on nommoit *Entes* ou *Antes* dans la ville d'Antée ; & si cela étoit vrai, on pourroit soupçonner qu'un de ces excès avoit été copié sur l'autre à cause de la conformité du culte ; mais on ne me persuadera pas qu'il soit si facile d'avoir commerce avec des crocodiles. On a cru que tout le secret des Egyptiens pour se préserver de ces lézards, consistoit à se frotter d'une infusion de saffran, comme l'on se frotte de couperose & de musc contre les ours & de certains serpents ; mais, suivant Strabon, il y avoit en Egypte des crocodiles véritablement apprivoisés, dont il n'est plus parlé dans l'histoire après le quatrieme siecle de notre ere, & encore la derniere mention ne s'en trouve-t-elle que dans les légendes des anachoretes de la Thébaïde, qui ont pu avoir quelque intérêt à

(*) Voyez *Gordon*, *Mumiothec.*

rechercher la méthode des Tentyrites. Quoiqu'il en soit, ce sont des femmes perdues de mœurs qui, après s'être dépilées, alloient pendant les premiers jours de l'installation se présenter au bœuf *Apis*, auquel elles découvroient les parties de leur corps, que la pudeur devoit sur-tout leur faire voiler (*). Il n'y a pas d'exemple d'un tel délire de religion, sinon chez les juifs, qui se déshabillerent aussi pour danser autour du veau dans le désert; & je ne sais pourquoi l'Anglois Schukfort a prétendu révoquer ce fait en doute, tandis que les juifs eux-mêmes ne le nient point. On a tiré des ruines d'*Herculanum*, de petits tableaux, qui représentent de ces cérémonies Egyptiennes, où l'on voit des personnages nuds danser autour d'un autel. La superstition est une chose étrange : on vouloit être pur dans la présence des dieux, & les vêtements pouvant être souillés, on s'en dépouilloit & on se rasoit tout le corps, comme le faisoient les sacrificateurs, qui conservoient néanmoins leurs habits dans les temples; car les monuments qui prouvent un de ces faits, les prouvent tous deux. Il a suffi à des Grecs, qui suivant la véritable expression des prêtres de l'Egypte, étoient toujours enfants, de voir ces excès, pour s'imaginer que la liberté du sexe n'y avoit point de bornes : c'est comme si l'on jugeoit des

---

(*) *Per hos dies solæ mulieres Taurum* (Apidem) *vident, quæ ante faciem ejus adstantes, vestibus sublatis, ei fœmen abrasum ostendunt. Reliquo tempore prohibentur in conspectum Apidis venire.* Diod. Sicul. Bibliot. Lib. II.

On pourroit croire qu'on pratiquoit la même cérémonie à Hermonthis où l'on révéroit le bœuf *Onuphis*; car on y a découvert des figures en pierre qui représentent des femmes à genoux devant un bœuf.

mœurs des Chinoises & des Indiennes par la licence des bonzesses & des filles publiques, qui parcourent les fauxbourgs de toutes les villes de la Chine, ou par les danseuses de Surate, dont les relations des Indes Orientales ne cessent de parler. Mais on ne sauroit trop répéter qu'en lisant l'histoire des anciens peuples ou des peuples fort éloignés de nous, il faut bien distinguer toutes ces choses.

Accorder, comme avoient fait les Egyptiens, dit M. de Montesquieu, le gouvernement de la maison aux femmes, c'étoit choquer à la fois la nature & la raison : mais en disant cela il ne réfléchissoit point au pouvoir des eunuques, dont j'ai parlé, & bien moins encore au passage de Plutarque, que j'ai cité : s'il y avoit jamais eu dans ce pays-là une telle forme de gouvernement, les eunuques n'y eussent pas même été tolérés. Or, dans de semblables cas, les faits prouvent infiniment plus que les observations vicieuses de quelques voyageurs Grecs, qui nous ont dépeint les mœurs de la plus vile populace, comme cela est indubitable. Je soupçonne à peu près qu'elles ont été les idées de M. de Montesquieu, lorsque je vois que, dans son roman du Temple de Gnide, il fait paroître des femmes d'Égypte pour y disputer le prix de la beauté, qu'elles n'ont jamais pu disputer à personne : car du côté des facultés corporelles les Egyptiens étoient un peuple mal constitué : aussi les Coptes, qui en descendent, en ont-ils hérité cette laideur qui perce, comme dit M. Pococke, au travers des plus riches vêtements dont ils se couvrent (*) : de sorte qu'il ne faut pas être

---

(*) *Description of the East*, IV. B. Paragraf. 45.
Aristote prétend aussi que les Egyptiens avoient une

étonné si quelques auteurs de l'antiquité, comme Élien (*de nat. animal. lib. IV. cap.* 54) ont mis en fait qu'il n'étoit pas possible de leur temps de trouver de belles personnes en Egypte parmi les indigenes, car il n'est pas question ici des familles Européennes, établies à Alexandrie & à Naucrate, outre que les femmes indigenes y étoient basanées, & sujettes à la même excrescence que les Caffresses; un défaut dans les yeux, produit vraisemblablement par cette ophtalmie, dont je parlerai dans l'instant, les défiguroit beaucoup, & on soupçonne qu'elles avoient alors, comme aujourd'hui, le même penchant à prendre des pâtes & des drogues pour se faire engraisser d'une maniere presque monstrueuse, ce qu'elles regardent comme le plus haut degré de la beauté : je crois bien que les racines du faux hermodactyle, nommé en Arabe *chamir*, & dont elles usent continuellement, y contribuent beaucoup, comme Prosper Alpin l'assure (**); mais le climat & sur-tout les eaux y contribuent aussi, car les anciens ont observé la même chose dans cette partie de l'Ethiopie qui est immédiatement au-dessus de l'Egypte. Qui a jamais été surpris, dit Juvenal, de voir, dans le Meroé, le sein de la mere plus grand que le corps de l'enfant ?

In Meroe crasso majorem infante mamellam.

Diodore de Sicile rapporte que les Egyp-

---

espece de défaut dans les jambes : mais je n'ai rien pu découvrir à cet égard, sinon que l'Eléphantiase Egyptienne attaque quelquefois tellement les pieds, que les malades ont beaucoup de difficultés à marcher.

(**) *Rerum Ægyptiacarum.* Lib. III. cap. XIV. En Syrie les femmes se font aussi engraisser ; mais elles se servent de drogues où il entre du mercure.

tiens regardoient la polygamie comme très-favorable à la population ; & si cela est vrai, ils se sont trompés. Au reste, cet usage ne produit pas des effets aussi funestes qu'on l'a cru ; & j'ose dire que c'est une véritable contradiction de la part de M. Schmidt, écrivain d'ailleurs fort estimable, d'avoir, dans un endroit de son livre, exagéré prodigieusement le nombre d'hommes qu'il supposoit être à la Chine, & d'avoir assuré, dans un autre endroit de ce livre, que la pluralité des femmes rend les pays où elle est établie, déserts : il avoit, par conséquent, oublié alors que les Chinois sont polygames. Nous sommes aujourd'hui beaucoup mieux instruits par rapport à la Turquie, qu'on cite ordinairement comme un exemple : on y a ruiné l'agriculture, on y a ruiné le commerce, par les fermes, les priviléges exclusifs & les brigandages des Pachas ; on y a admis dans les meilleures provinces des Arabes Bedouins, qu'il ne falloit pas y admettre, ou qu'il falloit forcer à changer de mœurs : on y a enfin laissé tomber dans un profond oubli la police Egyptienne pour arrêter la peste : si l'on y remettoit cette police en vogue, & la culture des terres en honneur, le nombre d'hommes y deviendroit à peu près comme il l'est aux Indes & au Japon. La population de tous ces pays seroit un problême difficile à résoudre ; si l'on ne s'appercevoit de plus en plus qu'il y a dans les climats tempérés de l'Asie des causes physiques, qui favorisent singulierement la multiplication de l'espce ehumaine, comme je tâcherai de l'expliquer dans la suite. Il paroît d'abord que la clôture ou la vie sédentaire des femmes devroit faire encore plus de mal que la polygamie jointe au despotisme, en occasionnant parmi elles des maladies, comme Aristote se l'étoit réellement imaginé (*). Et rien ne paroissoit mieux fondé qu'un pareil soupçon de la part d'un philosophe qui avoit tant observé, & tant raisonné. Cependant, ce qui paroît devoir arriver nécessairement, n'arrive point. Les femmes vieillissent dans ces prisons, & n'y meurent pas plutôt qu'ailleurs, quoique privées, pour la plupart, des secours de la médecine : car il faut que les maîtresses des princes mêmes, jouissent d'un grand crédit, pour qu'on se détermine à appeler chez elles des médecins habiles, comme Mrs. Manouchi & Bernier furent mandés pour des femmes du grand Mogol : encore les raffinements très-ridicules, que la jalousie des Orientaux emploie dans de tels cas, mettent-ils l'art de guérir entiérement en defaut. On peut assurer, sans craindre de se tromper, que les Chinois ont surpassé tous les Asiatiques par les précautions excessives dont ils usent : on fait quelquefois chez eux passer sur la main des femmes malades un fil de soie, dont le médecin tient l'extrémité, & il juge de l'état du pouls par les vibrations qu'il éprouve, ou qu'il fait semblant d'éprouver, & ordonne un remede au hazard : car il ne peut y avoir, dans un tel art de conjecturer, qu'un extrême hazard. On en agit un peu moins mal à l'égard de M. de Tournefort, lorsqu'on l'introduisit dans le serrail du grand Visir à Constantinople : il est vrai qu'il ne put ni voir les malades ni leur parler ; car il y avoit entre lui & elles une muraille, dans laquelle on avoit pratiqué des ouvertures, & les femmes de ce ministre lui tendirent par là leurs bras. En Perse on n'a actuellement dans les Harems que des matrones, qui

---

(*) *Tome II.* page 302.

exercent la médecine sans savoir ni lire, ni écrire: car on n'y admet plus des hommes, depuis Séphi premier dont le médecin Ibrahim, parvenu à sa soixante-dixieme année avoit acquis à cause de son âge un grand accès chez les sultanes; mais bientôt on l'accusa d'un grand crime; aussi le jésuite Bazin, qui a long-temps été premier médecin de Nadir-Sha, que nous nommons Thamas-Kouli-Kan, ne dit-il point dans sa relation qu'on l'ait appellé chez les femmes de ce prince. Il y a bien de l'apparence, que ce qui rend les harems si peu mal sains, contre le sentiment d'Aristote & des modernes qui l'ont suivi, c'est qu'on y a pratiqué de vastes jardins: le genre de vie y est uniforme, les maladies populaires n'y pénétrent que difficilement; & si quelque chose pouvoit y abréger le terme de la vie, ce seroit le désespoir, ou cet amour illégitime, auquel la nature a attaché un grand châtiment.

Je me crois absolument dispensé de devoir discuter ce que Diodore de Sicile dit de la forme des contrats de mariage, par lesquels les Egyptiens se dépouilloient de toute leur autorité en faveur de leurs femmes: cette fable, assez démentie par un passage d'Horus-Apollon (*), l'est bien davantage par les faits que j'ai rapportés, & qui démontrent que l'indépendance des Egyptiennes n'a pas été telle qu'on le croit communément. Au reste, il n'y a pas la moindre comparaison entre elles & les femmes de la Chine, auxquelles on a ôté par le droit positif, tout ce qui leur étoit accordé par le droit de la nature. Quelques moralistes dont on a fait si mal à propos des philosophes, loin

_____

(*) *Hiéroglyph. Libro I, cap. VII.*

d'avoir

d'avoir pensé à adoucir leur sort, l'ont aggravé par des maximes désespérantes. De tout cela il a résulté qu'un Chinois en colere, qui tue sa femme, n'est pas même responsable de sa conduite devant le juge (*); non plus que quand il tue ses filles : je parlerai dans l'instant de cet infanticide, horrible dans toutes ses circonstances.

C'est par une loi fondamentale de l'empire, qu'à la Chine les femmes sont exclues du trône : parce qu'elles ne sauroient offrir les sacrifices que l'empereur, en sa qualité de pontife, doit offrir quatre fois par an : cependant dans les minorités, qui sont toujours très-rapides ; les impératrices-meres prennent en main les rênes de l'état, comme le font aussi en quelque sorte les sultanes *Validé* en Turquie, & les sultanes *Kadum* ou *Khatum* en Perse. Or il est arrivé deux fois à la Chine, que les impératrices *Liu-Heou* ou *Heo-vou-chi*, ayant été déclarées tutrices de leurs enfants mineurs ou des enfants qu'elles avoient supposés, se sont emparées de l'autorité souveraine, & ont régné seules sans se soucier des sacrifices. Les historiens en parlant d'elles, les distinguent dans les catalogues des dynasties par le nom d'usurpatrices, & il est étonnant que ces usurpations ne soient pas plus fréquentes dans les états despotiques, où la succession n'est pas réglée, & où la plupart des princes sont presque toujours redevables à leurs meres du trône auquel ils parviennent du milieu des dangers qui environnent leur enfance ; & c'est là-dessus qu'est fondé le respect que les souverains de

---

(*) *Osbeck Reise nach Ostindien and China* 327. S. édition de Rostock 1765.

l'Orient, après s'être dépouillés de tous les sentimens d'humanité, conservent ordinairement envers leurs meres : le principal honneur qu'on leur rende à la Chine, c'est de célébrer dans tout l'empire le jour auquel elles entrent dans leur soixantieme année, & si les femmes ne vieillissoient pas dans les serrails, comme on l'a prétendu, il eût été absurde d'imaginer un tel honneur. Cependant ces solemnités ne sont point comptées parmi les événemens absolument rares, & la derniere est de l'an 1752, dont nous avons une relation, écrite par le pere Amyot (*), qui assure que pour ne pas voir la marche du prince, il fut ce jour-là obligé de se renfermer dans sa chambre : mais il étoit inutile de faire mention d'une telle circonstance ; puisqu'il n'y a personne qui ne sache que par tout où l'empereur de la Chine passe, les gens doivent sous peine de mort se barricader dans leurs maisons. M. Boulanger dit que cet usage a son origine dans la théocratie ; mais qui ne voit que cet usage a son origine dans la tyrannie & dans les remords des tyrans, qui craignent à chaque pas d'être assassinés ? Au reste, il faut observer en passant que tout cela donne une mauvaise idée de la cérémonie du labourage : aussi se réduit-elle, comme je l'ai dit, à un vain appareil.

Les Chinois peuvent associer à leur premiere épouse des concubines, qu'on appelle les petites femmes ; mais en ces choses les titres ne font rien ; pourvu qu'ils observent les degrés de consanguinité & d'affinité, qui empêchent le mariage ; & qui sont très-étendus & presqu'étendus à l'infini entre les personnes qui

---

Lettres édifiantes, XXVIII Recueil.

portent un même nom : les loix ne leur permettent en aucun cas d'épouser leur sœur consanguine, ou leur belle-sœur, ou leur cousine-germaine, ni issue de germaine ; & en cela ils different beaucoup des Egyptiens ; quoique je ne crois cependant pas, que jamais les Egyptiens, en suivant leur droit national, aient pu se marier avec leurs propres sœurs. Si l'on m'objectoit qu'il n'est pas probable qu'on se soit trompé sur un fait de cette nature, je répondrois que cela est plus que probable. Les anciens n'ont-ils pas dit qu'en Perse les mages épousoient leurs meres ? tandis que nous savons par le *Sadder* & par les *Zends*, qui existent aujourd'hui en Europe, que personne n'a pu épouser sa mere en Perse. Cornelius Népos n'a-t-il pas mis en fait, que le Grec Cimon n'eut aucun reproche à essuyer à cause de son mariage avec sa sœur Elpinice ? tandis que nous savons qu'on lui en fit un crime, comme on le voit clairement dans Plutarque (*), & plus clairement encore dans la déclaration d'Andocide contre Alcibiade (**) : Andocide parlant au milieu d'Athenes, connoissoit sans doute mieux les loix d'Athenes, que Cornelius Népos, qui ne les connoissoit pas du tout.

Voici ce qui en est. Par une sanction du droit Macédonique on pouvoit épouser sa sœur, comme l'on en rencontre différents exemples dans l'histoire : or la famille des Ptolémées, qui étoit, ainsi que tout le monde sait, une famille Macédonienne, se voyant transplantée

―――――――――――――――

(*) *Vie de Cimon.*

(*) Dans quelques textes Grecs imprimés d'Andocile, ont lit fautivement *Conon* au lieu de *Cimon*. Miltiade n'a pas eu d'enfant nommé *Conon*.

en Égypte, usa, comme cela étoit assez naturel, de son droit national; & permit aux Grecs établis à Alexandrie d'en user aussi; parce que ces Grecs ne pouvoient s'allier avec des femmes Egyptiennes, auxquelles les loix interdisoient toute union avec les étrangers. Voilà pourquoi aucun historien antérieur au siecle d'Alexandre, n'a pensé seulement à dire, que les Egyptiens épousoient leurs sœurs; puisque cet usage ne s'introduisit chez eux qu'après la mort d'Alexandre.

Si les Macédoniens eussent eu cet inceste en horreur lors de leur arrivée en Egypte, on peut être certain, qu'ils n'auroient pas adopté le droit d'une nation vaincue & avilie, pour légitimer dans la maison régnante un inceste qu'ils eussent eu en horreur. Je sais sans doute, que les conquérants peuvent à la longue s'accoutumer aux manieres bizarres, & même aux mauvaises loix des peuples conquis: mais on ne sauroit dire cela des Ptolémées; puisque leur domination étoit à peine fondée. que Philadelphe, fils de Soter, débuta par épouser sa sœur Arsinoé, comme cela s'est pratiqué dans la famille des Lagides jusqu'à Cléopatre; sans qu'il en ait résulté, au moins par rapport aux facultés corporelles, quelque dégénération dans cette famille-là, si l'on en excepte Ptolémée Physcon, qui étoit une espece de nain si difforme, que les ambassadeurs Romains ne purent s'empêcher de rire en le voyant (*). Je dis ceci; parce qu'on soupçonne de plus en plus qu'il arrive effectivement quelque dégé-

―――――――――――――――――

(*) Il naissoit beaucoup de nains en Egypte aux environs d'Alexandrie: la plupart de ceux qu'on voyoit anciennement à Rome venoient de là.

nération aux animaux par les accouplements incestueux, & sur-tout en ligne collatérale au premier degré. Dans l'ouvrage que M. Michaélis vient de publier en Allemand sur le droit Mosaïque, (*Mosaïsche Recht*,) il rapporte à ce sujet des expériences singulieres, faites sur des chevaux en Hongrie, & dont il prétend qu'aucun naturaliste n'avoit eu connoissance. Mais il se peut que ce cas rentre dans la classe de ceux où l'on ne peut absolument pas conclure des animaux à l'homme ; & je doute qu'on puisse attribuer à l'inceste la naissance de tous ces princes monstrueux par leur cruauté, monstrueux par leur folie, qui rendirent cette dynastie des Ptolémées une dynastie infame. Auguste avoit tort de se donner tant de peines pour vouloir ressusciter Cléopatre, en faisant sucer ses blessures par des Psylles. Au reste il faut observer que Cléopatre n'étoit pas issue directement d'un mariage incestueux, puisque sa mere n'avoit été que la concubine de Ptolémée Auletès, qui fit tout ce que les bons rois ne font pas. A en juger par ce qui arriva dans cette famille des Lagides, on seroit tenté de croire, que le motif, qui doit faire défendre le mariage entre le frere & la sœur, n'est point celui qu'ont allégué les jurisconsultes, qui nous ont tant parlé de la crainte de la corruption dans la maison paternelle. Des enfants, qui ont été élevés ensemble, qui connoissent leurs défauts mutuels, & qui se croient tous égaux, ne doivent pas se marier entre eux, & ils ne sont pas même naturellement portés à le faire, voilà pourquoi la corruption, que les jurisconsultes ont imaginée dans la maison paternelle, est une chose très-rare : tout cela seroit ainsi, quand même on éleveroit ensemble des enfants qui ne seroient ni freres, ni sœurs,

Le véritable droit national des Egyptiens, tel qu'il étoit avant le siecle d'Alexandre, leur permettoit d'épouser leurs belles sœurs, restées veuves sans enfants (*) & encore leurs cousines-germaines, ce que jamais les Coptes n'ont cessé de faire. Un jour la cour de Rome leur fit proposer en secret, que, s'ils vouloient se réunir à l'église Latine, on n'exigeroit rien d'eux pour les dispenses au sujet de leurs mariages, contractés dans le second degré de parenté collatérale; mais ils rejetterent de telles propositions; parce que le privilege qu'on vouloit leur accorder comme une faveur nouvelle, ils en étoient en possession de temps immémorial; quoiqu'en dise le P. de Sollier dans sa chronique des patriarches d'Alexandrie, où l'on trouve beaucoup d'erreurs touchant les Coptes.

Ainsi il reste vrai que les degrés, qui empêchent le mariage, n'ont point été fort étendus en Egypte, & il y en a une raison fort naturelle : le peuple y étoit distribué en tribus, dont quelques-unes ne pouvoient s'allier entre elles, non plus que les tribus Juives. On a cru aussi que l'animosité qui régnoit entre de certaines villes, empêchoit les habitants des unes de trouver des femmes dans les autres,

---

(*) Les Egyptiens, persécutés probablement par les premiers empereurs chrétiens au sujet de leurs mariages avec leurs belles-sœurs, avoient trouvé un subterfuge bien singulier; ils soutenoient que leurs belles-sœurs restées sans enfants, étoient aussi restées vierges, comme on le voit par la célèbre constitution de l'empereur Zénon, qui commence par ces termes. *Licet quidam Ægyptiorum idcirco mortuorum fratrum sibi conjuges matrimonio copulaverint; quod post illorum mortem mansisse virgines dicebantur.* De incest. & inutil. Nupt. Tit. V.

& que les filles de Bubaste, où l'on révéroit le chat, n'époufoient jamais des garçons d'Athribis, où l'on révéroit la muſaraigne, quoiqu'il n'y eût que huit à neuf lieues d'Athribis à Bubaſte. Mais cette arimoſité dont il eſt ici queſtion, n'éclata, comme je le dirai dans la ſuite, que ſous les Grecs & les Romains, lorſque l'autorité des prêtres, qui avoient ſu contenir la ſuperſtition par la ſuperſtition même, n'exiſtoit plus.

A la Chine, où il n'y a pas & où il n'y a jamais eu des tribus ou des caſtes (a), on a fort étendu les dégrés qui empêchent le mariage. Ainſi ces deux peuples different non-ſeulement par les loix qu'ils ont faites à cet égard, mais par le motif même qui les leur a dictées : les uns ont voulu empêcher l'établiſſement des tribus : les autres ont voulu conſerver les tribus établies.

Outre cette eſpece de ſervitude qui réſulte de la clôture, il y a à la Chine une ſervitude réelle & perſonnelle, où une femme peut être réduite par ſes parents, lorſqu'ils la vendent pour quelque motif que ce ſoit. Une fille qui ne conſerve pas ſa virginité juſqu'au moment de ſon mariage, eſt irrémiſſiblement vendue au marché, quelquefois pour vingt *taëls* ou deux mille ſols, quelquefois pour moins ; & on la vend de la ſorte à un maître, parce qu'on ne ſauroit plus la vendre à un mari : auſſi perd-elle alors à jamais le droit de ſe racheter. Que le lecteur me permette de dire ici un mot ſur cet uſage de vendre ſes enfants; il dérive certainement de l'autorité paternelle,

---

(*) Voyez les *Lettres de M. de Mairan ſur la Chine* pag. 61. de l'imprimerie royale, 1770.

portée au-delà de certaines bornes, que les anciens législateurs n'ont su fixer nulle part, ni dans les républiques, ni dans les monarchies. On ne conçoit pas par quelle fatalité leurs yeux ont été fascinés ; mais ils ont été fascinés sans doute. Lorsqu'ils accordoient au pere le droit de vie & de mort sur ses enfants, ils ne voyoient pas qu'un homme ne sauroit être juge dans sa propre cause : lorsqu'ils accordoient au pere le droit de vendre ses enfants, ils ne voyoient pas que les parents ne possédent point leurs enfants de la même maniere qu'on possede des bestiaux ; il ne falloit nulle pénétration pour comprendre cela, & cependant on ne l'a pas compris. Si l'on en croyoit un Grec nommé Denys d'Halicarnasse, il conviendroit d'excepter ici quelques Législateurs, & sur-tout Solon ; mais Denys d'Halicarnasse ne connoissoit point les loix de Solon, qui avoit indubitablement accordé au pere le droit de vie & de mort (*). Ainsi il rentre dans la classe de tous les autres. Ce qu'il y a de bien bizarre, c'est qu'on trouve dans le Code-Justinien un rescrit admirable de l'empereur Dioclétien, qui parle en philosophe malgré l'impitoyable loi de Romulus : il dit qu'il est de droit manifeste, *manifesti juris*, qu'un pere ne peut ni aliéner, ni vendre, ni donner, ni engager ses enfants; & immédiatement après ce rescrit, suit dans la même page celui de l'empereur Constantin, qui assure qu'un pere peut vendre & ses fils & ses filles ; & en conséquence il le permet dans toute l'étendue de l'empire Romain, pour se moquer de Dio-

---

(*) Voyez *Sextus Empyr. Hyp. lib.* 3 *cap.* 24. *Héliodore Æthiop. Lib.* I.

clétien, des hommes & des loix : car le prétexte de pauvreté qu'il allegue, n'a pas & n'a jamais eu aucune force contre le droit manifeste.

Les Chinois ont été extrêmement éloignés d'avoir trouvé les bornes du pouvoir paternel : je ne crois pas même qu'ils les aient jamais cherchées ; car, outre le droit de vendre, leurs législateurs ont donné au pere le droit de vie & de mort, pour autoriser l'infanticide, qui se commet dans ce pays-là de différentes manieres. Ou les accoucheuses y étouffent les enfants dans un bassin d'eau chaude, & se font payer pour cette exécution, ou on les jette dans la riviere après leur avoir lié au dos une courge vuide ; de sorte qu'ils flottent encore long-temps avant que d'expirer (*). Les cris qu'ils poussent alors, feroient frémir par-tout ailleurs la nature humaine ; mais là on est accoutumé à les entendre, & on n'en frémit pas. La troisieme maniere de les défaire, est de les exposer dans les rues, où il passe tous les matins, & sur-tout à Pékin, des tombereaux, sur lesquels on charge ces enfants ainsi exposés pendant la nuit ; & on va les jeter dans une fosse où l'on ne les recouvre point de terre, dans l'espérance que les Mahométans en viendront tirer quelques-uns ; mais avant que ces tombereaux, qui doivent les transporter à la voirie, surviennent, il arrive souvent que les chiens & sur-tout les cochons, qui remplissent les rues dans les villes de la Chine, mangent ces enfants tout vivants : je n'ai point trouvé d'exemple d'une telle atrocité, même chez les anthropophages de l'Amérique. Les jésuites

_____

(*) *Toreens Reise nach China*, Fünfter Brief.

assurent qu'en un laps de trois ans, ils ont compté neuf mille sept cent deux enfants ainsi destinés à la voirie : mais ils n'ont pas compté ceux qui avoient été écrasés à Pekin, sous les pieds des chevaux ou des mulets, ni ceux qu'on avoit noyé dans les canaux, ni ceux que les chiens avoient dévorés, ni ceux qu'on avoit étouffés au sortir du ventre de la mere, ni ceux dont les Mahom'tans s'étoient emparés, ni ceux qu'on a défaits dans les endroits où il n'y avoit pas de jésuites pour les compter.

On n'a pu jusqu'à préfent deviner la cause de ces infanticides : des Arabes & le pere Trigault assurent que c'est un effet du système de la transmigration des ames ; mais je sais maintenant qu'il n'y a aucune ombre de vérité dans une telle assertion : aussi les Indous, bien plus attachés à la transmigration des ames, ne détruisent-ils jamais leurs enfants ; car ce système ne défend rien avec plus de force que le meurtre, & même celui des animaux. On verra dans l'instant, que la véritable cause de ces infanticides existe dans le vice du gouvernement, & dans la sordide avarice des Chinois, qui, pour gagner beaucoup, s'accumulent dans les villes commerçantes & le long des rivieres, tandis qu'ils laissent l'intérieur des provinces absolument inhabité, absolument inculte. Comme ce peuple se conduit dans toutes ses actions par l'intérêt, il a calculé que quand il s'agit d'un assassinat, il y a plus de profit à détruire une fille qu'un garçon : la fille coûte plus à élever qu'ils ne peuvent la vendre : le garçon se vend plus qu'il ne leur coûte à élever. Il faut observer ici que ces monstrueuses maximes des Chinois sur l'infanticide, n'ont jamais été imputées aux Egyptiens par personne, sinon par les Juifs, qui disent que ce fut principalement à leurs enfants mâles qu'on en voulut ; or Strabon dit que c'étoient principalement les enfants mâles qu'on défendoit aux Egyptiens de détruire ; & Diodore fait mention d'une défense générale au sujet des deux sexes. On voit donc clairement par ceci, que le cas des Juifs a été un cas extraordinaire, qui arrêta pour un instant le cours des loix, parce qu'on vouloit les traiter en ennemis, & comme ils traiterent eux-mêmes les habitants de Canaan, où ils massacrerent sans doute beaucoup d'enfants au berceau, & beaucoup d'enfants, même dans le sein de la mere.

Il me reste maintenant à parler de la coutume des Chinois d'écraser les pieds aux filles, ce qui paroît mettre le comble à leurs malheurs : car de quelques précautions qu'on use, il est impossible de prévenir les douleurs plus ou moins aiguës, qu'elles ressentent dans les talons pendant toute leur vie, dès qu'elles entreprennent de marcher. Les voyageurs, qui ont voulu nous expliquer la méthode dont on se sert pour les rendre boiteuses, ne s'accordent point entre eux, & paroissent peu instruits. M. Osbeck dit qu'on leur fait porter dans leur enfance des souliers de fer : d'autres prétendent qu'on serre leurs pieds dans des lames de plomb. Il y a même des relations qui assurent qu'on leur casse les os du métatarse pour replier les doigts sous la plante, & qu'on empêche la carie des os rompus par des liqueurs caustiques : mais il ne faut pas douter que ce ne soient là des absurdités très-grandes. Ce qu'il y a de bien certain, c'est que les Chinoises, lors même qu'elles quittent leurs chaussures, ne quittent cependant point les bandages qui enveloppent immédiatement leurs pieds : car si elles vouloient toujours défaire & toujours reprendre ces entraves, il en résulteroit de grands inconvénients, puisqu'il y a bien de l'apparence que cette opération ne consiste qu'à faire aux enfants une ligature au-dessus de la cheville, qu'on a soin de ne point trop serrer ; ce qui dessécheroit entièrement le pied, dont on prévient seulement la croissance, en le réduisant à la moitié de sa grandeur naturelle, comme on l'a vu par les chaussures Chinoises, qu'on a essayées en Europe à des enfants de six ans. Or, à six ans, le pied de l'homme est à peu près à la moitié du volume qu'il acquiert pendant le reste de l'adolescence. Les Chinois disent qu'ils ignorent quand cette belle mode a commencé : ceux qui lui donnent le moins d'antiquité, prétendent qu'il y a, à peu près, trois mille ans qu'elle est en vogue. On veut que l'impératrice *Ta-Kia*, qui avoit naturellement les pieds très-petits, ait soutenu que c'étoit une beauté de les avoir tels ; de sorte que ceux qui la crurent, procurerent par artifice cette monstruosité à leurs enfants. Il est inutile d'observer que ce conte, forgé peut-être par quelques Jésuites qui avoient lu Ovide, (*), est aussi ridicule qu'incroyable : car une femme qui étoit elle-même renfermée dans un serrail, n'a pu occasionner une si grande révolution dans les idées des hommes qui ne la voyoient point. Sans parler ici des doutes qu'on pourroit former sur l'existence de l'impératrice *Ta-Kia*, qui paroît être un

_____

(*) On sait qu'Ovide a dit :

Est pes exiguus, pedis est aptissima forma.

personnage fabuleux, nommé par le P. Kircker la *Vénus* des Chinois; les lettrés, beaucoup mieux instruits, conviennent que cette invention a été suggérée par la politique & la jalousie pour tenir les femmes dans un esclavage si étroit, qu'on ne peut comparer l'exactitude avec laquelle on les garde, qu'à la sévérité avec laquelle on les gouverne.

Il faut dire ici que rien n'est moins fondé que le sentiment de ceux qui croient que toutes les filles naissoient anciennement à la Chine avec six doigts à chaque pied; de sorte que pour faire disparoître ces membres surnuméraires, on eut recours aux ligatures, dont on continua à se servir après que le mal eut cessé. Quand j'ai recherché l'origine d'une imagination si étrange, j'ai trouvé qu'elle avoit apparemment été puisée dans les relations du P. Trigault, qui met en fait que la plupart des habitants des provinces de Canton, de Quansi, & généralement tous ceux de la Cochinchine, ont encore aujourd'hui deux ongles à chaque petit orteil, d'où il présume, sans que je sache pourquoi, qu'ils ont eu jadis aussi six doigts à chaque pied (*). Quand tout cela seroit vrai, on ne sauroit en conclure que les femmes seules étoient sujettes à cet excès ou à cette excrescence, & que pour le corriger, on se soit déterminé à les estropier. Mais ce qui prouve que tout cela n'est point vrai, c'est que l'on n'observe aucune irrégularité dans le nombre des orteils parmi les gens de la campagne & le petit peuple des villes, qui n'ont jamais écrasé les pieds à leurs enfants: ayant besoin de tous leurs membres pour ne

---

(*) *Expeditio apud Sinas.* Lib. I, cap. VIII.

pas mourir de faim, ils se sont mis à l'abri de cette mode tyrannique, qui leur seroit aussi funeste que l'usage de se laisser croître les ongles, comme le font des négociants & des lettrés, dignes d'être renfermés aux petites-maisons.

La circoncision des filles, que les Egyptiens ont pratiquée de temps immémorial, & qu'ils pratiquent encore aujourd'hui, comme on peut le voir dans l'*Histoire de l'Eglise d'Alexandrie* par le P. Vansleb, est une opération inconnue aux Chinois, qui n'ont aussi jamais circoncis les garçons ; & ce n'est que par les Juifs & les Mahométans établis chez eux, qu'ils savent qu'il y a des hommes au monde, qui font dépendre leur salut d'une amputation semblable. Je crois bien qu'on objectera contre tout ceci, que les prétendues colonies Egyptiennes fondées dans la Grece, renoncerent aussi à la circoncision, au point qu'on n'en trouve plus aucune trace dans leur histoire, ni aucun vestige dans leur mythologie. Mais si je parlois ici de tous les doutes qu'on peut former sur la réalité de ces colonies Egyptiennes, fondées dans la Grece, je m'écarterois extrêmement de mon sujet. Quand je vois des hommes tels qu'Orphée, Amphion, Eumolpe, & des législateurs tels que Solon & Lycurgue partir pour l'Egypte, & en revenir ; alors je conçois comment il est arrivé que des loix, des usages, des cérémonies & des fêtes ont passé de l'Egypte en Grece. Il n'a fallu qu'un dévot pour amener le culte de la *Neitha* ou de la Minerve de Saïs à Athenes : il n'a fallu qu'un dévot pour faire célébrer à Athenes la fête des lampes, telle qu'il l'avoit vu célébrer à Saïs. Au reste, soit qu'on en cherche la cause dans le climat, soit qu'on la cherche ailleurs, il reste vrai que les Chinois different en cela extrêmement des Egyptiens, qui se coupoient tous le prépuce: car c'est une folie de prétendre que chez eux la circoncision n'obligeoit que la classe sacerdotale (*).

Il seroit à souhaiter sans doute, qu'à la Chine on n'eût pas plus adopté la coutume de châtrer les garçons, que celle de les circoncire ; mais avant le temps de la conquête des Tartares, c'est-à-dire avant l'an 1644, on y avoit porté les choses à un excès incroyable, à un excès qui seul pourroit démentir les éloges que des écrivains très-peu instruits ont prodigués à cette forme de gouvernement où l'on a vu tous les magistrats châtrés, & toutes les provinces pillées par ces magistrats-là.

Je suis fort éloigné de penser que le crédit immense que les Chinois ont accordé aux eunuques dès la naissance de leur empire, provienne d'une espece de préjugé superstitieux, qui dans les temps de la plus haute antiquité doit avoir regné parmi les Scythes ou les Tartares, qui révéroient singuliérement les hommes devenus impuissants à la fleur de leur âge ; parce qu'on les regardoit comme frappés par la main de la Divinité. Hippocrate, le seul auteur qui ait parlé des eunuques de la Scythie, qui s'habilloient, à ce qu'il prétend, en femmes, dit que la premiere cause de ce mal étoit produite par l'excès de l'équitation

---

(*) La circoncision est un usage si enraciné en Egypte, que les Coptes ou les Egyptiens modernes, qui sont chrétiens, comme tout le monde sait, ne laissent pas pour cela de circoncire tous leurs enfants de l'un & de l'autre sexe ; & Strabon dit que cela se pratiquoit précisément de même de son temps, lorsque l'ordre sacerdotal avoit déjà disparu en grande partie.

chez un peuple qui ne descendoit presque jamais de cheval, & qui ne connoissoit point l'usage des étriers (*). En cela, on peut croire Hippocrate : mais quand il ajoute que les Scythes, pour se guérir de cette indisposition, se faisoient ouvrir des veines qui passent aux deux côtés de la tête, d'où résultoit leur impuissance, alors il ne faut pas le croire ; puisqu'on sait bien aujourd'hui que les vaisseaux spermatiques qu'il supposoit être dans les organes de l'ouie, n'y sont assurément pas. L'histoire de la Chine commence déjà dès l'an 2037 avant notre ere, à parler du crédit des eunuques : ils gouvernoient alors l'empereur, & bientôt ils parvinrent au point de gouverner l'empire, si l'on peut donner ce nom de gouvernement à une association de voleurs, qui sous le regne de *Taï-Tsong* envahirent non-seulement, comme j'ai dit, les magistratures, mais qui s'approprierent encore le tribut des provinces, qu'ils partageoient comme on partage des dépouilles. Il n'étoit pas possible alors d'obtenir le moindre mandarinat sans être mutilé, parce que les grands eunuques du palais ne conféroient les emplois qu'à des hommes aussi vils & aussi méprisables qu'eux. Il seroit réellement ennuyeux de parler ici de toutes les conspirations qu'ils ont tramées, de tous les meurtres qu'ils ont commis, & de ceux qu'ils ont tentés : il suffira de dire que depuis la mort d'*Hien-Tsong* qu'ils empoisonnerent, jusqu'en l'an 904 de notre ere, ils ne firent que se jouer de la vie des empereurs, & en cou-

---

(*) Avant l'invention des étriers, l'équitation continuelle occasionnoit une maladie particuliere dans les hanches & des enflures aux jambes, comme on ne le voit par l'exemple de Germanicus.

ronnerent successivement quatre plus imbécilles, plus stupides les uns que les autres, qu'ils mettoient aux arrêts comme des enfants. Cependant, dans le cours du dixieme siecle, on parvint à chasser les eunuques des tribunaux; mais ils y rentrerent. Dans le douzieme siecle on les chassa une seconde fois des tribunaux, mais ils y rentrerent: alors leur pouvoir parut indestructible, parce que leur nombre, loin de diminuer, augmentoit d'année en année, de jour en jour. Les pauvres & les riches faisoient également *émasculer* leurs enfants, dans l'espérance qu'étant faits de la sorte ils parviendroient plutôt aux charges, qu'en lisant toute leur vie la prétendue morale de Confucius & de Mentsé.

Les choses étoient dans cet état, lorsque les Tartares *Mandhuis* ou *Mantcheoux* survinrent, & conquirent en un instant toute la Chine. De ce qui les choqua, rien ne les choqua davantage que de trouver des hommes gouvernés par ceux qui ne l'étoient plus. Ils commencerent donc par ôter les emplois aux mandarins auxquels on avoit ôté la virilité, & tous les mandarins étoient dans ce cas-là: ensuite ils réduisirent à la moitié le nombre des eunuques attachés à la cour, & qui se montoit à douze mille sous le regne de l'empereur *Tien-Ki*, homme sans honneur, sans génie, sans talents, & que le bruit de l'empire, qui s'écrouloit de toutes parts, put à peine tirer de sa léthargie. Le P. Schal, qui par ses connoissances dans l'artillerie, avoit acquis beaucoup d'accès auprès du conquérant *Chung-Tchi*, fondateur de la dynastie actuellement régnante, dit que ce prince entretenoit encore six mille châtrés (*);

(*) *De Ort. & progres. Fidei Christ. in China. Cap.* 24.

ce qui doit paroître exceſſif, puiſqu'on n'en compte ordinairement que cinq ou ſix cent dans le ſerrail de Conſtantinople, comme on le ſait par M. Galland, interprete de France en Turquie : auſſi les tuteurs Tartares de *Cam-hi* chaſſerent-ils pendant la minorité de ce prince preſque tous les eunuques du palais, hormis ceux qui devoient garder les femmes. Depuis ce temps, ils ont fait de grands efforts pour rentrer dans les emplois publics, ce qui arrivera dès que cette dynaſtie Tartare ſera entiérement corrompue & énervée par les fatales maximes du peuple conquis, & par les principes d'une politique qu'on ne conçoit pas; puiſque l'exemple a prouvé qu'il y a autant de fidélité & d'attachement à attendre de la part d'un gouverneur de province, qui a une famille, que de la part d'un eunuque qui a un ſerrail.

Comme à la Chine l'infanticide ne bleſſe pas les premieres loix de l'état, on a été bien éloigné d'y compter la caſtration au nombre des crimes : mais ce n'eſt point cette cauſe-là qui y a produit ce peuple d'eunuques dont j'ai tant parlé. Cela provient de la sévérité avec laquelle on y garde les femmes, & du prix modique auquel ces eſclaves ſont vendus : ce prix eſt ſans comparaiſon moindre qu'en Perſe & en Turquie, où ſuivant les préceptes de l'Alcoran, il n'eſt permis de châtrer ni les hommes, ni les bêtes ; & indépendamment de l'Alkoran, il y a encore en Perſe une loi civile qui le défend; de ſorte qu'on y fait venir à grands frais les eunuques dont on a beſoin, de l'Afrique, des Indes, & ſur-tout de Golconde, où, au dix-ſeptieme ſiecle, on mutiloit preſque tous ces enfants, qui ont toujours été, & ſeront toujours la principale cauſe de la foibleſſe des cours de l'Asie. Il faut que le P. Parennin se soit convaincu pendant le séjour qu'il a fait à la Chine, que la fureur de mutiler les enfants est encore plus commune qu'on ne pourroit le croire après tout ce qu'on vient d'en dire, puisqu'il tâche d'expliquer par-là comment la polygamie peut être si fort en vogue dans un pays où il ne naît certainement pas plus de filles que de garçons (*). Mais comme presque tous les enfants qu'on y étouffe, qu'on y jette dans les rivieres, ou qu'on porte à la voirie, sont des filles, cela laisse subsister la difficulté dans sa force : car enfin on y massacre plus d'individus du sexe féminin, qu'on n'y châtre de mâles, & encore y a-t-il plusieurs de ces châtrés qui se marient.

Il est singulier que les Chinois, qui sont polygames, aient plus de femmes qu'il ne leur en faut, & que les Turcs, qui sont aussi polygames, manquent de femmes, puisqu'ils en achetent & en ravissent sans cesse chez l'étranger (†). Leurs ambassadeurs même, envoyés dans nos villes d'Europe, ne manquent jamais d'employer des stratagêmes pour enlever des filles & des femmes, comme c'est un fait connu à Vienne, où l'on ne manque aussi jamais de visiter les bateaux couverts que ces ambassadeurs font descendre sur le Danube.

Tout cela seroit inexplicable, si l'on ne savoit qu'il y a à la Chine une multitude d'hommes qui vivent dans le célibat : on y compte plus d'un million de moines, dont la plupart sont

---

(*) *Lettres Edifiant.* XXVI. Recueil.

(†) On fait monter à 9 mille le nombre des femmes enlevées ou achetées qu'on amene tous les ans à Constantinople.

mendiants, & dont il n'y en a aucun qui soit marié : les voleurs, qui inondent les provinces, n'ont pas de famille ; enfin les maîtres ne permettent pas le mariage aux esclaves, & le nombre des esclaves est très-grand.

Ainsi, la population de ce pays qu'on a prodigieusement exagérée, comme on le verra dans l'instant, est produite par des causes indépendantes de la nature des loix, & de la forme du gouvernement.

J'ai dit que le climat tempéré des provinces méridionales de l'Asie paroît être très-favorable à la multiplication de l'espece humaine, puisqu'elle y triomphe du despotisme, de tous les maux qu'il fait, & de tous ceux qu'il peut faire.

J'entreprendrai d'en expliquer les causes.

Dans ces climats tempérés de l'Asie, les hommes sont naturellement sobres : ils recherchent les aliments simples, & n'abusent point sans cesse des liqueurs fortes, qui peuvent corrompre ou altérer la substance prolifique : ils n'ont pas besoin de renfermer leurs enfants, ni de les envelopper d'habits comme dans nos contrées du nord, où la rigueur des saisons les force à être si long-temps en repos ; ce qui est non-seulement contraire à leur santé, mais même à leur passion : car la premiere passion de l'enfance est l'amour du mouvement.

Dans ces climats tempérés dont je parle, on a toujours des fruits bien mûrs, & d'une bonne qualité ; & la seconde passion de l'enfance est un appétit véhément pour les fruits de toute espece : cet appétit occasionné par la chaleur de l'estomac, diminue avec l'âge. Il y a des personnes chez qui il dure plus long-temps que chez d'autres (*) ; mais rien n'est plus rare que de rencontrer des enfants qui ne l'aient pas ; & quand ils ne l'ont pas, on peut soupçonner qu'ils sont malades.

Il résulte de tout ceci que l'éducation, dans les climats dont je parle, est non-seulement très-aisée, mais encore très-peu coûteuse. Et voilà un avantage qu'il est absolument impossible de se procurer dans les pays septentrionaux.

Les anciens qui ont eu connoissance de tous ces faits, paroissent néanmoins avoir un peu outré les choses, lorsqu'ils ont prétendu qu'en Egypte l'entretien d'un enfant jusqu'au terme de l'adolescence ne coûtoit que vingt dragmes; hormis qu'il ne soit uniquement question des gens de la campagne, auxquels un enfant coûte aujourd'hui en Egypte un demi-sol par jour, y compris le vêtement, qui se réduit presque à rien, comme Hippocrate & Diodore de Sicile l'avoient déja observé.

Tous les états de l'Europe, les grands & les petits, les riches & les pauvres, ont fait des loix pour diminuer le luxe du deuil & des enterrements : mais ils n'ont point fait de loix pour diminuer le luxe de l'éducation, que, suivant une maxime fondamentale, il faut restraindre autant qu'on peut dans les pays froids, où le climat donne déja tant de vrais besoins.

A la Chine, les femmes sont fort fecondes, & je crois bien, comme on l'assure, que la mortalité parmi les enfants, est sans comparaison moindre qu'en Europe, où la moitié de ceux qui naissent meurt, comme on sait, avant la ving-

---

(*) Ce penchant pour les fruits est bien plus fort dans les garçons que dans les filles, & cela doit être naturellement ainsi.

tieme année, tandis qu'il est très-vraisemblable qu'il n'y a aucune espece animale, soit dans l'état de domesticité, soit dans la vie sauvage, dont la moitié des petits périsse constamment par des maladies, avant que d'être sortie de l'adolescence.

Je ne rechercherai pas ici si la fécondité des femmes Chinoises est produite par quelque cause indépendante de leur constitution ; mais je dirai qu'il est surprenant que leur constitution ne s'altere pas par l'usage continuel des boissons chaudes, dont il sera parlé plus amplement dans la section suivante, parce que l'ordre des matieres l'exige ainsi.

S'il n'y avoit pas, dans le gouvernement de la Chine, des défauts singuliers, elle eut pu tirer un grand avantage de la situation : ce qui lui a sur-tout manqué, c'est un corps de milice assez aguerrie pour arrêter tout au moins les voleurs qui la dévastent de temps en temps ; & qu'on a vu prendre Pekin avant même que les Tartares pussent le prendre. Il faut observer ici que le nombre des voleurs est à peu près toujours le même à la Chine, comme l'on en juge par le nombre de ceux qu'on y arrête, pour les jeter dans des prisons : on compte année par année trente à quarante mille criminels arrêtés de la sorte : ainsi il est manifeste que, toutes les fois que les voleurs d'une province parviennent à se joindre à ceux d'un autre, il en résulte des désordres extrêmes. Jusqu'à présent la police que les Tartares *Mandhuis* ont introduite, a été si bien observée, que les voleurs n'ont pu faire le siege d'aucune ville, car avant les Tartares, ils assiegeoient les villes, puisqu'ils assiegerent même Pekin.

Il seroit très superflu de s'engager ici dans de longues discussions pour démontrer que les pre-

sur les Egyptiens & les Chinois.

miers historiens, qui ont parlé de la population de la Chine, n'étoient point du tout instruits: aussi ont-ils varié entr'eux de cent millions, ce qui est impardonnable: cependant cette différence de cent millions d'hommes se trouve en effet entre le calcul du P. Martini & celui du P. Bartole.

Les extraits des régistres de la capitation, qu'on prétend avoir été fournis par les Chinois mêmes, me paroissent tout au contraire, avoir été fabriqués par des Européens, qui assurément n'étoient pas fort habiles. En examinant ces extraits, je me suis d'abord apperçu qu'ils sont en tout point faux & controuvés, puisqu'en une province on y fait les familles de dix personnes, & dans une autre de cinq personnes (*) Il ne faut être que superficiellement versé dans les premiers élémens de l'arithmétique politique, pour s'appercevoir qu'une telle disproportion est une chose impossible; car en Europe on ne peut pas encore évaluer une famille à cinq personnes par un calcul rigoureux.

J'ose dire qu'il n'y a pas une seule ville à la Chine sur laquelle on nous ait procuré des notions exactes, & que tous ceux qui en parlent, parlent au hazard. Le P. du Halde donne à Pekin trois millions d'habitans: le P. le Comte ne lui en donnoit que deux millions, & le P. Gaubil s'exprime d'une maniere si vague qu'on n'en sauroit rien conclure. Or il ne faut pas que ceux qui varient d'un million par rapport aux

─────────────────────────────

(*) En voici un exemple; les 45305 familles de la province de *Koei-Tchoru* sont évaluées à 251365 personnes, tandis que dans la province d'*Yun-nan* on évalue 132958 familles à 1433110 personnes.

habitants d'une ville, esperent jamais de nous faire accroire qu'ils sont instruits de l'état de la population de tout un pays, & d'un pays si irrégulièrement habité, qu'il n'y a jamais rien eu de semblable sur tout le globe.

C'est ici un article où il faut que je m'arrête.

D'abord les jésuites avouent, que si l'empereur *Cam-hi* ne leur eût ordonné de lever la carte de la Chine, que les Chinois ne pouvoient lever eux-mêmes, ils n'auroient jamais su, « que dans » la plupart des gouvernements on trouve des » contrées de plus de vingt lieues, très-peu » peuplées, presque incultes, & assez souvent » si sauvages, qu'elles sont tout à fait inhabita- » bles. Comme ces contrées sont éloignées des » grandes routes qu'on suit dans les voyages or- » dinaires, elles ont échappé à la connoissance » des auteurs des relations imprimées. » (*)

Si l'on doutoit que cela ne soit effectivement de la sorte, on pourroit le démontrer, pour ainsi dire, jusqu'à l'évidence.

Presque tous les voyageurs qui ont pénétré au centre de la Chine, conviennent qu'on ne peut y marcher pendant la nuit, à moins qu'on ne se fasse escorter par des hommes qui portent des flambeaux ou des torches pour écarter les tigres & les autres animaux carnaciers, qui craignent tous le feu & la lumiere. Tant de tigres ne sauroient se trouver dans un pays régulièrement habité : il faut donc que ces bêtes si terribles aient de vastes solitudes où elles propagent, & d'où elles font des excursions : or elles se retirent & se multiplient dans ces contrées de plus de vingt lieues, où il n'y a point d'habita-

---

(*) *Description de l'empire de la Chine.* Tom. I. pag. 18. in-40.

tions humaines. Si l'Allemagne étoit dans cet état, elle auroit encore des *Aurocks*, comme du temps de Jules-Cesar.

Mais ces endroits incultes, qu'on rencontre dans presque tous les gouvernements, ne sont encore rien en comparaison du terrein qu'occupent les Sauvages de la Chine, nommés *Mau-lao* ou rats de bois ; parce qu'ils sont répandus par petites troupes dans des forêts & des landes qu'on sait être étendues quelquefois de quarante lieues. Par tout ce que j'ai pu recueillir des mœurs & des usages de ces *Mau-lao*, qui se trouvent dans six Provinces de l'Empire, il conste qu'ils sont aussi sauvages que les Américains de la Guiane, que l'on nomme les *Worrous*.

On n'a pu concevoir en Europe comment il étoit possible qu'il y eût à la Chine tant de peuplades sauvages, dont quelques-unes ne se comprennent pas même entre elles ; mais dès qu'on sait que ce pays est très-irrégulièrement habité, l'existence des Sauvages devient une chose aussi aisée à concevoir, que l'existence des bêtes féroces.

Il n'y a qu'à jeter les yeux sur les meilleures cartes de la Chine, pour se convaincre que, dans l'intérieur des terres, le défaut de détails géographiques & de positions est étonnant : encore pour ne point rendre ces vuides trop sensibles, y a-t-on comme érigé des villages en bourgades sur lesquelles il faut faire bonne composition. J'ai recueilli plusieurs dénombrements des villes murées de la Chine, sans parler ici des listes de Kircker & de Couplet, qui ont copié à peu près mot pour mot l'Atlas de Martini (*)

(*) Voyez la *China illustrata* du P. Kircker, & la *Tabula chronologica Sinicæ Monarchiæ* du P. Couplet, à la suite de son prétendu *Confucius*.

Tome I. D

Mendoza fait monter le nombre total des villes murées à 1674, & en cela il se trompe, car les jésuites, qui ont levé la carte, ne font monter le nombre des villes qu'à 1463, ce qui est très-surprenant; car un telempire, eu égard à sa prodigieuse étendue, devroit contenir tout au moins quinze mille villes murées, & si l'on prenoit pour terme de comparaison la Hollande & le Brabant, il devroit en contenir encore bien davantage.

Parmi les provinces les plus désertes, il faut ici faire remarquer au lecteur le *Koei-Tcheou, où les denrées seroient assez abondantes*, dit le P. du Halde, *si l'on y cultivoit mieux les terres.* (*) Oui, sans doute; si l'on y cultivoit mieux les terres, les hommes pourroient y vivre; mais les Chinois ne veulent point y vivre.

Pour gagner beaucoup par la pêche, par la navigation & par les fabriques, ils s'établissent le long des côtes de la mer & sur les côtes des grosses rivieres, & pour gagner beaucoup par le trafic, ils s'entassent les uns sur les autres dans la capitale & dans les villes commerçantes les mieux situées: de sorte que leur pays a dû paroître sept fois plus peuplé qu'il ne l'est, aux yeux de ceux qui n'ont vu que ces rivieres & ces villes. Ceci explique d'abord la cause de l'infanticide; & ceci explique encore comment les famines peuvent faire de si fréquentes & de si horribles ravages parmi ces gens entassés (†).

Comme ils se multiplient dans de certains cantons, & en laissent d'autres absolument vui-

---

(*) *Description de la Chine.* Tom. I. pag. 254.
(†) Voyez sur les fréquentes famines de la Chine l'*extrait des gazettes Chinoises* du P. Coutencin.

des, il se trouve souvent qu'il n'y a aucune proportion entre le nombre des habitants & la grandeur du terrain habité, quoiqu'on le cultive avec tout le soin imaginable. Dès que la moisson vient à manquer, la mort enleve tous les surnuméraires qui ne se sauvent pas, & ceux qui se sauvent vont se jeter sur les endroits où la recolte a réussi, ce qui occasionne des désordres dont nous n'avons point d'idée, parce que nous n'en avons point d'exemple.

M. Osbeck, qui étoit à la Chine en 1751, dit que la province de Canton se trouvoit encore alors surchargée d'une multitude de familles errantes, que la faim avoit chassées du centre de l'empire, où la mort en avoit enlevé une infinité d'autres. (*). Ou le P. Parennin n'a point connu l'intérieur de ces provinces, parce qu'il n'avoit suivi que les routes qu'on suit dans les voyages ordinaires, ou il a voulu cacher, dans ses lettres à M. de Mairan, le mauvais état de la culture. Il voudroit bien nous faire accroire que l'empereur & les grands mandarins prennent de temps en temps de bonnes mesures pour élaguer le peuple, en le faisant manquer de toute espece d'aliment, & en sacrifiant sept ou huit cent mille victimes au repos public: mais j'ose dire, sans crainte d'être jamais démenti, que cette politique détestable est une pure imagination du P. Parennin : car ce sont les famines qui occasionnent les plus grands troubles & qui font que les habitants d'une province attaquent leurs voisins & vont jusqu'à les manger, ce qui n'est point rare à la Chine : il n'y a plus alors aucune ombre d'autorité ni aucun sentiment de commisération :

(*) *Osbeck Reise nach of Indien and China.*

on y a vu des peres dévorer leurs propres enfants : il feroit donc auffi abfurde que contradictoire que le fouverain & les gouverneurs, qui font tout ce qu'ils peuvent pour entretenir la tranquillité, interceptaffent eux-mêmes la nourriture du peuple, afin de le faire révolter & de mettre leurs propres jours en danger, car dans les gouvernements defpotiques on impute au defpote la caufe de tous les malheurs qui arrivent. Les Chinois rendent leurs empereurs refponfables des dégats commis par les fauterelles, & cela doit être ainfi dans un état defpotique, où l'on oublie Dieu même pour penfer au prince qui envahit, autant qu'il peut, les droits du créateur.

D'un autre côté, le P. Parennin compte auffi au nombre des caufes qui produifent les famines, la diftillation du riz pour faire ce qu'ils appellent *l'arrack*, & par la on voit combien peu cet homme étoit inftruit, puifqu'on n'a jamais fait d'*arrack* à la Chine mais bien du *famp-fu*, qui eft infiniment moins fort, & dont le peuple n'ufe qu'avec la plus grande modération ; car nos voyageurs conviennent qu'ils n'ont jamais rencontr. dans les rues de Canton un feul homme ivre. On détruit bien autrement en Europe les grains; je ne dirai pas pour les diftiler, mais pour braffer. Or qui a jamais vu en Europe une feule famine produite par l'ufage de braffer, comme on en voit fi fréquemment à la Chine, où les hommes vont jufqu'au point de fe manger les uns les autres. Je ne faurois trop répéter que la véritable caufe de tous ces maux confifte dans le défaut total de la culture au centre des provinces.

On s'eft étonné de ce qu'on ne forme pas dans tous les gouvernements de grands magafins ; mais, outre la difficulté de les remplir, la police de la Chine est trop foible, & les troupes y sont trop peu disciplinées pour mettre ces dépôts à l'abri des voleurs & des familles errantes qui viendroient les piller. D'un autre côté, le commerce extérieur, par le moyen duquel on pourroit, en un temps de disette, tirer du riz de l'Inde & de Java, n'y a jamais été dirigé comme il devroit l'être, & jamais on n'y a sauvé la vie d'un seul homme par une précaution semblable. Les troupes Tartares que les empereurs de la dynastie actuellement regnante, ont reparties dans Pekin & dans les environs, y protegent le dépôt de vivres formé uniquement pour l'entretien de la capitale; (*) mais les Tartares ne sont point en état de faire de tels établissements dans toutes les provinces, puisqu'ils n'ont pu, par les moyens les plus violents, forcer le peuple à habiter uniformément le pays. Ces conquérants virent dès leur arrivée à la Chine, des abus qui les choquerent extrêmement : ils virent sur-tout les inconvénients sans nombre qui résultent de l'irrégularité entre les cantons trop peuplés & ceux qui ne le sont pas assez, ou ceux qui ne le sont point du tout : ils crurent que la source du mal consistoit dans le commerce maritime & sur-tout dans la piraterie, qui attiroit sur les côtes les familles des provinces méditerranées, où les terres restoient en friche. Là dessus ils firent deux choses bien surprenantes pour corriger le mal dans sa source. Ils défendirent le commerce maritime : ensuite ils démolirent, dans six provinces, les habitations qui se trouvoient jusqu'à une distance de

_____

(*) Voyez le *Plan de Pekin & la description de cette ville par MM. de l'Isle & Pingré. Paris* 1765.

trois lieues de la mer. (*) Dès que les habitations furent ruinées, ils forcerent les familles à se retirer plus avant dans le pays où elles se logerent vrai-semblablement dans des trous creusés en terre, comme ces Troglodytes qu'on trouve en si grand nombre en plusieurs endroits de la Chine, où l'on ne chercheroit pas des Troglodytes ; mais la misere incroyable du peuple éloigné des grandes villes, où il est sans cesse pillé par les brigands, ne lui permet point de construire des maisons.

A mesure que les Tartares se sont relâchés sur la défense de la pêche & du commerce maritime, ces familles, établies pour cultiver l'intérieur des terres, ont déserté, & se sont une seconde fois rapprochées des côtes. Toutes les colonies, qu'on envoye de la sorte dans les solitudes des provinces pour décharger les villes de leur populace, désertent ; parce qu'on manque de troupes reglées pour protéger ces établissements dans leur naissance. Il n'y a pas de doute, de l'aveu même des jésuites, qu'on n'ait tenté plus d'une fois de peupler & de défricher le *Kcei-Tcheou*, dont j'ai parlé, en y faisant passer des colonies, & des gouverneurs avec toute leur famille ; mais comme le vice de tout ceci est dans les principes mêmes du gouvernement, ces moyens ont été aussi inutiles que les sermons des mandarins & des lettrés, qui exhortent souvent les gens à défricher les landes ; (**)

―――――――――――――――

(*) Tout ceci se fit sous la minorité de l'empereur *Cam hi*, par ses tuteurs Tartares. La ville de Canton devoit aussi être détruite ; mais des motifs particuliers la firent excepter du nombre de celles qu'on rasa.

(**) Voyez le mémoire d'un grand mandarin sur les défrichements dans le XXI. Recueil des *Lettres édifiantes*.

mais en prêchant de la forte, ils n'ont garde de se couper ces grands ongles qu'ils portent aux mains, & qui contraſtent horriblement avec leurs maximes. Quand le ſeul appât du gain n'attireroit point le peuple dans le voiſinage des villes commerçantes, l'inquiétude de perdre tout ſon bien en une nuit, lui rendroit le ſéjour des cantons fort éloignés dans les terres très-déſagréable. *Tous les villages Chinois*, dit le P. Fontaney dans ſon journal *où je paſſai ce jour-là, avoient une maiſon élevée ſemblable à une petite tour, où les villageois mettent leurs effets plus en ſureté dans les temps de troubles, & lorſqu'ils craignent les irruptions de voleurs.* Si ces irruptions de voleurs ſont ſi à craindre dans le centre de l'empire, & ſur les grandes routes que ſuivoit ce voyageur, on peut bien croire qu'il n'y a pas beaucoup de ſûreté dans les lieux écartés : il n'y en a pas même pour les étrangers aux environs de Canton, où un botaniſte d'Europe, en allant herboriſer, fut en deux jours attaqué deux fois par des voleurs Chinois, qui voulurent lui enlever juſqu'aux boucles de ſes ſouliers ; ce qui ne lui ſeroit point arrivé, même en traverſant un camp d'Arabes Bédouins. Ces faits ne confirment malheureuſement que trop les relations du Lord Anſon & du capitaine Congrel.

Si à la Chine le pays étoit réguliérement habité, s'il n'y avoit pas tant de voleurs, de moines mendians, de châtrés, d'eſclaves, la fécondité des femmes dans les provinces Méridionales, & la nature du climat, y feroient croître extrêmement le nombre des hommes ; puiſque malgré tous ces inconvénients, qui ne ſont point petits, quelques calculateurs y ont porté la population à quatre-vingt-deux millions : Je ne doute nullement qu'ils n'exagérent ; mais quand même ce qu'ils difent, feroit vrai, il en réfulteroit toujours que la Chine, eu égard à fa grandeur eft beaucoup moins peuplée que l'Allemagne. (*) Et la chofe du monde la plus abfurde feroit de n'avoir aucun égard à la grandeur refpective de deux contrées, dont l'une eft fix fois plus étendue que l'autre, puifque l'Allemagne n'équivaut tout au plus qu'à la fixieme partie de la Chine. Comme dans ce pays on ne brûle que du charbon foffile, connu fous le nom de *Mou-y*, il paroît d'abord que cet ufage auroit dû y produire les mêmes effets qu'en Europe, où les provinces, qui fe fervent de ce charbon, peuvent être plus peuplées que celles, qui n'emploient que du bois, & qui doivent abandonner beaucoup de terres pour nourrir leurs forêts : tandis qu'on laboure au-deffus des charbonnieres en Ecoffe & au pays de Liége ; mais je ne vois point que cette coutume influe fur la population à la Chine où l'on laiffe, dans prefque tous les gouvernements, des diftricts de plus de vingt lieues en longueur entiérement vuides ; de forte que ces déferts font fans comparaifon plus étendus que ne le feroient les forêts, fi on n'y brûloit que du bois.

Comme ni les loix, ni les inftitutions des Chinois, n'ont aucun rapport à la fanté & à la falubrité de l'air, cela met une grande diffé-

---

(*) Ceci feroit encore vrai, quand même on ne donneroit à l'Allemagne que dix-neuf millions d'habitants, au lieu des vingt-quatre millions, que lui en donne M. Sufsmilch dans fon ouvrage. Tom. II. pag. 213. édition de Berlin de 1765.

rence entre eux & les Egyptiens, qui avoient tant de loix & tant d'inſtitutions relatives au climat, & à la complexion des habitants. Tout cela deviendra bien plus frappant dans la ſection ſuivante où je traiterai du régime diététique de l'ancienne Egypte : il ne faut pas objecter que les Chinois ont pu ſe paſſer de ce régime & de cette police ; parce que leur pays n'eſt jamais ſujet à la peſte. J'ignore ce qui a pu donner lieu à cette erreur ; mais je ſais qu'en 1504 ce fléau y fit d'horribles ravages Et la *peſte noire*, la plus célébre dont il ſoit parlé dans l'hiſtoire du monde, ſortit en 1347, des provinces Méridionales de la Chine, (*) parcourut toute l'Europe, & comme il n'y avoit nulle part quelque ombre de police dans ce ſiecle de confuſion, on ne l'arrêta nulle part : elle alla en Groënland ; elle alla juſqu'au Pole. Le froid rigoureux des terres Arctiques lui prêta de nouvelles forces, parce que toutes les fiévres ardentes s'aigriſſent dans le nord : les deux tiers de l'eſpece humaine diſparurent alors de deſſus le globe.

Les Egyptiens avoient beaucoup corrigé le climat de leur pays : ils devoient ſe précautionner contre deux grands maux, contre la peſte & contre la lepre. On convient aſſez généralement aujourd'hui que leur méthode pour arrêter la lepre, étoit très-bonne : auſſi, lorſque les Grecs d'Alexandrie crurent pouvoir la négliger, ſe nourrir indiſtinctement de toutes ſortes d'aliments, ce fléau ſe répandit il parmi eux au point qu'on peut ſoupçonner que la plupart des troupes d'embarquement, que com-

---

(*) Voyez Mézerai & l'*Hiſtoire des Huns* Tom. V. 21 livre. *Hiſtoire du Groënland* par Egede, chap. 1.

mandoient Cléopatre & Antoine à la bataille d'Actium, étoient infectées de l'Eléphantiase. (*).

Quant aux institutions des Egyptiens pour prévenir les maladies pestilentielles, elles paroissent avoir été aussi efficaces que leur régime par rapport à la lepre.

Ils avoient multiplié extrêmement le nombre des médecins : tout le pays en étoit rempli, & cela devoit être ainsi. Dès qu'on se proposoit d'éteindre la contagion par tout où elle éclatoit, il falloit veiller partout ; cependant comme l'expérience a démontré qu'en un temps de peste, la police peut autant que la médecine, cela explique pourquoi les loix avoient beaucoup borné en Egypte le pouvoir des médecins : on craignoit que leur penchant à essayer de nouveaux remedes, & à changer à chaque instant de méthode, ne rendit inutile la police, dont l'effet étoit certain contre des maladies toujours semblables à elles-mêmes. Ceci a paru fort ridicule à quelques auteurs modernes, qui disent que c'étoit le comble de la folie de borner le pouvoir des médecins ; mais la vérité est, que rien n'a été plus sage.

On sait que les anciens Egyptiens ont entretenu avec beaucoup de soin les canaux du Nil ; & comme ils donnoient toujours aux eaux un

---

(*) C'est de l'Eléphantiase qu'Horace a dit, en parlant de Cléopatre :

. . . . dum Capitolio
Regina dementes ruinas,
Funus & imperio parabat,
Contaminato cum grege turpium
Morbo virorum.

Il n'a pas dit cela du mal vénérien, comme des commentateurs, qui n'avoient pas le sens commun, l'ont soutenu.

moyen pour s'écouler, elles ne croupissoient pas, comme cela arrive aujourd'hui dans tant d'endroits par l'incroyable négligence des Turcs & des Arabes (*). Si je disois tout ce que les Turcs & les Arabes n'ont pas fait, & tout ce qu'ils auroient dû faire, on concevroit comment il est arrivé, qu'un pays qui autrefois n'étoit pas absolument mal sain, est devenu de nos jours le berceau ou le foyer de la peste. Il faut observer ici que cette maladie n'est point produite par la famine, comme quelques voyageurs, & en dernier lieu l'abbé Fourmont, l'ont soutenu : car par des tables d'annotations continuées pendant un laps de vingt-huit ans, on trouve que la peste a éclaté cinq fois, sans avoir été précédée par aucune disette, & sans suivre aucun cours périodique, comme je l'avois d'abord soupçonné. Outre cette épidémie, il s'en manifeste de temps en temps une autre aussi terrible, & apportée au Caire par les caravanes Nubiennes, que les Turcs n'ont jamais pensé à soumettre à aucune espece de quarantaine. Anciennement, c'est-à-dire avant l'époque de la conquête des Persans, ces caravanes ne venoient point à Memphis, puisqu'aucun auteur n'en a parlé ; mais depuis cette époque, il y a eu en Europe deux grandes pestes venues, suivant tous les historiens, de la Nubie ou de l'Ethiopie.

On n'embaume plus aujourd'hui en Egypte ni les hommes ni les bêtes; & je crois qu'indépendamment de tant d'autres motifs, les Egyptiens ont eu raison de les embaumer, & d'enterrer ces

___

(*) *Unde aër longe insalubrior quam antea redditus est, præsertim mense Augusto, ob aquam quæ stagnans atque semi putris est.* P. Alpin. Rerum Ægyptiac. Lib. I. c. p. 4.

momies fort profondément dans des rochers excavés. On s'eſt imaginé que le procédé des embaumements a occaſionné plus de putréfaction & d'inconvénients que l'inhumation ; mais il n'y a qu'à y réfléchir pour concevoir que cela ne ſauroit être, puiſqu'on ne jettoit les entrailles que de très-peu de perſonnes dans le Nil : toutes les autres étoient d'abord miſes dans le *natron*, ou l'akali fixe, & injectées.

Ce qu'il y a de bien certain encore, c'eſt que les anciens Egyptiens n'ont pas connu le riz ; & quand ils l'auroient connu, ils ſe feroient bien gardés de le cultiver. Aujourd'hui on le cultive tellement, qu'on en exporte tous les ans plus de quatre cent mille ſacs par Damiette : cela ſeul ſuffiroit pour engendrer des maladies dans un pays où il ne tonne jamais, ou très-rarement, & où l'athmoſphere imprégnée de ſubſtances ſalines, que le feu du ciel ne conſume point, eſt fort ſujette à s'altérer (*). Auſſi au moindre ſigne de contagion, les anciens Egyptiens allumoient-ils des feux diſtribués d'une

---

(*) En 1680, une peſte, apportée vraiſemblablement de l'Egypte, enleva à Vienne & dans ſes environs cinquante-mille perſonnes : alors le médecin de l'Impératrice Eléonore eut occaſion de diſtiller dans une cornue le ſuc d'un bubon peſtilentiel, dont il obtint un ſel acide, auſſi fort que l'eau régale. Mais cette expérience n'a pas du tout contribué à nous faire connoître l'origine de la peſte Eyptienne : le défaut de pluie, & le défaut de tonnerre font que l'air aquiert de temps en temps dans la Thébaïde aſſez de violence pour faire fermenter les humeurs du corps humain ; & il paroît qu'alors le fiel eſt la premiere ſubſtance qui s'altère. Les atômes, qui s'exhalent des malades, ſont comme un levain, contre lequel il ſeroit ſurtout eſſentiel d'eſſayer les alkalis vol-tils, d'une maniere plus efficace qu'on ne le fit dans la grande peſte de Londres, où ils ne laiſſerent pas de produire de bons effets.

certaine maniere, qui nous est inconnue ; ils sont les inventeurs de cette méthode, qu'ils enseignerent au Sicilien Acron, qui l'employa dans la peste du Péloponese ; & nous voyons bien clairement que les médecins Grecs qui suivirent Acron, n'eurent long-temps d'autre secret que celui-là : ils ont mis même quelquefois le feu à d'immenses forêts pour sauver de petits cantons ; mais quand le feu est bien distribué & entretenu par des matieres résineuses, il fait plus d'effet que l'embrasement d'un bois ; car il s'en faut de beaucoup que ce soit dans la qualité absorbante des cendres, ou de leur alkali, que consiste la vertu de cette méthode, comme un médecin qui l'essaya dans la peste de Tournai, se l'est persuadé.

Ce qui prouve bien qu'il falloit apporter de grandes & de continuelles précautions en Égypte pour la salubrité de l'air, c'est que les prêtres faisoient faire tous les jours, à différentes reprises, des fumigations dans les villes. On croit qu'ils brûloient alors cette drogue si célebre sous le nom de *Cyphi*, dont Plutarque donne la composition, que je ne voudrois pas garantir, non plus que celle que donne Dioscoride, puisque l'article du *cyphi* paroît avoir été interpolé dans les écrits de ce Grec par un copiste ignorant (*). Je trouve par un passage d'Oribase, qu'on prenoit aussi cette drogue intérieurement contre la peste (*) ; ce qui me

---

(*) Je croi même que ce n'étoit point un parfum ; mais un baume factice, assez semblable au *Myron* des Coptes ou des Egyptiens modernes, qui en font un usage superstitieux & inutile.

(*) *De Simplicib.* Lib. V. cap. 76.

confirme de plus en plus dans l'idée qu'Oribase lui-même n'en connoissoit point la composition.

Il faut convenir qu'on fait aujourd'hui dans les villes de la Chine, des fumigations auffi abondantes qu'on en a jamais pu faire en Egypte; mais, je suis perfuadé que cet ufage n'eft venu aux Chinois que par les Indiens, qui leur ont apporté le culte de *Fo*; puifque c'eft principalement devant les ftatues de *Fo* & des divinités Indiennes, qu'on brûle tous les foirs tant d'encens, tant de bâtons de paftille compofés de rapures de Santal blanc, que la fumée qui en réfulte dans tous les quartiers des villes, forme quelquefois un brouillard affez épais; & on a même foupçonné que cela produit cette terrible maladie des yeux à laquelle les Chinois font fi fujets: auffi y trouve-t-on par-tout des mendiants & des filles de joie aveugles, au rapport de Mendoza (*). Mais ce ne fauroit être là la véritable caufe de l'ophtalmie Chinoife, que plufieurs voyageurs ont attribuée aux qualités du riz dont on s'y nourrit; tandis qu'il eût été plus naturel de l'attribuer aux exhalaifons des rizieres: on a cru avec plus de fondement, que l'incontinence brutale du peuple, & l'ufage univerfel dans tout l'empire de fe laver le matin le vifage avec de l'eau chaude, y affoibliffoient les organes optiques: mais je parlerai encore de tout ceci ailleurs.

C'eft fans doute par le plus grand hazard du monde, que cette même maladie des yeux a affligé & afflige encore de nos jours les habitants de l'Egypte, qui l'ont imputée au nitre dont l'air eft chargé, & à ces vents brûlants,

---

(†) *Hift. della china da Gonzalez di Mendoza.* Lib. III. Cap. 21. Voyez auffi *Toreens Reife*, V. Brief.

que les anciens nommoient les vents Typhoniques, & les modernes *Mériffi* ou *Saliel*, & d'un nom plus particulier, *Champfin* (*). Ces tourbillons entraînent un fable fort fin, & fi chaud qu'il bleffe les glandes lacrymales & la rétine de ceux qui le reçoivent au vifage, comme feroit un feu volant.

Voilà ce qu'on a généralement cru jufqu'en 1751, lorfque M. Haffelquift fe chargea de faire à cet égard des recherches au Caire : fon fentiment eft, que les vapeurs qui fortent des cloaques, y occafionnent ce mal (**). Mais quand je confidere qu'il y avoit anciennement en Egypte tant de médecins-oculiftes, dont la réputation étoit répandue par-tout le monde, je ne faurois croire que ces médecins qui connoiffoient leur propre pays, fe foient trompés fur l'origine de l'ophtalmie Egyptienne, qu'ils ne pouvoient attribuer aux exhalaifons des égouts, lefquelles ne font devenues fi dangereufes que par la mauvaife police des Turcs & des Arabes, qu'il faut regarder comme les auteurs de la pefte : ils la laiffent, pour ainfi dire, naître fous leurs pieds, fans la détruire, & y expofent tous les ans l'Afie & l'Europe.

Les Chinois, qui auroient fi fort befoin d'oculiftes, n'en ont point ; & leur police à l'égard des aveugles n'eft certainement pas la meilleure, quoi qu'on en puiffe dire. Ils les laiffent mendier, ou vivre dans la proftitution, fous prétexte que les femmes qui ont perdu l'ufage

---

(*) Voyez Fourmont, *Defcription de la plaine d'Héliopolis. Journal de Thévenot*, tom. II. *Vansleb. voy.* p. 39. *Profper Alpin, de Rebus Ægypt.* Lib. I. Cap. 1. *De Bruyns Reifen*, cap. 40.

(**) *Reife nach Palestina and Egypt.* Tome II. page 590.

des yeux, ne sauroient gagner leur vie à d'autre métier qu'à celui-là, qui les conduit cependant toujours à la mendicité.

J'ai observé chez les Egyptiens, dit l'empereur Hadrien, *que tout le monde est occupé : les aveugles y travaillent, & ceux même qui ont la goute, ne restent pas oisifs.* Cette police étoit bonne dans un pays où il y a toujours eu, & où il y aura toujours beaucoup d'aveugles. Corneille de Bruyn croyoit que la quatrieme partie des habitants du Caire est frappée de cécité, ou sur le point de l'être.

Après ce qu'on vient de dire des moyens employés pour prévenir ou pour arrêter les maladies contagieuses, on conçoit que la peste n'a pu empêcher l'Egypte de se peupler jusqu'à un certain point, qu'il s'agit de déterminer ; mais je ne saurois me faire comprendre qu'en entrant dans quelques discussions.

Quoique parmi toutes les provinces désolées par ce merveilleux gouvernement des Turcs, l'Egypte soit, par rapport à l'agriculture, un peu moins désolée que les autres, il s'en faut cependant de beaucoup qu'on y cultive aujourd'hui toutes les terres mises anciennement en valeur, comme quelques voyageurs mal instruits l'ont soutenu : je doute que le riz & le bled qu'on en exporte maintenant, montent à douze millions de muids Romains par an, & Auguste en tiroit tous les ans vingt millions, & cela en un temps où la population étoit beaucoup plus forte : de sorte que les exportations ont dû être relativement moindres. Les environs du lac *Maréotis* jusqu'à la tour des Arabes, que Strabon nous représente comme très peuplés, sont actuellement très-déserts ; & on sait que M. Hasselquist a trouvé des champs entiers fort propres à la culture, envahis par cette herbe si pernicieuse que le vulgaire nomme arrête-bœuf, & les botanistes *Anonis spinosa*: quant à la Thébaïde, elle est sans comparaison plus délabrée que le *Delta*. Cependant je m'imagine qu'il y a quelque erreur dans les commentaires de Pancirole sur la *Notice de l'Empire*, lorsqu'il prétend que l'empereur Justinien tiroit tous les ans de l'Egypte quarante-huit millions de muids Romains, ou huit-millions de médimnes Attiques en bled (*): à moins que déja alors les villes de l'Egypte n'aient été pour la plupart désertes; tandis qu'on faisoit valoir les terres par des fermiers impériaux : ce qui a pu arriver par l'avidité du fisc au temps du bas-empire, lorsque les princes, à force d'acquérir des fonds de terre pour les convertir en domaines, renverserent l'état : car il ne faut pas que les souverains acquiérent sans cesse des fonds d'une maniere ou d'une autre ; quand on ne connoît pas en cela de bornes, tout est perdu.

On eut beau faire des loix effrayantes sous Honorius, qui vouloit qu'on brûlât vifs sur le champ ceux qui perceroient une digue du Nil (**). Tout cela ne pouvoit prévenir la destruction d'une contrée où l'on dépouilloit les habitants de leur propriété. On vit quelque chose de semblable dans l'antiquité sous le regne de ces

---

(*) *Fol. 211.* Edition de Geneve 1623.
Il se peut que cette mesure, dont on se servoit pour les livraisons de l'Egypte sous le nom d'*Artabe*, est mal évaluée par Suidas, qui la compare au médimne Attique.

(**) Cet édit d'Honorius concourut avec beaucoup d'autres faits à prouver que le *Drah* ou la coudée Egyptienne, qu'on emploie aujourd'hui dans le Nilometre du Caire, ne représente pas exactement la coudée ancienne, comme on le croit vulgairement.

usurpateurs féroces, que les historiens appellent les rois pasteurs ou les rois bergers; mais je trouve que long-temps après l'exclusion de ces tyrans, Séfostris rendit aux Egyptiens la propriété de leurs terres, & voilà pourquoi ils ont tant aimé ce prince, qui répara les injustices & les maux affreux qu'avoient faits les usurpateurs durant la conquête (*).

Il paroît que sous un climat tel que celui de l'Egypte, où il pleut très-rarement, les terres tant soit peu élevées se convertissent en un pur sable mouvant, dès qu'elles restent en friche pendant un siecle : car les sels & les particules végétales & animales, qui constituent ce que l'on nomme le terreau, se consument & se dissipent par l'extrême chaleur, & le défaut d'eau. Les Caloyers ou les moines Grecs ont fait quelques jardins admirables dans l'Arabie pétrée; mais il ne faudroit peut-être pas cinquante ans pour que toute la terre végétale disparût de ces endroits, si une fois on cessoit de les arroser & de les cultiver : *ni vis humana resistat.* Aussi voyons-nous que quand Mohammed, soudan des Mammelucs du Captchak, voulut en 1338 rétablir l'agriculture en Egypte, il fut d'abord obligé de faire ôter le sable mouvant, qui couvroit beaucoup de terres : ainsi pour évaluer ce que cette contrée peut avoir de lieues quarrées, propres à la culture, il faut bien risquer d'y envelopper quelques espaces sablonneux, qui peuvent avoir été anciennement fertilisés. Je n'examinerai point ce que M. le comte de Caylus, & d'autres savants ont pensé sur tout ceci; car n'ayant pas fait une étude particuliere de la

---

(*) On peut voir ce que dit Hérodote de la répartition des terres faite par Séfostris.

sur les Egyptiens & les Chinois.　91

géographie, ils n'ont pu atteindre à aucun degré de précision.

Dans les *Mémoires sur l'Egypte ancienne & moderne*, de M. d'Anville, imprimés au Louvre en 1766, ce géographe assure que, par une opération faite sur ses propres cartes, il a trouvé que tout le terrain cultivable de l'Egypte n'a jamais pu être que de deux-mille, & tout au plus de mille-onze-cent lieues quarrées, à vingt-cinq au degré : de sorte que, selon lui, l'Egypte n'équivaut qu'à la douzieme partie de la France (*). Mais tout homme raisonnable avoue avec moi, que cette supposition n'est point du tout juste : car il n'y a nulle justesse à opposer les seules terres cultivables de l'Egypte, a toutes les terres de la France en général : il falloit au moins en excepter les forêts, les gâtines, les bruyeres, les landes de Bordeaux, & d'autres cantons, qui ne valent pas mieux que les hauteurs de la Thébaïde, où des Arabes Bédouins trouvent de quoi faire paître leurs chevaux.

Au reste, on voit par tout ceci que l'étendue de l'Egypte, & l'état de sa population sont des choses qu'on a prodigieusement exagérées ; & surtout lorsqu'on considere le calcul de M. Goguet, qui y met vingt-sept-millions d'hommes sous les premiers pharaons (*). L'histoire ancienne & l'histoire moderne sont remplies d'exagérations semblables, & quand on en détruit

---

(*) *Pag. 30 Sect. IV. in-4to.*

(*) *Suivant les recherches les plus exactes, l'Egypte connoit sous ses premiers rois, vingt-sept millions d'habitants :* de l'ORIGINE *des loix & des arts.* Tom. III, pag. 26.

quelques-unes, on fait naître des vérités nouvelles.

Par un dernier effort d'industrie & de travail les anciens Egyptiens ont pu mettre en valeur, à peu près, 2250 lieues quarrées, y compris les *Oafes*, quelques endroits élevés comme les environs d'*Alabastronpolis*, dont on trouve les ruines à 23 lieues de la rive Orientale du Nil: fur tout ceci il faut bien décompter l'emplacement des villes, les champs enfemencés de lin, ainfi que les autres cultures fecondaires: l'entretien des animaux facrés ne me paroît point avoir été un objet affez confidérable, pour qu'on en faffe ici mention. Cependant, comme dans les pays chauds les terres rapportent beaucoup, & que les hommes y mangent peu, une lieue quarrée peut y nourrir plus de monde que dans les pays froids où les terres rapportent moins, & où les hommes mangent davantage: ainfi l'Egypte a pu avoir anciennement, à peu près, quatre-millions d'habitans, & il faut regarder comme inadmiffible tout ce qui eft porté audela, foit par Diodore de Sicile, foit par le Juif Flavius Jofeph. Cette population diminua fous les Perfans, dont le joug fut toujours un joug de fer: elle diminua encore fous les derniers Ptolémées, qui ruinerent en un jour ce qui avoit coûté des années de foins aux trois premiers Lagides, qu'on peut nommer des rois; mais leurs fucceffeurs ne furent jamais que des brigands ou des imbécilles, qui avoient tout oublié puifqu'ils avoient oublié d'entretenir les canaux du Nil, que les Romains, dès qu'ils eurent conquis l'Egypte firent nettoyer; de forte qu'ils cultiverent beaucoup plus de terres qu'on n'en avoit fait valoir fous le regne de Cléopatre, & fous le regne de fon pere Auletès, l'exemple des mauvais princes.

Je passe ici sur tous les raisonnements de ceux, qui prétendent que l'inondation du Nil s'étendoit jadis plus loin qu'aujourd'hui, à cause du limon, qui doit avoir fait hausser, selon eux, le sol de quelques pieds ; mais ils ne sauroient le prouver d'une maniere évidente. S'il est vrai que la Méditerranée baisse, soit à cause des gouffres qui se sont ouverts dans son bassin, soit par le retour des eaux vers le pole Austral, alors on conçoit comment le *Delta* peut un peu s'accroître sans que le limon du Nil y contribue de beaucoup : est-il essentiel de dire ici, que M. de Maillet a porté au-delà des bornes même de la vraisemblance ce qu'il écrit de l'accroissement du *Delta* ; parce qu'il s'est trompé sur la ville de Damiette, croyant que c'étoit la même que celle qui avoit un port sur la Méditerranée au tems de St. Louis ; mais c'est une ville nouvelle bâtie plus avant dans les terres par les Mammelucs : celle, qui existoit au temps de St. Louis, a été rasée parce qu'elle étoit trop exposée au brigandage des croisés. S'il est difficile d'excuser M. de Maillet surpris dans une telle erreur, il est bien plus difficile d'excuser quelques auteurs Grecs, qui ont placé dans l'ancienne Egypte depuis vingt jusqu'a trente mille villes ; tandis qu'en comptant les moindres villages & les hameaux même, on ne trouve pas aujourd'hui plus de trente-neuf mille habitations dans toute la France, dont l'étendue n'entre pas en comparaison avec celle de l'Egypte, comme on vient de le voir. Il n'est pas probable qu'il y ait de l'erreur dans les mots numériques de Diodore de Sicile, lorsqu'on réfléchit que son calcul le plus fort, est assez conforme à celui de Théocrite, qui a bâti la plûpart de ces villes dans une idylle ; (*) pour flatter

───────────────

(*) *Idyll.* XVII.

honteusement Philadelphe, qui étoit un prince très-riche, & Théocrite ne l'étoit pas. Or on conçoit ce que la pauvreté a pu faire dire à un poëte, & sur-tout à un poëte Grec. Le comble du merveilleux est de soutenir ensuite, que Philadelphe, outre les trente mille villes, qui existoient déja dans ses états, en fit encore construire trois cent autres: tandis que nous voyons clairement qu'on eut beaucoup de peine à peupler Alexandrie, ou la bourgade de *Racotis*, qu'Alexandre avoit fait considérablement agrandir. Quoiqu'en dise Quinte-Curce, il est certain que le premier des Ptolémées y appella les Juifs; ceux qui connoissent les Juifs, comprendront bien, qu'on ne se détermina à choisir de tels hommes, qu'après en avoir cherché inutilement d'autres.

On compte aujourd'hui dans toute l'Egypte à peu près deux mille cinq cent villes, bourgs & villages : si, pour les plus beaux siecles de cette contrée, on doubloit ce nombre d'habitations, on seroit plutôt au-delà qu'en deçà de la vérité : car il faudroit qu'un pays eût été extrêmement délabré pour avoir perdu jusqu'à la moitié de ses habitations. Pour peu qu'on soit versé dans la géographie ancienne, il est facile de s'ap-

---

On n'excuse point Théocrite en disant qu'il a voulu parler de tous les états de Ptolémée Philadelphe en général. Quant aux différentes leçons des textes de Diodore de Sicile, ceux, où l'on lit *trois-mille villes*, sont fautifs; & il convient de suivre ceux où l'on lit *trente-mille* ; car telle a indubitablement été l'intention de cet auteur, comme la phrase précédente le démontre. Il commence par dire, qu'anciennement on comptoit en Egypte dix-huit-mille villes, il seroit donc absurde qu'il eût ajouté, que l'on n'en comptoit plus que trois-mille sous Ptolémée fils de Lagus. Au reste dans l'un & l'autre cas cet exagérateur est inexcusable.

percevoir qu'on ne trouve pas beaucoup de noms de villes Egyptiennes dans les auteurs, en comparaison de ce que des exagérateurs en disent, & nous ne ferons pas ici reculer les rochers de la Thébaïde & les sables de la Libye, pour y placer les habitations imaginaires d'Hérodote, de Théocrite, de Diodore & de ceux qui les ont copiés sans jugement.

Avant que de finir cette section, il convient de faire quelques observations sur la fécondité des femmes Egyptiennes : les anciens qui en ont beaucoup parlé, l'attribuent constamment aux vertus des eaux du Nil. Ces eaux ont été plus d'une fois analysées, & par toutes les analyses on a découvert qu'elles contiennent en assez grande quantité un sel, qui paroît être un principe de cette maladie dont je ferai mention dans l'instant. Comme il y a une veine, qui sort de l'émulgente, & par laquelle toutes les sérosités nitreuses, & même les substances alkalines se déchargent dans les reins, les eaux du Nil ont une vertu stimulante, tant par rapport aux hommes que par rapport aux bêtes ; & voilà à quoi se réduit tout le prodige : car il ne faut pas croire qu'elles aient jamais produit des effets aussi étonnants qu'on l'a prétendu. Si l'on trouve dans quelques historiens, qu'anciennement on portoit ces eaux jusqu'en des contrées fort éloignées, & sur-tout chez les princesses du sang des Ptolémées, mariées dans les familles étrangeres, ce n'étoit point pour les boire, contre la stérilité, comme on l'a cru ; mais pour les répandre dans les temples d'Isis, ce que je ne dirois pas, si je n'étois en état de le prouver, par un passage formel de Juvenal, cité dans la note. (*)

―――――

(*) *Ibit ad Ægypti finem, calidáque petitas*

Aristote a soutenu qu'on met les eaux du Nil ne ébullition par un degré de feu une fois moindre que celui que est requis, pour faire bouillir les eaux ordinaires, expérience si difficile à faire, qu'on peut assurer qu'un physicien de l'antiquité n'a eu des instruments assez parfaits pour la vérifier : cependant c'est sur cette assertion hazardée que paroît être fondé tout ce que Trogue-Pompée, Columelle, Pline, Athénée, & le jurisconsulte Paul, ont dit, en se copiant sans cesse les uns les autres, & en n'observant jamais.

Les eaux du Nil n'ont pas changé de nature, & cependant les Egyptiennes n'accouchent plus de quatre enfants à la fois, & bien moins de sept, ce que le menteur Phlégon n'eût point osé mettre en fait, s'il n'y avoit été encouragé par l'exemple d'Aristote. On a regardé comme un prodige qu'en 1751 un Turc, qui couchoit successivement avec huit femmes, ait eu au grand Caire quatre-vingt enfants en dix ans. Or ce fait, qui paru prodigieux en Egypte, pourroit arriver en Europe, s'il y avoit des polygames aussi déterminés que ce Musulman. Encore faut-il observer qu'en Egypte, comme dans tous les pays chauds, les femmes cessent plutôt d'avoir des enfants que dans les contrées tempérées ; & c'est ainsi que la nature, s'il est permis de le dire, se contrebalance elle-même. Ce qu'il y a de bien certain, c'est que les Egyptiennes ne se servent point contre la stérilité du *Natron* ou d'un sel alkalin semblable ; mais elles

---

A Meroë portabit aquas, ut spargat in ædem Isidis, antiquo quæ proxima surgit ovili.
Juven. Sat. VI. v. 382. &c.

elles usent dans de tels cas de différentes compositions dont Prosper Alpin décrit quelques-unes ; mais la plus forte, & que Prosper Alpin n'a pas décrite, est une infusion de girofle avec du fiel de crocodile : or on sait que toutes les parties du crocodile sont aphrodisiaques ; mais le fiel & les yeux le sont plus que toutes les autres. Ce qu'il y a encore de certain, c'est que les anciens Egyptiens ne buvoient pas habituellement de l'eau du Nil ; puisqu'ils avoient une boisson factice, que les historiens ont nommée *Zythum*, & dont on parlera plus amplement dans la section suivante.

SECTION III.

De régime diététique des Egyptiens, & de la maniere de se nourrir des Chinois.

JE traiterai, dans cette section, un sujet très-important, & qui fera découvrir de grandes différences entre les anciens Egyptiens & les Chinois. Il est vrai, comme on l'a déjà observé, que ces deux peuples ont également pratiqué l'incubation artificielle des œufs ; mais les faits que je citerai, prouvent assez que cette conformité est un pur effet du hazard.

Pour se former, autant qu'il est possible, des idées claires sur une matiere qui a été long-temps très-confuse, il faut remarquer qu'il y a eu anciennement en Egypte trois régimes différents, dont le premier n'obligeoit que la classe des prêtres : le second n'étoit établi que dans quelques préfectures & dans quelques villes sans s'étendre au-delà : le troisieme concernoit toute la nation & toutes les préfectures, qui ne pouvoient déroger, par leurs usages particuliers, à la regle universelle ; & si cela est arrivé quelquefois dans des temps postérieurs, c'est qu'alors les institutions nationales avoient perdu leur force par les maux infinis qu'entraîna la conquête.

C'est de ces trois régimes, dont je parlerai suivant leur ordre, que dérivent ceux que les Hébreux & les Pythagoriciens ont observés. Le législateur des Juifs se conforma beaucoup au goût de son peuple, & beaucoup au climat : comme il ne voulut point que les lévites fussent distingués à cet égard du reste des tribus, ni les tribus entre elles, il fit des changements aux pratiques de l'Egypte, qu'il réduisit à un plus petit nombre ; parce qu'elles étoient trop multipliées pour l'objet qu'il se proposoit. Mais il n'en est point précisément ainsi de Pythagore, dont le système sur les aliments est mal imaginé, & plus digne d'un fondateur d'ordre que d'un philosophe : aussi avons-nous eu en Europe un auteur ridicule, qui a soutenu que cet Italien avoit été moine au mont Carmel ; & (ce qui est à peu près la même chose) quelques saints peres l'ont soupçonné d'avoir judaïsé. Il faut donc bien qu'avant d'entrer en matiere, j'explique en peu de mots l'erreur de Pythagore. D'abord il partit pour l'Egypte, où il se fit circoncire, & où il adopta le régime des prêtres sans l'examiner, sans rechercher la cause de l'aversion qu'ils avoient pour tous les poissons, & pour beaucoup de végétaux : ensuite il partit pour l'Inde, où les loix & la religion se conformant aux besoins du climat, avoient également établi un régime diététique, qui, en un laps de dix-sept à dix-huit cents ans, paroît avoir essuyé quelques changements dont je ne me suis pas proposé de parler ici. Arrivé dans l'Indoustan, Pythagore y embrassa encore servilement la regle des Bramines, qui lui défendirent de manger la chair des animaux, & surtout celle des veaux ; ce que les prêtres Egyptiens lui avoient néanmoins permis en le circoncisant. De toutes ces observances, qui sont, comme on le voit, très-contradictoires entre elles, il fit quelque chose de monstrueux, sans s'appercevoir que ce qui convenoit au Sud de l'Asie & à une partie de l'Afrique, ne pouvoit convenir à l'Europe. Cet homme, au lieu d'étudier les productions de chaque pays, & les maladies de chaque pays, céda toujours au préjugé, céda toujours à l'autorité, & se guida ainsi, durant le cours de sa vie, par les idées des autres & jamais par les siennes. Ce qu'il y eut de bien triste, indépendamment de ce ton despotique qu'il introduisit dans la philosophie, c'est que les Pythagoriciens, par un effet de leur régime, devinrent insociables, & ne purent manger à la table de leurs concitoyens : aussi cette secte disparut-elle de dessus la terre, & Apollonius de Tyane, quoiqu'il ait tant prêché, est mort sans imitateurs.

Plus je réfléchis à la diete des prêtres de l'Egypte, & plus je me persuade qu'ils tâchoient principalement d'éviter la lepre du corps, la lepre des yeux ou la sporophtalmie, & la gonorrhée, qui, dans leur pays, est plus ou moins compliquée avec ces deux indispositions, lesquelles les eussent rendu immondes, ou, ce qui est la même chose, inhabiles aux fonctions de leur ministere.

Comme ils devoient être infiniment plus purs que le peuple, ils s'abstenoient aussi d'une infinité de choses, qu'on ne défendoit pas au peuple.

On a observé que les Grecs modernes, qui ont beaucoup de jours de jeûne, & qui mangent, par conséquent, beaucoup de poisson, contractent bien plus souvent la lepre au Levant, que les Turcs, qui mangent plus de viande. Cette observation est vérifiée par l'effet que produit chez les peuples Ichtyophages la nature de leur aliment ordinaire. Ces peuples-là sont sujets à une maladie de la peau.

Ainsi les prêtres Egyptiens ont été instruits à cet égard par l'expérience. Ils avoient renoncé à toutes les especes de poissons, soit qu'ils eussent des écailles, soit qu'ils n'en eussent pas. Mais ils avoient une aversion particuliere pour les especes pêchées dans la Méditerranée comme on le voit par tant de passages, & surtout par les symboles de Pythagore, tels que Gyralde les a recueillis. (*a*) Car outre la défense générale, on y défend encore en termes plus exprès le scare, le rouget & l'ortie, qui ne se trouvent pas dans le Nil.

L'ortie errante n'est pas proprement un poisson : les anciens l'ont rangée parmi les zoophytes, & les modernes parmi les vers molues ; mais à quelque genre qu'on le rapporte, il n'y a pas de doute que sa chair ne soit plus pernicieuse qu'on ne pourroit le dire, à tous ceux que la phlictene ou la fausse gonorrhée afflige.

Ce sont les prêtres de l'Egypte, qui les premiers ont mis en fait, que le scare est le seul des poissons qui rumine, & jusqu'à présent on ne connoît point de naturaliste, qui ait été en état de les contredire sur cet article. D'où on peut inférer avec quelque certitude, qu'ils avoient étendu fort loin leurs recherches sur toutes les productions de la nature animée ; mais il seroit à souhaiter, que moins amateurs des énigmes, ils n'eussent pas enveloppé quelques-unes de leurs connoissances de ténebres qu'on désespere souvent de pouvoir dissiper.

Comme il y a des auteurs Grecs, qui en parlant du rouget de Pythagore, le nomment plus positivement *Trigla*, cela nous indique le surmullet, poisson que les Romains payoient si cher & pour le manger & pour le voir mourir; car il donne en expirant le spectacle le plus sin-

---

(*a*) Voyez Gyraldi de symbolis Pythagoræ.

gulier par la vivacité des différentes couleurs dont son corps se peint à mesure que son sang cesse de circuler. Malgré tout cela, on le défendoit aux personnes initiées dans les mysteres d'Eleusis ; parce qu'on le soupçonne d'avaler de temps en temps les lievres marins ; ce qui peut empoisonner sa chair sans le faire mourir ; (a) par un effet tout à fait semblable à celui que les pommes du Mancanillier produisent dans de certains poissons de mers de l'Amérique. Quant à la rougeur de ses nageoires, qui lui donnoit de la conformité avec le Typhon, c'est une allégorie réellement Egyptienne, & qu'on a étendue jusqu'à la perche & au spare, comme on s'en appercevra, lorsque je parlerai en particulier du régime des provinces ou des nomes.

C'est une opinion assez généralement adoptée, que les prêtres de l'Egypte ne saloient pas leurs aliments. Mais ce qu'il y a de très-vrai, c'est qu'ils s'abstenoient du sel qu'on faisoit avec de l'eau de la Méditerranée, & de celui qu'on tiroit des lacs du nome Nitriotique où indépendamment du natron, il existe aussi un sel commun, ainsi qu'on le sait par les observations du pere Sicard.

Il ne faut pas douter que la crainte de se voir infectés de la phlictene, n'ait porté les prêtres à rejeter de leur régime les mêts fort salés, & rien n'est plus aisé à concevoir que le sens de la fable qu'ils débitoient sur la nephtis où la Vénus Cythéréénne, née, suivant eux, de l'écume de la mer. Comme avec tout cela il leur eût été presque impossible de se nourrir de choses parfaitement insipides, ils employoient en petite quantité un selgemme qu'on leur ap-

---

(a) Voyez *Junius de esu piscium.* Cap. XXII. p. 80.

portoit de la Marmarique, à ce que dit Arrien: (*a*) mais je m'imagine qu'ils le faisoient venir de la partie de l'Ethiopie, que les modernes nomment l'Abyssinie, & où ce fossile est encore commun de nos jours. S'ils ont cru que le sel gemme étoit dans de tels cas, moins nuisible que celui de la mer ou des puits salés, ils doivent avoir eu des observations qui nous sont inconnues, ou ils se sont trompés. Au reste, on peut conclure de tout ceci qu'il n'est pas vrai, que, par une loi particuliere, il étoit défendu à l'ordre sacerdotal de faire entrer dans sa nourriture des choses que l'Egypte ne produisoit pas, ou qui n'y croissoient pas: ce qui prouve encore qu'une telle loi n'a jamais eu lieu, c'est l'importation très-considérable de l'huile d'olive, faite aux environs d'Athenes; & dont on sait que Platon amena un navire chargé en Egypte; (*b*) pour payer vraisemblablement ceux d'entre les prêtres d'Héliopolis, qui lui communiquerent des connoissances philosophiques qu'il n'avoit pas au sortir de son pays. Pour comprendre ceci, il faut observer que les Egyptiens se servoient de beaucoup d'especes d'huiles factices: ils en tiroient de la graine de sésame, du ricin & du carthame ou le *Cnicus* des anciens: ils en tiroient de la graine de rave & même de la graine d'ortie, qu'ils cultivoient réguliérement en plein champ, & c'est en quoi on pourroit bien, si l'on vouloit, les imiter en Europe; car je suppose avec beaucoup de vrai-semblance qu'on ne l'a jamais essayé (*c*). Cependant les prêtres jugeoient toutes

---

(a) *De Expedition. Alexandri.* Lib 3. p. 162.
(b) Voyez *Plutarque dans la vie de Solon*.
(c) La semence de la grande Ortie, *Urtica urens*,

ces sortes d'huiles, sans même excepter celle de séfame, mal-saines pour eux, & ils n'en faisoient, comme Porphyre le dit, presqu'aucun usage. Mais ils n'en étoit point ainsi de l'huile d'olive, qu'on leur apportoit de la Judée & de l'Attique ; car le terrain de l'Egypte n'est pas du tout favorable aux oliviers, hormis dans de très-petits cantons à l'Occident d'un lieu nommé aujourd'hui Bénisuef, & à Abydus dans la Thébaïde.

Un article difficile à éclaircir est celui qui concerne le vin ; parce que quelques auteurs ont voulu nous persuader qu'il n'avoit pas été rigoureusement interdit aux personnes qui remplissoient les premieres charges de la classe sacerdotale. Mais ces auteurs-là se sont trompés. Je crois que l'Egypte n'avoit pas même de vignobles avant les rois pasteurs, ou les conquérants Arabes, qui en firent des plants, & burent du vin ou du moût à leur table, ce qui étoit prodigieux, & entiérement opposé aux loix de la nation conquise. Aussi après l'expulsion de ces usurpateurs, reprit-on l'ancienne coûtume de ne jamais servir du vin aux pharaons, ce qui dura très-long-temps : puisque cela dura jusqu'à Psammétique, qui eut, comme on sait, tant de penchant pour les mœurs de la Grece, & tant d'aversion pour les mœurs de son pays, où on ne regardoit pas la sobriété comme une vertu, mais comme le premier de-

---

maxima, semine lini, renferme beaucoup d'huile, qui est moins mauvaise que celle de navette, & surtout que celle de Ricin & de Carthame, dont les Egyptiens ne se servoient que pour des usages extérieurs. La plante, qu'ils nommoient en leur propre langue *Schepsion*, ne différe pas d'une Ortie qui croît en Europe.

sur les Egyptiens & les Chinois. 105

voir du souverain : aussi tout fut perdu sans ressource, lorsqu'on vit le luxe d'un roi d'Egypte égaler le luxe d'un empereur de Perse.

Pythagore, qui ne délibéroit jamais sur ce qu'il faut faire, ni sur ce qu'il faut omettre, adopta sans restriction & par rapport à lui & par rapport à ses disciples, le précepte du régime Egyptien touchant la défense du vin ; mais Moïse ne l'adopta point, & permit cette liqueur à un peuple tel que les Hébreux, qui avoient tant de conformité avec ces Arabes pasteurs, dont je viens de parler, & qui témoignerent une passion singuliere pour le vin, dont les effets sont en tous sens très-pernicieux dans les pays chauds où la lepre est à craindre & le despotisme établi. Je ne pense pas qu'on puisse lire dans l'histoire des excès de cruauté plus horribles que ceux qu'ont commis pendant des instants d'ivresse, les sultans de Perse depuis Alexandre jusqu'à Soliman III ; mais il faut avouer aussi qu'il y a eu un excès de foiblesse de la part des ministres, qui n'ont point empêché l'exécution de ces ordres donnés par des furieux ou des bêtes féroces, car on ne sauroit nommer autrement un despote ivre.

Ce qu'il y a de certain, c'est que les prêtres s'opposerent toujours en Egypte à la culture de la vigne, & la firent même arracher ; mais des princes tels que Psammétique & Amasis, qui entretenoient une si étroite liaison avec la Grece, pouvoient aisément en tirer par la voie de Naucrate autant de vin qu'on en consommoit à leur cour ; quoique ce pays n'eût plus alors de vignobles, & Hérodote, qui le parcourut long-temps après, n'y en trouva pas encore. Ainsi, quand Athénée dit, que la ville d'Anthylle & les vignes de ses environs avoient été données par forme d'appanage aux reines d'Egypte, il se trompe ouvertement : car Anthylle n'a jamais fait partie de l'appanage des reines, & ce ne fut qu'après la conquête de Cambyse, qu'on l'assigna aux impératrices de Perse ; ce qui fit nommer cet endroit Gynæcopolis ou la ville des femmes, nom qu'il a conservé dans l'histoire & dans la géographie. Sous les Ptolémées la culture des vignes recommença & continua sous le gouvernement des Romains jusqu'à la conquête des Kalifes, qui la firent cesser, & elle cesse encore. Ce qui justifie le sentiment des prêtres sur le danger du vin sous un climat tel que le leur, c'est que la plûpart des peuples de l'Afrique Septentrionale l'ont adopté, & les Arabes Joctanites, qu'il faut toujours bien distinguer des Mosarabes & des Hébreux, l'adopterent aussi. Tout cela étoit établi de la sorte long-temps avant la naissance de Mahomet, & les commentateurs de l'Alkoran ne se sont fait aucun scrupule de forger le conte absurde qu'ils rapportent à cette occasion. (*a*) On voit par le *Traité de l'abstinence* de Porphyre que les prêtres de l'Egypte osoient bien soutenir que l'usage du vin empêche les savants & les philosophes de faire des découvertes. (*b*) Cette opinion peut être venue, parce qu'ils s'appliquoient principalement à la géométrie & à l'astronomie, deux sciences qui exigent une grande présence d'esprit, & je crois comme eux, qu'un géometre, qui boiroit beaucoup avant que de se mettre à l'étude, ne feroit point des découvertes de la derniere importance.

(*a*) Voyez *Herbelot Biblioth. Orient.* art. *Othman.*

(*b*) Voilà pourquoi le prêtre Egyptien, nommé *Calasiris*, qui joue un si grand rôle dans le roman d'Héliodore, refuse constamment de boire du vin.

C'est par plusieurs passages d'auteurs anciens qu'on sait que la viande de cochon avoit été sur toutes choses interdite aux personnes attachées à l'ordre sacerdotal, quoiqu'elle fût permise une fois ou deux par an au peuple, ce qui pouvoit certainement contribuer à aigrir la lepre, dont cet animal semble porter en lui-même le principe : car comme la graisse dont il est chargé l'empêche de transpirer autant que cela seroit necessaire dans les pays chauds, son sang & ses humeurs fermentent quelquefois tellement qu'il en résulte une éruption. Comme c'est par ce même défaut de transpiration que les chiens sont aussi sujets au Levant & dans les Indes à la lepre, à la rage & à la gonorrhée, il semble qu'on auroit dû avoir pour eux encore plus d'horreur que pour les cochons. Mais c'est tout le contraire : les qualités morales du chien l'avoient emporté sur ses indispositions, & il étoit au nombre des premiers animaux auxquels les Egyptiens aient rendu un culte. Au reste, ce feroit faire tort aux lumieres des prêtres, de croire qu'ils ont à cet égard ignoré le danger; puisqu'ils avouent eux-mêmes que ceux qu'on chargeoit d'embaumer les chiens sacrés, lorsqu'ils étoient morts de l'hydrophobie ou de la rage, en contractoient une maladie & en devenoient splénetiques, suivant l'expression Grecque, employée par le traducteur d'Horus-Apollon. (*a*) Mais ces embaumeurs n'étoient pas admis dans la premiere classe sacerdotale, composée

---

(*a*) *Hieroglyphica Lib. I. Cap. 38.*

Au reste ces accidents n'étoient pas fort communs, lorsque les Egyptiens entretenoient les chiens avec beaucoup de soin : aujourd'hui les Turcs & les Arabes les nourrissent mal : aussi presque tous ceux qu'on voit en Egypte, sont-ils atteints plus ou moins d'une sorte de lepre.

d'hommes presque inaccessibles, & dont les précautions étoient extrêmes : ils se lavoient plusieurs fois en vingt-quatre heures avec l'infusion du *Pésal*, qui est indubitablement l'Hyssope : ils ne portoient point d'habits de laine, ne buvoient presque jamais de l'eau du Nil pure, se coupoient les cheveux, les sourcils, la barbe, & se rasoient tellement tout le corps qu'il n'y restoit pas de poil ; de sorte qu'on peut bien s'imaginer qu'ils n'ont que très-rarement contracté la lepre ; mais la plus grande difficulté est de savoir comment ils la guérissoient, lorsqu'ils en étoient atteints, malgré toute leur habileté à l'éviter. Les auteurs qui ont écrit avant notre ere, ne nous apprennent absolument rien sur cet article important, & il faut descendre jusqu'au milieu du second siecle pour trouver des notions satisfaisantes.

J'ai déjà dit que les Grecs de l'Egypte n'ayant voulu se soumettre à aucune espece de régime, furent enfin attaqués de l'éléphantiase. Et par une suite de cette négligence, elle pénétra des bords du Nil jusqu'en Italie. Là dessus, des Romains firent venir du Levant quelques médecins que Pline a pris pour des Egyptiens : (*a*) mais qui me paroissent certainement avoir été des juifs d'Alexandrie, puisqu'ils n'employerent que ce qu'on nomme la cure de Moïse ou l'ustion. Ils brûlerent si profondément les plaies avec des fers ardents, qu'il en résulta des cicatrices plus effroyables que les traces mêmes du mal, & comme ces charlatans se firent payer fort cher, on se dégouta bientôt d'eux & de leur procédé, qui ne pouvoient être bons que dans certains cas. Je ne puis donc m'empêcher de croire que

---

(*a*) *Hist. Nat. Lib. XXVI. Cap.*

les prêtres Egyptiens n'aient possédé des remedes intérieurs, dont la composition sera restée long-temps cachée, comme tant d'autres connoissances dont ils ont été les dépositaires. On voit qu'en différents endroits même de la Syrie c'étoit assez la coûtume des malades de s'adresser à ceux qui remplissoient les fonctions du sacerdoce, ce qui ne seroit jamais arrivé si on ne les eût soupçonné de connoître des remedes secrets. Mais s'il y a eu dans l'antiquité des médecins qui les aient devinés, ce sont sans doute Aretée de Cappadoce & Galien, lequel avoit fait un long séjour en Egypte, & c'est là une circonstance qu'il ne faut pas omettre. Ils disent l'un & l'autre que le moyen de guérir l'éléphantiase sans l'horrible opération du fer rouge, est de manger des bouillons & de la chair de vipere. (*a*) Ce qui est très-vrai & confirmé par Ætius & Paul d'Egine, qui, ordonnant encore aux malades le mouvement, portent cette pratique à sa perfection. (*b*) C'est l'ignorance où l'on étoit tombé en Europe du temps des croisades, qui fit qu'on n'essaya pas ce remede dans les hôpitaux publics, où, en forçant les lépreux à la vie sédentaire, on aigrit prodigieusement leur mal.

L'espece de vipere la plus propre à tout ceci est celle que M. Hasselquist a décrite sous le nom générique de *Coluber*, qui se trouve principalement en Egypte en une quantité presque incroyable : aussi la plupart des pharmacies de l'Europe reçoivent-elles encore aujourd'hui de

---

(*a*) Galen. *de simpl. facul. Cap. 1. Lib. 11.* ... Aretæus, *curat. diutur. Cap. 13. Lib. 11.*

(*b*) *Mirabile Elephantiasis remedium viperarum esus existit*, dit Ætius lib. IV. Voyez aussi le quatrieme livre de Paul d'Egine.

pays-là la matiere premiere de leurs trochisques, de leur sel & de toutes préparations vipérines, par la voie de Venise.

Les anciens Egyptiens, qui avoient beaucoup étudié les propriétés des animaux, n'ont pu ignorer cette vertu d'un reptile, qui a toujours été si commun dans toutes leurs provinces de la Thebaïde, de l'Heptanomide & du *Delta*. Et c'est vrai-semblablement d'eux que vient l'artifice qu'ont quelques familles Coptes & Arabes de manier les viperes & d'en préparer différents aliments. M. Shaw rapporte qu'on lui avoit assuré qu'aux environs du grand-Caire, il y a plus de quarante mille personnes qui mangent des serpents (*a*) & pour lesquels les Turcs ont beaucoup de vénération, & on a même cru qu'ils leur accordoient une place distinguée dans la procession de la caravane, devant le dais qui doit couvrir le tombeau du prophête. Ce sont ces ophyophages-là ou ces mangeurs de serpents qui n'ont rien à craindre de la morsure des reptiles vénimeux : aussi les saisissent-ils avec intrépidité, parce que la masse de leur sang est atténuée par cet aliment très-rempli de sel alkalin. Toutes ces pratiques singulieres ne viennent ni des Grecs ni des Arabes ; elles remontent à une haute antiquité, & nous indiquent à peu près le procédé des Psylles, qui ne s'est pas perdu, comme on l'avoit cru. Il ne convient guere d'objecter ici que le culte que les Egyptiens ont rendu aux serpents, les a empêchés de les faire servir dans leurs médicaments, puisqu'on voit clairement dans les hiéroglyphes d'Horus Apollon, qu'ils ont toujours distingué la vipere, comme un animal très-pernicieux, d'avec la couleuvre com-

---

(a) *Voyage en Barbarie* p. 355.

mune qui n'a pas de venin, (*a*) & qu'on révéreroit dans la Thébaïde à peu-près au même endroit où l'on trouve actuellement la fameuse couleuvre *Harbaji* ou *Heredy*, le seul vestige qui existe encore de l'ancien culte des bêtes dans toute l'étendue de l'Egypte; car l'usage qu'ont quelques Turcs du Caire du bâtir des hôpitaux pour les chats & les chameaux, n'a point un rapport aussi direct avec la religion, que tout ce qui se pratique au sujet du *Heredy* sur lequel Paul Lucas a débité, comme on sait, des contes assez extraordinaires, pour persuader à des moines aussi imbécilles que lui, que c'étoit là le démon Asmodée qui fut exilé dans la haute Egypte au temps des prodiges.

On ne tirera jamais beaucoup de lumiere du Lévitique, quand même on entreprendroit toutes les recherches que M. Michaëlis avoit proposées aux voyageurs envoyés par le feu roi de Danemarck en Arabie, puisqu'il est certain que les juifs au siecle de Moïse n'ont connu contre la lepre que l'ustion & des remedes extérieurs.

(*a*) Ce que les prêtres de l'Egypte ont conté sur le *Basilic*, l'*Aspic*, & le *Thermuthis*, sont des allégories, qui ont trompé la plupart des auteurs anciens, & surtout Élien.

Le serpent *Tebham-nasser*, qu'on reconnoît aisément dans les hiéroglyphes à cause du voile qu'il a sous le cou, & qu'il enfle quand il veut, est proprement le reptile de l'Egypte qu'on a pris pour l'*Aspic*, comme on le voit par ce que Lucain & Pline en disent. Cependant nous savons à n'en pas douter que ce serpent *Tebham-nasser* n'est pas venimeux, non plus que le *Céraste*; sur lequel on a aussi débité tant de fables. C'est la vipere Egyptienne, qui est l'*Aspic* dont Cléopatre fit usage, & c'est encore la vipere qui tua le savant Démétrius de Phalere, dont Cicéron reprocha la mort à cette infâme dynastie des Ptolemées *Pro C. Rab. Postumo*.

Le grand usage qu'ils ont fait du sang de pigeons paroît moins fondé sur la qualité de cette liqueur, que sur la connoissance qu'ils doivent avoir eue, que, pendant les temps de contagion, les rois & les prêtres de l'Égypte ne mangeoient que des pigeons à leur table. Mais c'étoit là une précaution contre la peste, & non contre la lepre comme on s'en appercevra dans l'instant.

Pline auroit pu supprimer la fable de ces enfants égorgés, dont on recueilloit le sang pour baigner le corps des pharaons, losque l'éléphantiase les frappoit sur leur trône. Ces atrocités ne sont point vrai-semblables, & sur-tout quand on les impute à un peuple trop instruit de la nature de cette maladie endémique, pour avoir essayé des remedes si horribles & si inutiles. Il n'y a que la cruauté & la superstition de Constantin & de Louis XI, qui aient pu faire croire à quelques historiens peu instruits, que ces deux princes, dont le caractere étoit si semblable, se soient plongés dans des bains de sang humain, pour se guérir de la gratelle & de la paralysie.

Comme il ne faut pas trop interrompre l'ordre des matieres, ce ne sera qu'en parlant du régime populaire que je développerai les motifs qu'ont eu les prêtres en Egypte pour ne point boire de l'eau du Nil pure & cela nous indiquera l'origine de l'éléphantiase avec une espece de certitude qu'on ne trouve pas dans tout ce qui a été écrit sur cette maladie jusqu'à présent. Ici on observera que les personnes attachées à la classe sacerdotale essuyoient un carême qui duroit, suivant quelques auteurs, quarante-deux jours, dans lesquels on a voulu découvrir une période du nombre sept multiplié par celui de six; mais je soupçonne qu'il y a en cela une erreur de deux jours surnuméraires ou inutiles qu'il faut retrancher, & après cela il restera encore assez de traces de la passion pour le nombre septénaire. On ne doit jamais confondre ce carême dont je viens de parler, avec le deuil d'*Apis*, qui ne revenoit qu'au bout d'un certain nombre d'années, & n'avoit aucun rapport avec le système diététique.

Il est encore question chez les anciens, & sur-tout chez Apulée (*a*) de petits carêmes Egyptiens, qui n'étoient que de dix jours, & dont la principale rigueur consistoit en ce qu'il n'étoit pas permis alors de coucher avec sa femme, ce qui excita de grandes plaintes en Italie, lorsque le culte Isiatique devint dominant, malgré toutes les précautions prises par le sénat pour le réprimer. Il nous est resté sur ce sujet une élégie très-remarquable de Properce, (*b*) qui n'use pas comme on l'a cru, d'une licence purement poétique, lorsqu'il menace la déesse Isis de la faire chasser de Rome ; car enfin elle en avoit été chassée plus d'une fois, comme on l'a vu par les révolutions arrivées à son temple tant de fois relevé de dessous les ruines.

Au reste, toutes ces pratiques superflues en Europe ont pu ne l'être pas en Egypte, où il avoit fallu prescrire de certains jours de continence & de certaines ablutions, lesquelles seroient fort nuisibles dans les pays froids, si on en croyoit M. Porter, ambassadeur d'Angleterre à Constantinople, qui écrivit un jour à la

---

(a) *Metamorphos. Lib. XI. pag. 1000. Edition de Beroalde.*

(b) *Trista jam redeunt iterum solemnia nobis ;*
    Cynthia jam noctes est operata decem
    Quæ Dea jam cupidos toties divisit amantes.
    Quæcumque illa fuit, semper amara fuit. &c.

société royale de Londres, que, si les femmes des Turcs ont sans cesse moins d'enfants que les femmes des chrétiens établis en Turquie, il ne faut en attribuer la cause qu'aux bains & aux ablutions fréquentes, prescrites aux unes & non aux autres. Mais il ne paroît nullement que cette observation soit bien faite, & il est étonnant qu'on ait allégué de telles raisons, lorsqu'il s'en présentoit tant d'autres. Il regne parmi la plupart des Mahométans un abus secret qui s'oppose à la propagation de l'espece : leurs théologiens ont autorisé dans le mariage les conjonctions illicites pendant tout le cours de l'année, hormis pendant le ramadhan ou le carême. Quelque opposée que soit cette doctrine à toutes les vues de la nature, on sait qu'un théologien Espagnol a failli l'introduire dans son pays, parce que c'est le vice des pays chauds ; mais plus l'ardeur du climat & un certain défaut dans l'organisation du sexe portent les hommes vers tout cela, plus il faut les en éloigner par la force de la religion, dans des choses où la force des loix civiles cesse : ainsi ces prétendus théologiens en voulant régler les mœurs, corrompoient dans l'homme jusqu'à l'instinct.

Il paroît que ceux qui les premiers ont rédigé le catéchisme musulman, ont exigé de la part des personnes mariées, une continence presque continuelle pendant le romadhan : (*a*) & ce sont là des idées qu'ils ont puisées dans l'ancienne liturgie Egyptienne, dont ils ne se sont pas autrement écartés, sinon en ce qu'ils n'ont pas gardé précisément le nombre des jours, & on peut dire qu'il y a bien plus de conformité à

―――――――――

(*a*) Voyez surtout ce catéchisme à l'article VIII. Chap. I.

sur les Egyptiens & les Chinois.

cet égard dans les institutions des Coptes ou des Egyptiens modernes. Car enfin, il n'est pas vrai comme le pere de Sollier le dit, & comme tant de voyageurs l'ont répété, que les Coptes jeûnent cinquante-cinq jours. (a) Ils en jeûnent exactement quarante & on croira aisément que ce sont eux qui ont le mieux conservé l'usage de leur propre pays. D'ailleurs l'histoire qui nous parle de plusieurs personnages de l'antiquité, auxquels le culte Isiatique n'étoit pas inconnu, n'étend jamais leur abstinence au-delà de ce terme-là.

On sait qu'il a paru dans le monde treize à quatorze faux Messies ; mais le plus singulier, à mon avis, & le moins coupable de tous, est celui qu'on renferma en Hollande aux petites-maisons, où sa folie ne se calma pas autant qu'on s'y étoit attendu. Dans un de ces accès il s'imagina ridiculement que les anciens prêtres de l'Egypte passoient le carême sans prendre aucune espece de nourriture : là-dessus il se détermina à les imiter, & il y réussit, suivant M. Bayle, qui annonça à toute l'Europe, par ses *Nouvelles de la république des lettres* de l'an 1685, que ce malheureux avoit vécu quarante jours & autant de nuits sans manger. Mais on ne sait si le philosophe Bayle, qui doutoit de tant de choses, ajoutoit beaucoup de foi à la réalité de ce fait, qu'on ne pourroit attribuer qu'aux effets de la manie, qui rend la faim long-temps supportable, comme tous les médecins le savent, & comme beaucoup d'exemples l'ont démontré. Quand la fureur porte des hommes à se croire inspirés, ou quand par malice ils font semblant

---

(a) *Tract. Chronologicus de Patriarchis Alexandrinis. In appendice art.* VI.

de l'être, c'est alors, comme on voit, une grande sagesse de la part du gouvernement, de les renfermer & de les écarter de la société qu'ils cherchoient à troubler, car dans de tels cas la peine de mort est toujours injuste, & souvent dangereuse, tandis qu'on peut être sûr qu'un fanatique mis aux petites maisons, n'aura pas de sectateurs : cela décredite tellement son jugement & cela décrédite encore tellement sa doctrine, que les fous même ne voudroient pas la suivre. Plusieurs peuples n'ont pas eu à cet égard une police fondée sur la connoissance de l'esprit humain, & il en a résulté des maux affreux dans le monde.

Pour concevoir ce qui a donné lieu à une institution aussi singuliere que l'est celle du Carême en Egypte, il faut savoir que pendant les grandes chaleurs on n'y vit encore aujourd'hui que de végétaux dans les meilleures maisons, & tous les repas s'y font alors le soir ou le matin, c'est-à-dire, avant que l'appétit & les forces du corps soient abattues par l'ardeur du soleil parvenu au méridien, instant que les nations beaucoup plus septentrionales ont choisi pour l'heure de leur dîner. Ceci suffit pour concevoir que les prêtres ont suivi les indications du climat, lorsqu'ils ont ajouté une loi positive à un besoin physique. Le chevalier Chardon en parlant de la religion des Persans, dit qu'il y en a parmi eux, *qui tiennent que le mois de Ramazan étant arrivé alors pendant la plus grande chaleur de l'été, Mahomet ordonna que ce seroit ce mois-là même qu'on jeûneroit.*

Mais les Persans & beaucoup d'Arabes même ne savent pas qu'il en est de tout ceci comme de la défense du vin, qui existoit long-temps avant la naissance de Mahomet. C'est en Egypte qu'il faut chercher la racine de la plupart des institutions religieuses, & il est rare qu'on la cherche long-temps sans la trouver, hormis lorsque la perte totale des monuments nous arrête, ou lorsque les contradictions des auteurs empêchent de bien discerner les choses.

On verra dans l'instant en quoi consiste précisément l'erreur où l'on est tombé, qu'on a cru que les Egyptiens rendoient un culte aux oignons; mais ici il suffit de remarquer que les prêtres seuls n'en mangeoient jamais (*a*); parce que leur âcreté, qui est cependant moindre dans ce pays-là que par-tout ailleurs, blesse les yeux. On n'a pu comprendre jusqu'à présent pourquoi quelques mythologues ont dit qu'Hercule rejeta constamment cette plante bulbeuse, qu'on lui offroit parmi plusieurs autres : mais il ne faut pas douter que cette fable-là ne soit une allégorie, par laquelle les prêtres donnoient obscurément à entendre que de tels végétaux pouvoient fort bien convenir au peuple, mais non à des hommes comme eux, qui devoient sans cesse faire de grands efforts pour éviter tous les aliments stimulants, & tout ce qui peut aigrir l'ophtalmie. C'est par des raisons à-peu-près semblables, qu'ils s'abstenoient de certains animaux qu'on permettoit dans le régime populaire.

Comme les personnes qui n'étoient pas attachées à la classe sacerdotale, pouvoient manger du poisson, on ne leur interdisoit pas l'onocrotale ou le pélican, qui ne vit que de sa pêche : mais les prêtres, auxquels toutes les especes de poissons étoient défendues, s'abstenoient aussi du pélican (*a*) ; sans quoi il y eût eu une con-

---

(a) *Plutarq. de Isid. & Osirid.* pag. 650.
(b) *Orus Appollo, Hieroglyp. Lib. I, Cap. 53.*

tradiction dans leurs obfervances, tellement multipliées qu'ils ne s'étoient réfervé pour leur nourriture ordinaire que les herbes, les fruits, le pain nommé *Kolefte*, la chair de veau, celle de gazelle, les poules, les pigeons, & fur-tout les oies dont ils faifoient une deftruction furprenante, ce qui les avoit déterminés à étendre l'incubation artificielle fur les œufs d'oies, comme je le dirai plus au long ailleurs.

Dans l'*Hiftoire du Ciel*, ouvrage où la témérité de deviner eft portée à un excès inouï, on affure que les prêtres ne mangeoient d'aucune efpece d'animal (*a*). Mais c'eft une grande erreur, & en général l'abbé Pluche étoit fi peu inftruit du régime facerdotal & de la religion des Egyptiens, qu'il eût mieux fait de n'en pas parler. Tous les animaux, foit du genre des quadrupedes, foit du genre des volatiles, deftinés à être fervis fur la table du roi & des prêtres, étoient examinés par des perfonnes particulieres, qui ne paroiffent pas avoir été différentes des *fpragiftes* facrés, & qui y attachoient une marque à laquelle on reconnoiffoit que ces bêtes-là n'étoient point malades. Il feroit fuperflu de vouloir interpréter une telle coutume, puifqu'elle s'obferve encore de nos jours plus ou moins négligemment dans toutes les villes de l'Europe, où l'on confie très-fouvent cette forte d'infpection à des gens qui n'ont pas la moindre idée de la médecine

---

(*a*) Tom. *1.* pag. *363.*

Porphyre indique dans fon *Traité de l'abftinence*, lib. *IV.* p *149*, tous les animaux défendus aux prêtres de l'Egypte; c'eft-à-dire, ceux qui font folipedes, ceux qui font onguiculés, ceux qui n'ont pas de cornes, & c'eft dans cette derniere claffe qu'on peut placer la brebis, dont ils ne mangeoient pas fuivant Plutarque.

vétérinaire ; & heureusement dans les climats froids cette négligence n'entraîne pas d'aussi grands inconvénients qu'il pourroit en résulter là où la peste seroit endémique.

Il est bien étonnant qu'après tant d'opinions proposées avec un si grand appareil de savoir, & par des savants si célebres, sur le véritable motif de l'aversion qu'avoient les Egyptiens & sur-tout les prêtres pour les fèves, on soit encore si peu instruit. Mais il n'y a qu'à bien réfléchir à une aventure qu'on prête à Pythagore, ce servile imitateur des philosophes Orientaux, pour se convaincre que c'est la forte exhalaison, que répand la *Faba vulgaris*, lorsqu'elle est en fleur, qui a paru pernicieuse aux Egyptiens. Et voilà pourquoi ils ne la cultivoient dans aucun canton de leur pays ; quoique rejetée de la table des hommes, elle eût pu servir à nourrir les bêtes ; il est ridicule de dire qu'ils ne pouvoient en soutenir la vue, au lieu de dire qu'ils ne pouvoient en soutenir l'odeur, qui est extrême pendant la floraison de ce légume, qu'on seme aujourd'hui en Egypte sans se soucier des effets qui peuvent en résulter, & qui tendent à produire une espece d'ivresse, suivant l'opinion populaire, répandue même en Europe parmi les gens de la campagne, qui n'ont jamais ouï parler de la diversité des climats. Théophraste, auquel on doit reprocher d'avoir embrouillé d'une maniere inconcevable l'histoire des plantes de l'Egypte, rapporte entre autres choses ; que, dans ce pays-là, toutes les fleurs sont sans odeur, si l'on en excepte celles du Myrthe. (*a*) Mais il n'y a

---

(*a*) *Hist. Plantarum lib.* 6. *cap.* 7. *De causf. Plantarum lib.* 6. *cap.* 27.

jamais eu la moindre vérité dans cette affertion si frivole ; puifque les *Neps* des Arabes ou les violettes du Caire, & les rofes pâles de Feium font les plus odorantes qu'il y ait au monde, & toute l'eau de l'eau de rofe, qu'on confume dans les ferrails de l'Orient & dans une grande partie de l'Italie, vient de l'Egypte : auffi Mr. Maillet parle-t-il comme d'une chofe extraordinaire, de l'exhalaifon qui s'élève le long du Nil, des champs enfemencés de cette efpece de féve, *dont la fleur eft mille fois plus odoriférante*, dit-il, *qu'en Europe.* (a) Ce font ces champs-là que Pythagore n'eût jamais traverfés, dès qu'il fut circoncis. C'étoit faute d'avoir acquis des connoiffances affez exactes fur l'Egypte & l'Indouftan, que les auteurs anciens ont tant varié en parlant de la diete des Pythagoriciens, & on voit par ce qu'en difent Aulugelle & Athénée, qn'ils ne favoient pas eux-mêmes ce qu'il falloit en penfer. Au refte, pour qu'on ne forme point de doute fur l'efpece de légume dont il peut être ici queftion, je dirai qu'elle eft déterminée par un paffage de Varron, qui affure que les Flamines de Rome ne pouvoient manger des féves ; parce que leurs fleurs contiennent des lettres infernales. Or ces lettres infernales font les deux taches noires, peintes fur les ailes qui enveloppent immédiatement la carene dans la féve de marais, dont le caractere fe trouve par-là auffi-bien fixé, que fi un Botanifte l'eût défini. Et il en réfulte toujours que c'étoit dans la fleur qu'exiftoit la premiere caufe de l'averfion que les prêtres avoient pour cette

plante,

(a) *Defcription de l'Egypte*, partie II. p. 13 de l'édidition in-40.

plante, dont ils connoissoient d'ailleurs très-bien le fruit, qui de tous les farineux est le plus contraire aux tempéraments mélancoliques, & il n'y eut jamais au monde une nation plus portée vers la tristesse que les Egyptiens: on les égayoit bien de temps en temps par des fêtes; mais ils revenoient toujours à leur caractere sombre, qui les rendoit encore opiniâtres & emportés, *ad singulos motus excandescentes*, dit Ammien Marcellin, qui me paroît avoir assez exactement connu leur complexion. (*a*)

Je viens maintenant au régime particulier des provinces & des villes, qui ne peut avoir eu qu'un rapport indirect avec la santé & les maladies, mais c'est une erreur de croire que les Egyptiens aient été fort gênés par toutes ces observances, dont la plûpart ne concernoient que les poissons du Nil, & deux seules especes de quadrupedes frugivores: c'est-à-dire, la brebis pour une partie de la Thébaïde, & la chevre pour une partie du *Delta*. Dans un pays de plaine, & même dans une terre marécageuse comme celle du Nome Mendétique: les chevres ont pu fournir un poil propre au commerce, & non un aliment fort sain: aussi s'en abstenoit-on dans toute l'étendue de ce Nome-là & dans ses environs. Dans la Thébaïde qui est un pays de rochers & de montagnes, où ces animaux pouvoient paître dans des déserts moins humides, on permettoit de les tuer, & de s'en nourrir. Il y a des endroits en Europe où la loi a été jusqu'au point de défendre aux habitants d'entretenir des chevres, qui font de

---

(*a*) *Homines Ægyptii*, dit il, *plerique subfusculi sunt & atrati, magisque mæstiores, gracilenti & aridi, ad singulos motus excandescentes*. Lib. XXII. vers la fin.

grands dégâts dans les forêts & les pépinieres : or on ne voit pas que cette loi ait jamais paru assez génante pour qu'on ait pensé seulement à s'en plaindre. Le chancelier Thomas Morus dit que jamais l'Angleterre ne fut plus près de sa ruine, que quand tous les propriétaires voulurent y avoir des troupeaux de moutons ; ce qui occasionna d'abord une dépopulation extrême dans les campagnes, & fit enfin manquer le pain jusques dans Londres. Il est donc bon que le législateur veille sans cesse sur toutes ces choses, qui ne sont ni au-dessous de lui, ni indignes de lui. Si les monuments des Egyptiens n'étoient pas couverts de tant de ténebres, peut-être y verroit-on quelle a été leur police à cet égard ; car on ne sauroit dire que la superstition seule les guidoit ; puisque nous savons, à n'en pas douter, qu'on se nourrissoit de la chair des veaux dans toutes les villes & dans celles même dont les temples contenoient des vaches & des taureaux sacrés, comme Momemphis, Busiris, Aphroditopolis, Chuse, Héliopolis, Memphis, Hermunthis & plusieurs autres, dont les noms ne se sont pas conservés dans l'histoire.

Les préfectures, où l'on avoit sanctifié des animaux étrangers, amenés de l'Ethiopie, n'essuyoient pas la moindre difficulté par rapport au régime : puisque la défense de manger des lions n'a dû paroître pénible à personne, ni sur-tout aux habitants de Léontopolis & d'Héliopolis, qui n'avoient peut-être que vingt ou trente lions dans tout leur district. Il faut observer ici en passant que les différents temples de l'Egypte renfermoient plusieurs de ces bêtes, qu'on alloit chercher dans la Lybie ou l'Ethiopie, sans qu'aucun savant en ait pu deviner la raison jusqu'à présent.

On s'imagine que les Nomes les plus gênés

étoient ceux qui rendoient un culte aux poiſſons du Nil : cependant la maniere de vivre des Egyptiens faiſoit diſparoître tous les obſtacles. Il eſt vrai qu'on ne pouvoit pêcher à la ligne dans le Nomie Oxyrychite, & qu'on devoit y rejeter dans les canaux ou dans le fleuve tous les brochets qu'on y prenoit au filet. (a) Mais cette capture dont on ſe privoit volontairement, n'étoit d'aucune valeur. Au reſte, j'ignore quelle peut être la ſource de l'erreur où Strabon eſt tombé, lorſqu'il a cru que tous les Egyptiens révéroient le brochet, qu'on accuſoit, dans le ſtyle allégorique, d'avoir dévoré les parties génitales d'Oſiris ; & qui à cauſe de ſa voracité paroiſſoit être une production fort remarquable du mauvais principe. Voici une regle générale à cet égard : aucun de tous les animaux pour leſquels les prêtres avoient de l'averſion, n'a été révéré dans toute l'Egypte.

Les habitants du Nome Latopolitain s'abſtenoient d'un poiſſon, que les Grecs ont nommé *Latos*, qu'on ſait être la Variole dès François établis au Caire & dont Paul Lucas a produit une aſſez mauvaiſe figure dans ſon dernier voyage. (b) C'eſt la plus grande des perches fluviatiles qu'on connoiſſe ; puiſqu'elle peſe

---

(a) Belon eſt le premier naturaliſte, qui ait prétendu que le poiſſon Oxyrychus des anciens eſt le Brochet ou le *Quechoe* des Egyptiens modernes. Voyez ſes *Obſervations lib.* II, p. 103. Et en cela il a été ſuivi par beaucoup d'auteurs. Cependant on trouve en Egypte un autre poiſſon ſous le nom de *Kesher*, & qui appartient au genre des perches : il a l'os de la machoire fort conique, ce qui pourroit avoir rapport au terme d'Oxyrychas, ou nez pointu ; mais ſa voracité n'eſt pas telle que celle du Brochet.

(b) *Voyage en Syrie & dans la haute & baſſe Egypte* Tome 2. page 242.

quelquefois au-delà de cent livres. (*a*) Il se peut que ce poisson, dont la chair est assez bonne dans la basse Egypte, acqueroit une qualité nuisible en remontant le Nil jusqu'à Latopolis, située précisément sous le 25iéme degré de latitude septentrionale : & on sait que la même chose arrive en Europe à quelques poissons de la plus grande espece.

Dans le Nome Phagroriopolitain, qui appartenoit à la basse Egypte, & à Syene la ville la plus reculée de la haute, on ne mangeoit point du phagre, confondu mal à propos avec le rouget de Pythagore : il faut le rapporter au même genre dans lequel Artédi a compris le *Sparus rubescens*, (*b*) qui n'a d'autre conformité avec le surmulet que la rougeur de ses nageoires : caractere qu'on ne sauroit employer dans l'histoire naturelle ; mais qui, dans le langage symbolique des prêtres, a pu désigner des especes sur lesquelles ils avoient recueillis de certaines observations qui sont restées cachées sous le voile mystérieux de leur physiologie. Au reste, on découvre aisément que la couleur rouge dans les nageoires des poissons, dans les racines des plantes, dans le poil des quadrupedes, a été à leurs yeux une marque sinistre, qu'ils avoient étendue jusqu'aux hommes à cheveux roux, pour lesquels leur aversion ne pouvoit être plus grande ; & ce n'est pas sans quelque surprise qu'on retrouve cette même antipathie chez les Chinois, qui la portent aussi jusqu'à l'excès. (*c*) Mais, quand même Dio-

---

(*a*) *Perca Nilotica*, Hasselquist. Tome 2. No. 83.
(*b*) Artédi *Ichthyologia*, genus XXXVI.
(*c*) *Trigault exped. apud Sinas* Lib. 1. cap. 8. — *Du Halde*, Descrip. de la Chine. Tome 1. page 94.

sur les Egyptiens & les Chinois.

d'ore de Sicile ne l'auroit pas dit, il seroit facile de concevoir que parmi les vrais Indigenes de l'Egypte il ne naissoit presque jamais des hommes roux, & que leur horreur à cet égard concernoit les étrangers, comme les habitants de la Grece, dont le teint a beaucoup changé depuis, & encore les habitants de la Thrace, qui étoient alors des pirates. Il en est de même des Chinois : dans leurs mauvaises cartes géographiques, ils nomment l'Angleterre & une partie de l'Allemagne, *Hongtchai*, ou le pays des roux; quoique les habitants y soient blonds, sans être pirates.

Comme à Bubaste, ville célebre de l'Egypte inférieure, on entretenoit dans des étangs particuliers un poisson fort connu des naturalistes sous le nom de Silure, il ne faut pas croire que les habitants seuls de ce canton se soient abstenus d'en manger ; puisqu'il doit avoir été défendu dans tout le royaume : car des trois especes de silures, qu'on trouve encore aujourd'hui dans le Nil, aucune n'a des écailles ; & ce n'a certainement été que pour nourrir les chats sacrés, qui étoient en grand nombre à Bubaste, qu'on y avoit pratiqué ces réservoirs dont parle Elien. (*d*) Les Egyptiens, tiroient ainsi parti pour l'entretien des animaux sacrés, de plusieurs choses, qui sans cela, leur eussent été absolument inutiles : les têtes des victimes, auxquelles personne ne pouvoit toucher, étoient destinées pour les crocodiles dans les villes qui avoient de ces lézards dans leurs fossés. Les entrailles des animaux servoient aux vau-

---

(*b*) *Hist. Animal. Lib. XII. cap.* 29. Hérodote & Diodore de Sicile disent que les Egyptiens nourrissoient les chats sacrés de poissons.

tours d'Isis, & de certains viscères comme la rate & le cœur, qui ne sont point propres à la nourriture de l'homme, servoient aux éperviers : car il ne faut point s'imaginer que les environs de Memphis aient été alors dans le même état où l'on voit quelquefois de nos jours les environs du grand-Caire, c'est-à-dire, couverts de cadavres d'ânes & de chameaux, que tous les vautours & les éperviers ont peine à consumer.

A Lépidotum, ville située sur la rive droite du Nil dans le district de la Thébaïde, on ne mangeoit pas d'un poisson dont l'histoire a été long-temps obscure & confuse : on savoit bien par un passage positif d'Athénée, qu'il appartient au genre des carpes ; mais il a fallu faire des recherches pour pouvoir en fixer l'espèce, qui paroît être celle de la carpe rousse. (*a*) Ceux qui l'ont pris pour la dorade, consacrée chez les Grecs à la Vénus Cythéréenne, qui est certainement la Nephtis de l'Egypte ou la femme de Typhon, ne font pas attention que la dorade est un poisson trop remarquable, trop aisé à reconnoître pour que les écrivains Grecs s'y fussent mépris, en changeant le terme de *Chrysophry* usité parmi eux, en celui de *Lépidotos*, expression déjà employée dans les orphyques, (*b*) & ensuite par Hérodote, qui a cru que

---

(*a*) *Cyprinus rufescens Niloticus Linnæi.* Sist. Nat. T. I, page 528.

(*b*) Dans les *Lithiques* attribués ordinairement à Orphée il s'agit d'une pierre dont l'éclat argentin imitoit celui des écailles du poisson Lépidotos : or il y a des espèces de carpes dont les écailles sont fort grosses & assez luisantes ; mais jusqu'à présent les naturalistes ne connoissent pas cette sorte de pierre dont il est aussi fait

sur les Egyptiens & les Chinois. 127

cette carpe rousse avoit été rejettée du régime populaire dans toute l'étendue de l'Egypte; ce qui est sans vraisemblance.

Dans l'isle Elephantine on s'abstenoit d'un poisson nommé *mœotis*, dont tous les caracteres sont inconnus; mais en revanche on s'y permettoit la chair du crocodile, qui est d'ailleurs très-musquée. A Tentyre, à Héracléopolis, & dans la grande ville d'Apollon, on mangeoit aussi de ce lézard, & à de certains jours personne ne pouvoit se dispenser d'en goûter, hormis les prêtres qui le comptoient parmi les poissons; de sorte que les institutions des Juifs sont à cet égard conformes à la regle sacerdotale, & il faut observer que la Judée a toujours eu, & a encore des crocodiles dans une flaque d'eau nommée *Muyet-el-Temsah*, & un petit fleuve qui se décharge dans la Méditerranée entre le Carmel & la pointe d'Acre.

Diodore de Sicile dit que le régime des villes & des provinces comprenoit aussi différentes especes de légumes & de plantes bulbeuses, qu'il assure avoir été défendues dans quelques endroits, & permises dans d'autres. Mais c'est-là un point très-difficile à éclaircir.

Sur la rive Orientale de la bouche Pélusiaque, canton qui n'a jamais été réduit en forme de préfecture; mais qui paroît avoir dépendu du Nome Séthroïte, on avoit élevé un temple, dans lequel on rendoit un culte à l'oignon marin, & vrai-semblablement à cette sorte de scille dont les racines sont rouges. (*a*) Or il eût été

---

mention dans Pline : cependant je soupçonne que c'étoit une Pyrite arsenicale, blanchâtre, qu'on tailloit à facettes.

(*a*) *Ornithogalum marinum seu Scilla radice rubra*; Tournefort 378.

inutile de faire une loi pour interdire dans les aliments l'usage d'un végétal, dont aucun homme n'a été tenté de se nourrir, & qu'on ne peut même employer en médecine qu'avec de certaines précautions. Cependant on s'est imaginé que les habitants de Péluse s'abstenoient par cette raison de toutes les plantes bulbeuses, comme de l'oignon de jardin que les autres Egyptiens faisoient entrer dans leur nourriture ordinaire ; mais il paroît qu'on a pris dans le régime sacerdotal une pratique particuliere pour l'appliquer à une ville ; ce que les faussetés manifestes, qu'on trouve dans Juvenal, dans Prudence & dans beaucoup d'écrivains Ecclésiastiques, nous autorisent à penser.

On conçoit bien, qu'il ne doit pas être aisé d'expliquer la raison d'une chose aussi étrange que l'est le culte rendu à la scille ou à l'oignon marin. Aussi peut-on dire avec certitude, qu'aucun savant n'a jamais pensé seulement à l'entreprendre.

Péluse, comme son nom même l'indique, étoit située dans un terrain fort marécageux, & le vent, en soufflant de l'Orient, y chassoit encore les vapeurs, qui s'élevoient du fameux lac Sirbon tout rempli de bitume, & tout rempli de soûfre : de sorte que quelques habitants de cete ville paroissent avoir été sujets à une maladie particuliere du genre de la tympanite, laquelle troubloit leur raison, & les portoit à

Voyez la Dissertation de Mr. de Schmidt, intitulée *de Cepis & Alliis apud Ægyptios cultis*, où il prouve que le terme d'Αἰτοφάγοι employé par Lucien en parlant des Pélusiotes, doit s'entendre de la Scille. Cet écrivain paroit avoir ignoré que l'ail est une plante qui ne croit pas en Egypte, quoiqu'en dise Dioscoride ; on l'y apporte d'ailleurs.

se croire ridiculement possédés. On sait qu'il s'y trouvoit aussi beaucoup de ces possédés-là dans les environs du lac Asphatte, dont les brouillards n'ont pas été moins étouffants, ni moins pernicieux que ceux du Sirbon.

C'est à Péluse qu'ont été faites ces petites statues Egyptiennes, qu'on voit dans quelques cabinets, & qui ne représentent pas, comme on l'a cru, des dieux ; mais des démons dont tout le corps, & sur-tout le bas ventre est extrêmement enflé. Pour se guérir de cette maladie, il n'y avoit pas de plante plus propre que la scille ou l'oignon marin, préparé comme il devoit l'être. Quoique Trasyle cité par Stobée, dise que les Egyptiens y employoient aussi une petite pierre noirâtre, qu'ils ramassoient le long du Nil ; (a) & qui ne peut avoir été que la plus ferrugineuse des ætites ou des pierres d'aigle, dont on trouve des morceaux entiers au-dessus de Terané à l'Occident du *Delta* : la poudre impalpable de l'ætite étoit également bonne pour diminuer les obstructions de poitrine, qui troubloient l'esprit de ces prétendus démoniaques.

Des mendiants de l'un & de l'autre sexe, qui se faisoient passer en Italie pour des prêtres & même pour des prêtresses d'Egypte, menacoient ceux qui ne vouloient pas leur donner l'aumône, de les rendre aveugles au nom d'Isis,

---

(a) SERMO XCIII *de Morbis*.

Il est vrai que Trasyle dit, qu'on se contentoit de mettre cette pierre sous le nez pour calmer les vapeurs des energumenes, comme on le faisoit en Judée avec une racine, qui n'étoit probablement que la Scille. Mais il n'y a que l'usage intérieur de ces drogues, qui ait pu produire de bons effets.

ou de les affliger de cette terrible tympanite de Péluse : ce qu'on appelloit en Latin, *incutere Deos inflantes corpora*. Ces misérables qu'on a encore vus de nos jours en Europe, & qu'on nommoit Bohémiens en France & Zigener en Allemagne, se faisoient également passer, comme on sait, pour des Egyptiens : ceux-ci menaçoient de la lepre quiconque leur refusoit quelque argent pour se faire dire la bonne aventure. Je ne sais si les fanatiques de l'Europe ont été fort effrayés par les menaces de ces prétendus Egyptiens, qui ne sont cependant pas des Manichéens de l'Arménie, comme le veut Mr. Peysonnel : (*a*) mais je sais bien qu'anciennement le petit peuple de Rome craignoit beaucoup les imprécations, & quelques superstitieux pour s'en mettre à l'abri faisoient effectivement usage de l'ail ou de la scille.

Après cela le culte rendu à une telle plante, n'est plus une chose aussi obscure qu'elle l'a été jusqu'à présent ; & sur-tout lorsqu'on considére que ce culte ne s'étendoit pas au-delà de Péluse & de Casium, qui se trouvoient dans les circonstances locales dont j'ai rendu compte : Casium étoit même encore plus près du lac Sirbon, & par conséquent dans un des endroits les plus mal-sain de toute la contrée.

Il faut nécessairement observer ici, que le

___

(*a*) *Observations historiques & géographiques sur plusieurs peuples qui ont habité sur les bords du Danube & du Pont-Euxin.*

C'est en Baviere que ces gens qu'on nommoit *Bohémiens*, avoient le plus effrayé les fanatiques ; au point qu'on n'osoit pas les toucher : & on les laissoit voler impunément, comme le dit Aventin dans ses annales sur l'an 1439. *Adeo tamen vana superstitio hominum mentes invasit, ut eos nefas violari putent, atque grassari impones passim, impune sinant.*

nombre des préfectures de l'Egypte ayant été moindre sous les Pharaons que sous les Ptolémées & les Césars, il en résulte, que beaucoup d'observances, qui paroissent convenir à toute une province, ont seulement convenu à des villes, avant que les Nomes eussent été subdivisés, & leur nombre porté depuis seize jusqu'à cinquante-trois & au-delà. Ce n'a donc jamais été l'intention des anciens souverains de ce pays, de mettre de l'inimitié entre les préfectures, pour les écraser sous le poids du despotisme.

Cela n'arriva que sous les Grecs & les Romains ; qui, par une politique détestable, incitoient sans cesse les provinces de l'Egypte les unes contre les autres, pour les affoiblir toutes par leur dissention mutuelle, comme Plutarque le donne assez obscurément à entendre. Mais nous voyons bien que ce fut sous les Romains que les Ombites se battirent contre les Tentyrites au sujet des éperviers. Ce fut sous les Romains que les Cynopolitains se battirent contre les Oxyrynchites au sujet des chiens & des brochets. Ce fut sous les Romains qu'éclata la grande révolte au sujet du bœuf *Apis*; qu'on vouloit transférer de son temple de Memphis, probablement dans un temple d'Alexandrie ; ce qui eût entièrement ruiné Memphis, déja alors assez dégradée. Je ne crois point qu'il faille rapporter à une époque beaucoup plus reculée, le soulèvement des Héracléopolites, qui rendoient un culte aux Ichneumons & qui voulurent démolir un des plus magnifiques édifices qu'il y eut dans le royaume, c'est-à-dire le labyrinthe où se trouvoit la sépulture des crocodiles ; & c'étoit là le vrai motif qui faisoit agir ces furieux.

On peut être certain qu'on ne vit jamais des

exemples d'un tel renverfement dans les chofes, lorfque l'Egypte confervoit fon ancienne police. Des villes voifines en Europe fe font fait la guerre pour foutenir la prééminence de leurs faints, de leurs patrons, mais ce n'eft pas fous une bonne forme de gouvernement, fans doute, que de fi honteux excès ont éclaté. Voici ce que l'expérience de tous les fiecles a enfeigné là-deffus. Quand les loix civiles ont perdu leur force, il n'eft plus poffible de réprimer la fuperftition. Quand les loix civiles ont leur force, rien n'eft plus aifé à contenir que les fuperftitieux ; ils ne font dangereux que dans l'anarchie.

Après avoir parlé de la diete obfevée par les prêtres & de quelques ufages adoptés par les villes & les provinces, il refte à expliquer les points les plus importants du régime populaire, fur lequel on entrera dans de grands détails qui nous offriront quelque chofe de plus fixe & de plus propre à caractérifer toute une nation.

On fait qu'il a été un temps dans l'antiquité où l'on diftinguoit les peuples par des noms tirés de leur maniere de fe nourrir, qu'on regardoit comme la partie la plus remarquable de leurs mœurs. Voilà pourquoi les Carthaginois, qui confommoient tant de *cous-cous*, fuivant l'ufage fubfiftant à la côte de Barbarie, avoient été appellés pultophages par les Grecs qui, d'un autre côté, défignoient les habitants de l'Egypte par l'épithete d'artophages (*a*), parce qu'ils vivoient principalement de deux fortes de pain nommées en leur langue *petofiris* & *kollefie*, qu'on faifoit d'un grain fur lequel les favants ont hazardé beaucoup de conjectures. Car quel

---

(*a*) Il paroît que c'eft Hécatée, qui le premier s'eft fervi du terme Κζομμνον, pour defigner les Egyptiens.

que peu croyable que cela paroiffe, il eft certain qu'il regne de l'obfcurité dans l'hiftoire des plantes, les plus généralement cultivées par les anciens. Les mêmes appellations ne fignifiant plus les mêmes chofes à beaucop près, il a bien fallu conjecturer, & fe tromper de temps en temps.

Hérodote fe contente de dire que, par un effet des loix ou par un effet de l'ufage, les Egyptiens ne mangeoient ni du pain de froment ni du pain d'orge, mais qu'ils employoient la graine de l'*olyra*.

Comme ce terme a quelque rapport fort vague avec celui dont fe fervent les Grecs pour défigner le riz, cela paroît fur-tout avoir porté Mrs. Shaw & Goguet à croire qu'anciennement le peuple vivoit en Egypte de cette plante-là (*a*). Mais elle lui a été plus inconnue que la caffave du Bréfil ne l'eft de nos jours aux habitants de l'Allemagne.

Ce n'eft que dans des temps très-poftérieurs, ce n'eft que fous les Kalifes enfin, que la premiere graine du riz a été rapportée de l'Inde dans la Baffe-Egypte, où l'on commença d'abord à la cultiver dans les environs de Damiette (*b*).

On fait que tous les Kalifes n'ont pas été des princes morts ou fainéants. Quelques-uns d'en-

---

(*a*) *Shaw Voyage* p. 351. — *Origine des loix, des arts & des fciences*, Tome 2. page 344.

Comme il feroit injufte d'exiger des connoiffances étendues dans la Botanique d'un écrivain tel que le comte de Caylus, qui ne s'attachoit qu'aux monuments des arts, il ne faut pas être furpris qu'il dife qu'en développant la couverte ou le vernis d'une petite ftatue Egyptienne, il y a trouvé de la paille de riz; ce qui n'a pu être que des chalumeaux découpés de millet.

(*b*) *Reife nach Palæftina und Egypten*, Tome *I.* page 130. par M. Haffelquift.

tre eux s'intéresserent aux arts, à l'agriculture & même à la botanique. On alla par leur ordre chercher des arbres & des végétaux dans l'Arabie & au fond de l'Indouftan, pour les transplanter sur le bord du Nil : mais ils firent contre leur propre intention une grande faute, en y transplantant le riz ; car sans répéter ici ce qui a été dit des inconvénients de cette culture, il est sûr qu'elle a fait rester beaucoup de terres un peu élevées en friche.

On pourroit soupçonner que les anciens Egyptiens ne faisoient pas beaucoup d'usage de leur froment indigene, parce qu'il n'etoit point de la meilleure espece, & ils n'en ont eu d'une bonne espece que sous le regne de Ptolémée, fils de Lagus, qui en fit venir la graine de l'isle de Calymna, qu'on sait être une des sporades. C'est ce bled-là, indiqué dans Théophraste sous le nom de *bled Alexandrin*, que les Grecs ont cultivé durant la dynastie des Lagides, & dont ils ont fait différentes préparations qui ont joui de beaucoup de célébrité dans le commerce des anciens. Le froment qu'on seme de nos jours en Égypte, provient encore de celui qui fut donné à cette contrée par le premier des Ptolémées, roi qui aima ceux que les autres rois n'aimoient ordinairement pas, je veux dire ses sujets. Des hommes dignes du dernier supplice, lui avoient conseillé de mettre beaucoup d'impôts sur le peuple, & c'est ce qu'il y eut d'admirable, il ne suivit pas leur avis.

L'*Olyra* d'Hérodote peut avoir été, comme Galien l'a cru, une espece d'épeautre ou une espece de seigle. Quand on considere la maniere dont les Egytiens faisoient le pain qu'ils nommoient *kolesse*, où il falloit ajouter beaucoup de pâte fermentée, ce qui lui communiquoit un goût acide, comme Athenée le dit (*a*), alors on s'imagine qu'ils employoient le seigle. Au reste, il convient de bien observer ici que l'*olyra* de M. Linnœus & de quelques autres botanistes modernes, est une plante différente de celle qui a porté ce nom dans l'antiquité. Ces discussions, quelque épineuses qu'elles soient, peuvent seules répandre la lumiere sur les mœurs & les usages d'un peuple singulier, qui s'est attiré l'attention des philosophes de tous les siecles, parce qu'il cultiva les arts & les siences, parce qu'il fit fleurir l'agriculture, parce qu'il contribua sur-tout à faire cesser la vie sauvage dans la Grece, pays extrêmement bien situé pour pouvoir distribuer au reste de l'Europe le germe des connoissances & les premieres étincelles du feu sacré.

La défense absolue du vin avoit fait recourir les Egytiens à une boisson factice, dont il est beaucoup parlé dans l'histoire sous le nom de *zythum*, & dont on attribuoit l'invention à Osiris, c'est à dire qu'on n'en connoissoit pas l'inventeur.

C'étoit une sorte de bierre composée d'orge & qui pouvoit se conserver long-temps sans se corrompre ; car au lieu de houblon absolument inconnu dans cette contrée, on y ajoutoit une infusion amere de lupin (*b*) : ce qu'on pourroit essayer en Europe, pour voir si le houblon se laisseroit remplacer par le lupin, sans produire quelque altération considérable dans les qualités

---

(*a*) *Lib.* III. *Cap.* XVI. -- Pollux Onomasticon, lib. VI. cap. XI.

(*b*) *Jam Sifer Assyrioque venit quæ femine radix,*
Sectaque præbetur, madido sociata Lupino,
Ut Pelusiaci proritet pocula Zythi.
Columella *de cultu Hortorum*

de la liqueur, où les Egyptiens faisoient entrer encore des racines de la graine d'Assyrie, & probablement d'autres plantes aromatiques, chacun suivant son goût particulier, car Strabon observe que chez eux la maniere de brasser varioit beaucoup. Mais le procédé dont on vient de parler a été le plus généralement employé pour faire le *zythum* dans la Basse-Egypte, où on le convertissoit tout comme la bierre ordinaire, en vinaigre, que les marchands Grecs d'Alexandrie transportoient dans les ports de l'Europe. Les Arabes & les Coptes ne savent plus aujourd'hui faire cette liqueur, comme les anciens habitants du pays, & leur *bouzac*, faute de contenir une infusion amere, s'aigrit au bout de quelques jours.

Il est très-étonnant que Dioscorid ait soutenu que la lepre ou l'élephantiase proprement dite, étoit engendrée par l'effet du *zythum* (*a*), erreur qu'on trouve reproduite sous différentes formes dans des dictionnaires à la suite de ce mot. Il est contre la vrai-semblance même que les Egyptiens se fussent opiniâtrés pendant des milliers d'années à se servir d'une boisson empoisonnée dont ils ont certainement mieux connu la vertu que ne la connoissoit un Grec, qui écrivoit des livres sur la matiere médicale en Cilicie.

Voici des observations bien plus exactes que ne l'ont été celles des anciens.

C'est l'eau du Nil qui a réellement la qualité de produire des pustules sur la peau de ceux qui la boivent pure, & sur-tout pendant les

―――――――――――

(*a*) *Lib. II, cap.* 97.
Ætius & Paul d'Egine parlent du *Zythum* comme d'une liqueur malsaine, mais ils ne conviennent pas du tout qu'elle engendroit l'Eléphantiase.

premiers jours de sa crue (a). Et c'est encore là un motif qui a obligé les indigenes de cette contrée à se procurer une liqueur factice, qui fût dépouillée par la cuisson & le levain de cette propriété malfaisante, qui provient du natron ou de l'alkali fixe.

Tout ceci explique naturellement une chose qu'on n'a pu concevoir. Les prêtres Egyptiens, qui paroissoient avoir tant de vénération pour l'eau du Nil, en buvoient fort rarement. On dit qu'ils possedoient un puits particulier pour leur usage à Memphis; mais ce récit porte tous les caracteres de l'allégorie, puisqu'ils buvoient probablement du *zythum*, comme le reste de la nation.

M. Hasselquist a, pendant son séjour au Caire, éclairci quelques parties de l'histoire naturelle de l'Egypte, & envoyé sur-tout à l'académie de Stokholm une description fort détaillée de cette démangeaison produite par l'eau du Nil. Or, ne doutons pas que ce ne soit là l'origine de l'éléphantiase, qui s'aigrit plus ou moins, suivant l'exactitude avec laquelle on s'abstient d'aliments qui lui sont contraires, de sorte que le poëte Lucrece a dit, avec assez de vérité:

Est Elephas morbus, qui propter flumina Nili
Gignitur Egypti in medio, neque præterea usquam.

Les prêtres ont su tout cela, mais ce qu'il y a de singulier, c'est qu'ils ont tenu ce fait, par rapport aux eaux de leur fleuve, si caché aux yeux des étrangers, qu'aucun auteur Grec ou

---

(a) Voyez Pococke *Description of the* East. B. IV. cap. V.

Cette eau occasionne aussi des descentes & des dyssenteries. Consultez la *Relation de Granger* page 21.

Romain ne l'a découvert. Car dans les observations en grand nombre que nous avons recueillies à ce sujet, il n'en est jamais parlé ; & si quelqu'un en avoit eu connoissance parmi les anciens, c'eût sans doute été Plutarque, qui, dans un traité composé tout exprès, tâche de développer le motif qu'avoient ceux qui naviguoient sur le Nil, de n'en puiser de l'eau pour la boire, que pendant la nuit & non pendant le jour. Cette fable répandue parmi les Coptes ou les Egyptiens modernes touchant une rosée ou une goutte qui tombe du Ciel dans le Nil, & le fait fermenter, paroît être une tradition allégorique des prêtres, laquelle s'est conservée jusqu'à présent dans le pays : car ce fait que tant de voyageurs & sur-tout le pere Vansleb ont cru réel, ne l'est assurément pas (*a*). Le Nil, sans fermenter, se trouble par un effet nécessaire de l'inondation, & ses eaux se remplissent alors tellement d'insectes & de *fucus*, qu'on ne sauroit les boire sans les faire précipiter avec de la pâte d'amande ou du lait.

De tous ces éclaircissements il résulte que les habitants d'une telle contrée ont dû se soumettre à un régime diététique, dès qu'ils ont voulu être entiérement à l'abri des maux qui les menaçoient. Aussi nulle part au monde les loix civiles n'eurent un rapport ni plus directe ni plus intime avec la santé, tellement qu'un Egyptien qui observoit bien ses loix, étoit déjà en quelque sorte médecin. Et voila pourquoi ils ont eu tous la réputation de l'être, comme Plutarque le dit (*b*).

(*a*) *Nouvelle Relation en forme de Journal d'un voyage fait en Egypte en 1672 & 73.* page 67.

(*b*) Au *Traité que les animaux usent de la raison.*

Il convient de remarquer ici que quelques écrivains de l'antiquité ont soutenu que l'éléphantiase n'attaquoit ni les femmes ni les eunuques; & qu'on s'en guérissoit en se faisant châtrer, remede qui eût tué les vieillards, & dont les jeunes gens n'auroient pas voulu se servir. C'est néanmoins sur de tels faits que Bartholin a insisté pour prouver que cette maladie n'a sa source que dans l'incontinence, sans jamais s'appercevoir qu'il prenoit l'effet pour la cause (*a*) Car enfin, l'extrême lubricité des lépreux n'est qu'une suite de leur mal, ce n'en est pas l'origine, & tous ceux qui ont voyagé en Egypte ont pu s'ils ont voulu, s'y convaincre que les deux sexes sont également susceptibles de cette indisposition, qui n'épargne point non plus les eunuques; mais elle ne produit pas en eux les mêmes symptomes que dans les hommes odinaires, comme l'on peut aisément se l'imaginer, dès qu'on sait que l'éléphantiase corrompt & aigrit principalement la liqueur spermatique. C'étoit donc une grande précaution de la part de prêtres de l'Egypte d'avoir enjoint à tout le peuple d'user une fois par mois des tisanes laxatives, dont quelques médecins modernes ont voulu deviner la composition; mais ils ont été très-malheureux dans leurs conjectures, lorsqu'ils ont cru que c'étoit une infusion de racines de raifort & de bierre (*b*). Ils ignoroient donc que le cassier est un arbre indigene en Egypte, & que le séné croit de lui-même sans aucune espece de culture dans la Thébaïde jusqu'à hauteur de la premiere cataracte du Nil d'où on le répand aujourd'hui dans toute l'Europe, par le moyen

---

(*a*) Voyez son ouvrage *de Morbis Biblicis.*
(*b*) *Le Clerc Hist. de la Médecine. Lib. I. Cap. XVIII.*

de la ferme établie au Caire, & qui eft ordinairement entre les mains des juifs, comme les principales branches du commerce dans ces états fi bien réglés du grand-feigneur. Il eft aifé après cela de concevoir de quoi on préparoit le remede dont on fe fervoit dans ce pays-là tous les mois.

C'eft une erreur très-grave de la part des hiftoriens modernes d'avoir répété tant de fois, que les Egyptiens avoient de l'averfion & même de l'horreur pour les bergers de leur pays ; puifqu'ils ne déteftoient fincérement que ces brigands de l'Arabie, qu'on nomme Arabes pafteurs ou bédouins ; parce qu'ils marchent avec leurs troupeaux, & volent par-tout en marchant. Ces mœurs étoient celles des Hébreux, lorfqu'ils entrerent en Egypte, & on voit qu'ils avoient encore de telles mœurs, lorfqu'ils en fortirent ; il n'eft donc pas fort étonnant que les Egyptiens aient témoigné quelque averfion pour des hommes de cette efpece, & il n'y a qu'à lire avec attention toutes les loix attribuées à Moïfe, pour s'appercevoir qu'elles tendent à changer les Hébreux en un peuple cultivateur, & à corriger abfolument le vice inhérent à la vie paftorale & ambulante. On verra encore mieux par tout ce que je dirai dans la fuite, combien cette maniere de vivre incite au vol & au brigandage.

C'eft proprement à ceux qui gardoient en Egypte les troupeaux de cochons, qu'on avoit interdit l'entrée des temples : ils étoient diftingués du refte de la nation par leur longue chevelure, & ne pouvoient s'allier qu'entre eux ; de forte qu'ils ont conftamment formé une Tribu ifolée, couverte de beaucoup d'opprobres. Il eft vrai qu'on lit dans quelques relations de l'Indouftan, qu'il y fubfifte encore de nos jours une caste plus abhorrée mille fois, que ne l'a été celle des porchets en Egypte ; mais je me suis convaincu qu'il s'est glissé beaucoup de fables dans tout ce que ces relations rapportent d'une sorte d'hommes, qui n'osent s'y montrer en public, & avec lesquels il n'est pas permis aux autres Indiens de parler ; tellement que ces malheureux ont contracté à l'ombre des forêts les mœurs des bêtes féroces qui y habitent. Il se peut que tout cela se réduise à une peuplade, qui, par des circonstances que nous ignorons, se trouve dans le même cas que les *giézi* de la Basse-Navarre, les *capots* de la Gascogne, & les *cacous* de la Bretagne, qui ayant gagné la lepre pendant les Croisades, retournerent chez eux, où personne ne voulut contracter la moindre alliance avec ces fanatiques infectés ; & quoiqu'on croie avoir découvert par des observations fort récentes, que la lepre ne se transmet point au-delà de la quatrieme génération, il paroît cependant qu'elle se perpétua plus long-temps parmi ces gens-là, qui en sont aujourd'hui délivrés (*a*).

Comme les Egyptiens entretenoient des troupeaux de cochons pour le service de l'agriculture, ils avoient institué deux grandes fêtes, pendant lesquelles on n'offroit pas d'autres animaux en victimes que ceux-là : sans quoi ils se feroient trop multipliés, & audelà du besoin qu'on en avoit. Aussi permettoit-on alors au peuple d'en manger la chair ;

(*a*) Voyez la Dissertation de l'abbé Vénuti sur les *Cahets*.

Les *giézi* paroissent avoir pris leur nom d'une race de lépreux, dont il est fait mention dans le quatrieme livre des rois ; Cap. 5.

pourvû qu'il n'y touchât point après la pleine lune, jour auquel ce facrifice devoit s'exécuter hors de l'enceinte des temples, & non par la main des miniftres.

Il faut pardonner à Hérodote, & encore à Eudoxe cité par Elien, d'avoir dit que les Egyptiens fe fervoient des cochons pour labourer & pour herfer les terres : car leur erreur n'eft point fi énorme qu'elle paroît l'être, dès l'on fuppofe que ces animaux voraces étoient introduits dans les campagnes immédiatement après l'inondation, pour y confommer les racines des plantes aquatiques, le frai des grenouilles, & tout ce que les Ibis ne pouvoient emporter en auffi peu de temps qu'il s'en écouloit entre la retraite du Nil & l'inftant du premier labeur, donné avec la charrue, inftrument dont on n'a jamais pu fe paffer.

J'ignore fi cette pratique a produit des effets auffi avantageux pour la culture, qu'on fe l'étoit perfuadé dans ces fiecles reculés dont il eft ici queftion : car dans la fuite on l'abandonna entiérement. Et alors cette Tribu fi détestée, parce qu'elle gardoit des animaux jugés utiles, & réputés immondes, difparut au point qu'il n'en eft jamais plus fait mention ; mais on peut foupçonner, que profitant des troubles furvenus par la révolte générale contre les Perfans, elle s'affocia à d'autres pâtres, & forma cette célebre république de voleurs Egyptiens, qui fe retrancherent dans un marais du *Delta*, à peu de diftance de la bouche heracléotique du Nil, comme nous le favons par Heliodore (a). Quelques paffages des Idylles de Théocrite ont fait croire mal à propos que Ptolémée Philadelphe

---

(a) *Æthiopiques* lib. I. page 9.

parvint à dissiper & à détruire enfin totalement la confédération de ces brigands (*a*) : mais la vérité est qu'elle se soutint pendant plus de quatre cent ans après la mort de Philadelphe ; & on voit dans la vie de l'empereur Marc-Aurele, que ce fut sous son regne que les Romains affoiblirent cet état en y semant la discorde, contre laquelle aucune république n'a jamais résisté, & bien moins une république de voleurs.

Les loix civiles, la religion, tout ce qui peut faire impression sur l'esprit des hommes avoit été employé en Egypte pour y détourner le peuple de se nourrir de la chair des vaches parvenues au point de la fécondité ; & on reconnoissoit par-là un Egyptien, comme l'on reconnoît aujourd'hui un Juif par son horreur pour le cochon. Quelques auteurs ont cru que ce réglement n'avoit été fait qu'en faveur de l'agriculture. Mais beaucoup d'autres motifs y exigeoient une police exacte pour la conservation des bestiaux. Comme on devoit en de certains temps faire, par forme de tribut, des livraisons de veaux à la cour des Pharaons ; comme on devoit en faire à la classe sacerdotale & au corps de la milice, qui, suivant l'usage immémorial de l'Orient, ne recevoit point sa solde en argent, il falloit y ménager tellement les troupeaux que ces livraisons ne vinssent jamais à manquer ; ce qui eût occasionné un désordre extrême. On ne trouve donc point dans tout ceci, comme plusieurs savants l'ont prétendu, la superstition des Indiens au sujet de la *ghoy* : car les Indiens ne mangeant la chair d'aucune bête, les veaux leur sont par rapport aux aliments, aussi inutiles que les vaches. D'ailleurs il n'y a

---

(*b*) *Idyl.* XV. & XVII.

personne qui ne sache, que les trois premiers animaux sacrés de l'Egypte, le *mnévis*, l'*apis* & l'*onuphis*, étoient des taureaux. Tout cela n'est pas ainsi dans l'Indoustan ; & le voyageur Kempfer se trompe sans doute, lorsqu'il soutient le contraire.

On ne sauroit déterminer exactement le nombre des animaux défendus par le régime populaire des Egyptiens, parce qu'à cet égard les monuments manquent ; & il n'est guere possible de les remplacer par des conjectures. Nous sommes seulement instruits sur vingt à trente especes, parmi lesquelles il faut d'abord compter tous les oiseaux de proie de jour & de nuit, depuis l'aigle de la Thébaïde jusqu'à la chouette de Saïs, depuis le vautour ou le chapon de Pharaon jusqu'au petit faucon du *Delta* (*a*) : ensuite les ibis, les grues, les coutils, les cicognes, les huppes, qu'on appelle en général *purificateurs de l'Egypte*. Parmi les petits quadrupedes, il n'étoit permis à personne de manger les belettes, les chats, ni les ichneumons, qui ne sont point hermaphrodites, & qui n'ont jamais pénétré dans les entrailles d'aucun crocodile : ces fables décréditent autant le jugement

---

(*a*) C'est des Egyptiens qu'est venu l'usage de consacrer aux dieux tous les oiseaux de proie. Voici comment ils étoient distribués.

Accipitres distributi sunt autem & consecrati variis Diis. Perdicarius & Oxypteros *Apollinis ministri sunt, ut ferunt.* Ossifraga & Harpe *sacræ sunt Minervæ.* Plumbario Mercurium delectari aiunt. Junoni dedicantur Tanysipteros : *Dianæ* Buteo *Matri Deum* Mermnus : *alii denique aliis Diis.* Ælian. Lib XII. Cap. 4.

L'aigle étoit consacré en Egypte au dieu Hammon de la Thebaïde, qui est le Jupiter des Grecs. Les corbeaux étoient dédiés à Horus.

sur les Egyptiens & les Chinois. 145

ment de ceux qui les ont contées, que de ceux qui les ont crues.

Quant aux chiens, il est très-faux qu'ils aient perdu, après l'invasion des Persans, l'estime des Egyptiens, comme Plutarque le soutient : car ils ne dévorerent point, ainsi qu'on le croit, le bœuf *Apis* blessé par Cambyse ; puisque les prêtres firent embaumer cet animal, qui mourut long-temps après dans son temple. D'ailleurs les Persans avoient plus de vénération pour les chiens que les Egyptiens mêmes, comme on le sait non-seulement par la coutume des Parsis établis aujourd'hui aux Indes, mais encore par les ordres donnés aux ambassadeurs de Darius Nothus, qui enjoignirent de la part de ce prince aux Carthaginois de ne plus manger des chiens, comme tant de Cynophages de l'Afrique ; & les *Sophétim* promirent au nom du sénat de faire renoncer le peuple à cet aliment (*a*). D'où on peut conclure que cette affaire singuliere, qui devint l'objet d'une négociation, intéressoit sur-tout les mages.

Les animaux, qui vivent de poissons, avoient été sans exception défendus aux prêtres ; & quelques-uns l'étoient aussi au peuple, comme cette loutre du Nil, qu'on voit représentée deux fois sur la Mosaïque de Palestine, & qu'on sait avoir été sacrée dans toutes les provinces, où l'on s'abstenoit aussi de la tadorne, qui est une espece de canard, que beaucoup d'auteurs ont confondue mal à propos avec l'oie, & ce qui est bien pis, avec l'autruche, comme l'antiquaire Spon. L'amour extrême de la tadorne pour ses petits, dont les Egyptiens ont tant parlé, paroît une pure allégorie, & leurs prê-

---

(*a*) *Justin Hist. Lib. XIX. cap. 1.*
Tome I. G

tres en avoient imaginé de semblables, en bien ou en mal, au sujet de tous les animaux ; afin de pouvoir exprimer avec quelque facilité, dans le caractere Hiéroglyphique, les vices & les vertus des hommes. Quoique les canards en général dévorent le frai de poisson, la tadorne fait néanmoins infiniment plus de dégâts dans les étangs & les rivieres où elle pêche presque toujours, au point qu'on l'a nommée castor ou loutre volante : ce qui a suffi pour la faire rejeter du régime sacerdotal, & on a eu des motifs particuliers pour transférer cette observance dans le régime du peuple ; quoiqu'on n'y eût pas transféré celle qui concernoit les pélicans, qui ne sont dans ce pays-là que des oiseaux de passage.

On ne doit point douter que les Egyptiens n'aient eu, tout comme les Hébreux, une loi qui leur défendoit de manger la chair des animaux quadrumanes, quoique leur pays n'en produise aucun : car les deux especes de singes, auxquels on rendoit un culte à Babylon près de Memphis, à Hermapolis & dans une ville anonyme de la Thébaïde, leur étoient apportées de l'intérieur de l'Ethiopie : ce qui prouve qu'ils ont continuellement entretenu une bien plus grande correspondance avec les Ethiopiens qu'on ne seroit tenté de croire ; mais on ne sait si c'est le cébus ou le cynocephale qui a donné lieu à l'erreur de Porphyre, qui prétend que les Egyptiens avoient un temple particulier où ils adoroient un homme vivant : comme cela n'est assurément point vrai, il s'ensuit que l'un ou l'autre de ces singes a été pris pour une créature humaine par des voyageurs qui s'étoient trompés, ou qui cherchoient à tromper les Grecs, dont la curiosité sur tout ce qui concerne l'Egypte, est telle, dit Héliodore, qu'on ne sauroit l'assouvir. Quant aux ours, qu'on comptoit probablement aussi parmi les quadrumanes, il n'y a pas d'apparence qu'on les ait fait venir de l'Ethiopie où Gesner dit qu'on en trouve en grand nombre (a); puisque ce ne peut avoir été qu'a ceux de la Lybie, qui se montrent encore de temps en temps dans la Basse-Egypte, qu'on accordoit la sépulture vrai-semblablement à Paprémis (b). On connoît deux villes en Europe qui ont entretenu des ours & des cicognes : à la Haye cela n'étoit que singulier. Quand on veut tirer avantage de quelques bêtes sauvages, il vaut alors mieux leur accorder des privileges & les épargner, comme cela est établi à Londres & dans des Colonies Angloises au sujet des vautours : en parlant de ces oiseaux, M. Linnæus fait mention de la célebre loi Egyptienne, qui prononçoit, comme l'on sait, peine de mort contre ceux qui en détruisoient un, & quoiqu'on ait vu renouveller cette sévérité dans les établissements François de l'Amérique contre ceux qui y tuent des vaches, il n'est cependant pas facile de l'excuser ; à moins que les Egyptiens n'y aient été forcés par les dégats des souris, dont les vautours savent purger les campagnes d'une maniere admirable ; & comme ces animaux sont devenus aujourd'hui paresseux, & presque sédentaires dans les environs du Caire,

---

(a) *Historia Animal. in voce Ursus.*

(b) Paprémis étoit une des villes du Typhon, auquel l'ours paroit avoir été consacré : on ignore la position précise de cet endroit ; mais il ne peut avoir été dans un grand éloignement du Nome Nitriotique ou du désert de St. Macaire, le seul canton de l'Egypte où l'on voie aujourd'hui des ours.

où ils trouvent des cadavres en abondance, on sème dans quelques endroits de l'Egypte, ainsi que l'obferve Prosper Alpin, de l'arsenic avec le blé ; ce qui n'est pas à beaucoup près sans danger. La vaine idée de conserver ce qu'on appelle le gibier, a fait exterminer, dans la plus grande partie de l'Europe, presque toutes les races d'oiseaux de proie ; de sorte qu'on n'a plus rien à attendre de leur protection contre les souris, les moineaux, les limaçons & les lapins, ces fléaux des campagnes ; tandis que les oiseaux de proie se laissent plutôt mourir que d'arracher un brin d'herbe, & ç'a été une sagesse de la part des anciens de les avoir consacrés aux Dieux, comme on l'a vu par le passage d'Elien, que j'ai cité tout exprès dans la note.

Il paroît que les prêtres n'avoient défendu d'autres poissons dans le régime du peuple, que ceux qui n'ont pas d'écailles comme le silure, la lamproie & la pernicieuse anguille du Nil, ce qui leur a attiré de la part des Grecs une infinité d'épigrammes, dont quelques-unes se sont conservées dans Athénée & dans l'Anthologie : mais ces Grecs-là ne savoient point, & ne pouvoient même savoir que la chair des poissons sans écailles irrite toutes les maladies qui ont du rapport avec l'éléphantiase & la mélancolie ; parce qu'elle épaissit le sang, & diminue la transpiration. Cette loi générale, dont je parle, étant jointe aux institutions particulieres des provinces & des villes, avoit porté le petit peuple à vivre principalement de végétaux (*a*) ; & ce

---

(*a*) Les Egyptiens n'avoient pendant le cours de l'année qu'un seul jour auquel la loi les obligeoit de manger du poisson : c'étoit le neuvieme du mois *Thoth*. Sur leur maniere de servir le repas, on peut voir Athénée. Lib. IV. Cap. 10.

ne sauroit être qu'à des mostarabes répandus sur la côte occidentale de la mer rouge qu'on doit appliquer ce que dit Hérodote de ces prétendus Egyptiens, qui, selon lui, se sustentoient de poissons sechés au soleil ; pratique qui distingue indubitablement les Ichthyophages, qui n'étoient point des Egyptiens, mais des Arabes mêlés d'Ethiopiens : & quoique ce soit l'usage des géographes de les séparer des troglodytes, on ne risque pas beaucoup à confondre tous ces sauvages les uns avec les autres ; puisqu'ils étoient errants, & ne se reconnoissoient point pour sujets des Pharaons : la plage qu'ils occupoient, est si mauvaise & si aride qu'on ne peut guere y vivre que de poissons, dont le prix étoit anciennement très-modique en Egypte. On l'abandonnoit aux esclaves, ou on le saloit pour l'exporter : cependant comme le P. Sicard a imaginé deux lacs Méris au lieu d'un, il est par là plus difficile d'apprécier ce qu'on dit de l'immense produit de la pêche qui s'y faisoit, mais s'il est question, comme nous ne devons pas en douter, du lac situé près de la ville des Crocodiles, on peut être certain qu'il ne rend pas actuellement un talent d'argent par jour au Tefterdar ou au trésorier du Caire, comme cela étoit sous les anciens rois, à ce que disent des Grecs indignes de toute croyance : car ayant prodigieusement exagéré la grandeur du lac Méris, ils ont par une suite nécessaire exagéré aussi le produit de la pêche.

Il n'y a pas de pays au monde où le regne végétal ait essuyé tant de révolutions qu'en Egypte, où on a continuellement apporté de nouvelles plantes, qui en ont fait tomber d'anciennes dans le plus profond oubli, & à tout cela s'est encore jointe la négligence des Turcs, qu'en de telles choses il suffit de nommer.

Les Romains avoient fait une loi très-sage, qui s'est conservée parmi les monuments de leur jurisprudence, & par laquelle ils défendoient bien férieusement de couper ces beaux arbres, nommés *persea*, qui étoient si utiles à l'Egypte, & qui y prospéroient mieux qu'ailleurs. (*a*) Cependant aujourd'hui il n'est pas facile d'en retrouver quelques-uns. Cet exemple, que je rapporte, donnera une idée de tous ceux que je passe sous silence.

Il faudroit descendre dans des détails immenses, & qui feroient ici fort déplacés, si l'on vouloit faire connoître distinctement toutes les plantes alimentaires, que les anciens Egyptiens ont cultivées avec un succès qui prouve autant leur industrie que leur amour pour l'agriculture. Mais on ne peut se dispenser de faire quelques observations sur leurs différentes espèces de nymphées ou de *lotus*, dont l'histoire, long-temps très-confuse aux yeux même des botanistes, est actuellement bien éclaircie.

La nymphée dont la racine produit la colocase, & qui porte des semences grosses à-peu-près comme des fèves, dont chacune est renfermée dans un logement séparé, *loculis monospermis*, n'a jamais été une plante indigene ou naturelle de la basse-Egypte; mais on l'y semoit, & dès qu'on a cessé de la semer, elle est disparue, au point qu'il n'en existe plus une seule tige dans tout ce grand district de pays, qui est entre le Caire, Alexandrie & Tineh, où les rives du Nil & les bords des canaux en étoient anciennement couverts & comme couronnés, ce qu'on nommoit proprement la parure de l'Egypte.

(*a*) Voyez la loi *de Perfetis per Egyptum non excidendis vel vendendis. Cod. Lib.* I.

sur les Egyptiens & les Chinois. 151

Outre cette nymphée, les Egyptiens en ont cultivé une autre, appellée par les Latins *Lotometra*, & dont la graine très-menue servoit à faire une sorte de pain connu sous le nom de *cace*, & que Pline a tant vanté qu'on pourroit être tenté de faire à cet égard des essais en Europe, & il y a quelque apparence qu'on tireroit plus d'avantage de la graine que de la racine, comme je le dirai encore en parlant de la Chine.

Ce *Lotometra*, qui s'étoit fort perfectionné par la culture, est aussi disparu, de sorte que les Turcs & les Arabes n'ont plus que la nymphée sauvage, qui croît d'elle-même dans les eaux du Nil, & dont on mange au Caire la racine, comme les anciens, sous le terme de *corcium*.

De tous les monuments Egyptiens, dans lesquels on reconnoît la nymphée à Colocase, il n'y en a pas de plus caractéristique que celui d'une offrande faite par des prêtres à une statue d'Osiris, qu'on conserve au palais Barberini à Rome : là on distingue les feuilles, les fleurs, le calice, la capsule & toutes les parties de la fructification au point qu'il n'est pas possible de s'y tromper dès qu'on a étudié la botanique. (*a*)

On pourroit ici témoigner de la curiosité sur ce que ce peut avoir été que cette singuliere expérience, qu'on faisoit tous les ans en Egypte avec les semences alimentaires, & dont Palladius est le seul auteur agronome, qui ait conservé le souvenir. (*b*). Au mois de juin on ex-

---

(*a*) Cette plante ne differe en rien de la *Nymphæ Nelvmbo* de Linnæus n. 653. & Tournefort 261.

(*b*) *Græci asserunt Ægyptios hoc more proventum futur cujusque seminis experiri. Aream brevem loco subacto &*

posoit a l'air libre des échantillons de toutes les différentes especes, ou on les laissoit jusqu'au lever de la canicule : alors on jugeoit de l'état dans lequel on les trouvoit plus ou moins desséchées, & on distinguoit à de telles marques, celles qui donneroient une bonne recolte d'avec celles qui ne prospereroient pas cette année-là.

Mais je soupçonne, non sans beaucoup de raison, que ce que Palladius ou les Grecs qu'il cite, nous ont donné pour expérience, a été un usage religieux ou politique, par lequel le gouvernement arrêtoit, quand il vouloit, la culture de certaines plantes, comme celle du *raphanum* & du pavot, sur lesquels il y avoit souvent plus à gagner que sur le blé ou plutôt l'*olyra*, & principalement dans la Thébaïde où l'on tiroit du pavot l'*opium* le meilleur, sans contredit, qui se soit fait dans le monde entier, & cela est encore à peu près ainsi de nos jours. On a même prétendu que les sucs concrets de cette nature, qu'on reçoit de la Capadoce, de la Paphlagonie & de l'Inde, ne produisent point à beaucoup près des rêves aussi agréables & aussi ravissants que le véritable *opium* de Thebes, quoique M. de Méad, qui a écrit sur cette ma-

---

humido nunc excolunt : in eâ divisis spatiis omnia fumenti vel leguminum semina spargunt. Deinde in ortu caniculæ, qui apud Romanos quarto decimo calendarum Augustarum die tenetur, explorant quæ semina ortum sidus exurat, quæ illæsa custodiat. His abstinent : illa procurant, quia indicium noxæ aut beneficii per annum futurum generi unicuique, sidus aridum præsenti exitio vel salute præmisit. De re rustica in Jun. IX.

Il paroît que la plupart de ces graines avoient déja germé au lever de la canicule, & que vers le soir de ce jour-là on examinoit celles dont le germe s'étoit brûlé ou desséché.

tiere un traité très-intéressant, ne paroisse admettre aucune distinction entre ces narcotiques. Cependant il peut en être de cela comme des différentes especes de vin, qui ne produisent pas toutes la même espece d'ivresse.

Il n'y a pas beaucoup d'apparence que les racines du *burd* ou du papyrus aient servi à nourrir le peuple en Egypte, comme M. le comte de Caylus l'a cru sur la foi des anciens & surtout de Théophraste, qui convient lui-même qu'il n'étoit pas possible de manger de telles racines, qu'on se contentoit, dit-il, de sucer à cause de leur douceur. (*a*) Cette circonstance donne bien à penser qu'on a échangé un roseau avec un autre, & qu'il est réellement question de la canne à sucre, qui croît d'elle-même dans ce pays-là, & qu'anciennement on mâchoit verte, ou seulement séchée dans des fours; parce que le secret d'en exprimer le miellat avec de cylindres, & de le figer au moyen du feu, étoit alors inconnu aux Egyptiens, par une ignorance semblable à celle des Chinois, qui, pendant plusieurs siecles, n'ont su tirer le sucre des cannes, qui croissoient dans leurs marais; & ils avouent l'avoir appris d'un étranger, & en cela ils sont très-croyables.

C'est aux Indiens qu'on doit cette découverte, que les Arabes porterent aussi sous les Kalifes en Egypte, où le peuple a encore aujourd'hui la coutume d'employer les cannes vertes : (*b*) car on n'y fait qu'une petite quantité de sucre, dont

---

(*a*) *Hist. Plantarum. Lib. IV. Cap. IX.*

Le mot de *Berd* employé par le comte de Caylus pour désigner le roseau, qui fournissoit le papier, est un mot corrompu, pris de Prosper-Alpin; il faut constamment écrire *Burd*.

(*a*) *Arvieux Voyages au Levant*, Tom. I. p. 175.

le meilleur est réfevé pour le férail de Constantinople, où le Pacha du Caire devoit l'envoyer par forme de tribut.

Au reste, il faut obferver que le rofeau *sari* qui croissoit dans les eaux du Nil, & le jonc *achéroès*, qui provenoit dans les environs du lac Méris, n'ont aucun rapport avec la canne à fucre, que quelques-uns croient reconnoître parmi les plantes de la table Ifiaque. (*a*)

Il faut maintenant parler de l'incubation artificielle, telle que les Egyptiens l'ont pratiquée anciennement, & telle que les Chinois la pratiquent aujourd'hui. On ne trouve pas, que je fache, dans l'hiftoire, d'autres nations qui aient fait ufage de ce procédé fingulier, foit qu'elles n'aient pu en approfondir les principes, foit que leur climat s'y foit oppofé, comme celui du Nord de l'Europe femble s'y oppofer effectivement. Et c'est là une difficulté qu'on n'eût pu furmonter par l'adreffe des Egyptiens que M. de Maillet propofoit, dit-on, d'envoyer en France, pour y donner des leçons & corriger l'imperfection de la méthode de M. de Réaumur. C'est l'invincible attachement pour leur patrie, qui a vrai-femblablement empêché ce voyage, de quelques payfans des environs du Caire; mais je crois qu'ils ne feroient jamais parvenus à dimi-

---

(*b*) Comme la table ifiaque a été faite en Italie, la repréfentation des végétaux n'y eft peut-être pas des plus exactes.

Soit que la chicorée, qui fe plaît tant en Egypte, ait été prefcrite au peuple par une loi expreffe, comme Moïfe la prefcrivit, dans certains cas, aux Hébreux, foit qu'il ait eu pour cette plante un penchant particulier; il eft certain qu'il en a fans ceffe fait un grand ufage; & l'on reconnoît parmi les efpeces les plus en vogue l'*Hippocheri*, la *Condrilla*, & l'*Intubum erraticum*.

sur les Egyptiens & les Chinois. 155

nuer la mortalité parmi les poussins, ni à prévenir la coruption ou l'avortement d'un grand nombre d'œufs exposés à la chaleur des fours, des lampes ou du fumier. Ces hommes transplantés sous un autre ciel, auroient vu leur routine se déconcerter, auroient voulu avoir recours au thermometre, seroient tombés dans tous les embarras dont on vouloit sortir, & auroient dit pour excuse, qu'ils n'avoient pas avec eux leur Scheic. On sait qu'en Egypte les Scheics Arabes commencent par se deshabiller tout nus, se couchent sur les fours au moment qu'on les échauffe, & récitent dans cette attitude une priere, pour laquelle le peuple paye ces charlatans qui lui font accroire que sans eux on n'amene pas les poulets à terme.

Il y a lieu d'être surpris que les anciens prêtres de l'Egypte qui avoient d'ailleurs des connoissances assez étendues sur une infinité de choses, aient manqué de sagacité en un point essentiel : ils n'avoient pas découvert la méthode des fours ; & ne paroissent pas même en avoir soupçonné la possibilité, comme il est aisé de le démontrer.

Aristote, le plus ancien auteur qui ait parlé de la maniere de faire éclore les œufs en Egypte, dit qu'on n'employoit que la chaleur du fumier ; (*a*) Antigone, qui vivoit plusieurs siecles après Aristote, dit la même chose. (*b*) Pline, qui écrivoit avant Antigogne, dit encore la même chose. (*c*) Enfin, l'empereur

---

(*a*) *Historia Animalium. Lib.* VI. *cap.* 2. *init.*

(*b*) *Hist. Mirab. collectanea. cap.* 104. *page* 80.

(*c*) *Historia Nat. Lib* X. *cap.* 54. Pline a traduit mot pour mot les expressions d'Aristote.

Hadrien, qui avoit parcouru toute l'Egypte, & examiné ses singularités avec attention, s'exprime en ces termes, dans la lettre à Servien.

» Je ne souhaite autre chose aux Egyptiens, sinon
» qu'ils continuent à se nourrir de leurs poulets,
» qu'ils font éclore d'une maniere que j'aurois
» honte de vous conter, *pudet dicere*. (a)

Tous ces témoignages réunis prouvent que la méthode des fours a été inconnue dans ce pays jusqu'à l'an 133 de notre ere, & peut-être long-temps après. Car j'ignore quand & comment on est parvenu à la découvrir. Si les Egyptiens avoient eu des telles machines, ils n'auroient pas manqué de les montrer à l'empereur Hadrien, qui marquoit tant de horreur pour des poulets nés dans le fumier. Quoique je ne prétende pas insinuer qu'il y ait quelque ombre de bon sens dans les expressions qu'emploie ce prince, qui venoit d'élever, sur la rive Orientale du Nil, un Temple au profane Antinoüs. Et voilà ce qu'il auroit dû avoir honte de conter : car le culte des animaux valoit encore beaucoup mieux que ce culte là.

Il se peut que les prêtres attachés trop opiniâtrement aux anciennes observations recueillies sur la maniere dont les œufs d'autruches & de crocodiles déposés dans le sable, viennent à éclore, ne s'étoient pas même mis en peine de faire des recherches & des expériences ultérieures. Cependant, ce qui prouve que leur procédé n'étoit pas le meilleur, c'est qu'on l'a entiérement abandonné aujourd'hui en Egypte ; ce qui ne seroit jamais arrivé, s'il n'eût renfermé plus de difficultés dans la pratique, que celui des fours.

Comme par une constitution particuliere du

(a) *Vopiscus in Saturn.*

régime diététique, les pharaons, les grands officiers de la couronne, & les personnes attachées à la classe sacerdotale, se nourrissoient principalemant de chair d'oies, il avoit bien fallur chercher un moyen pour multiplier cette espece de volailles, dont on détruisoit un nombre étonnant, & même pour les sacrifices. Ce qui revolta un peu les Romains, lorsqu'on établit à Rome le culte d'Osiris & d'Isis, qui exigeoit pour ses premieres victimes, les gardiens du capitole.

Nec defensa juvant capitolia, quo minus anser
Det jecur in lances, Inachi, lauta tuas.

Tout cela avoit engagé les Egyptiens, comme Diodore l'observe, à faire éclore artificiellement les œufs d'oies, & on pourroit s'imaginer que cette incubation réussiroit moins mal dans le Nord de l'Europe, que celle qu'on y a essayée sur les œufs de poules, qui sont sujettes à beaucoup de maladies, & dont les petits ont à chaque instant besoin d'être rechauffés.

Il y a eu en Egypte des villages & des bourgades entieres qui ont contracté le nom de *Chenoboscion* & où on ne nourrissoit que des troupeaux d'oies, suivant une méthode particuliere, qu'on prétend s'être conservée parmi les juifs, & ce n'est pas là le seul usage qu'ils aient retenu d'un pays qu'ils ont tantôt maudit & tantôt regretté; tellement qu'on ne pourroit savoir au juste ce qu'il en faut penser. Les prêtres ont sans doute eu des raisons qui nous sont inconnues, pour donner la préférence à ces oiseaux dans leur régime; mais dèsqu'ils présentoient la moindre apparence de quelque maladie épidémique, ils renonçoient à cet aliment, y faisoient renoncer aussi le souverain, & ne se nourrissoient plus alors que de pigeons, comme on peut s'en convaincre par le paſſage d'Horus Apollon que l'on cite dans la note. (*a*)

Il paroît très-remarquable qu'on ait préciſément choiſi des pigeons durant les temps de contagion, comme les animaux les moins ſujets à en être atteints, tandis que de tous les oiſeaux domeſtiques, ils ſont les ſeuls qui eſſuyent une maladie aſſez ſemblable à la petite vérole, ce qui rend alors leur chair mauvaiſe & peut-être auſſi pernicieuſe.

Après avoir fait à cette occaſion des recherches, je n'ai pas trouvé d'auteur ancien chez lequel il ſoit fait la moindre mention de cet accident, d'où j'ai conclu que c'eſt une maladie nouvelle. Car Varron & Columelle, qui entrent dans de ſi grands détails ſur la maniere de ſoigner & d'élever les pigeons, (*b*) n'auroient pas manqué de parler de cette indiſpoſition à laquelle ils ſont aujourd'hui ſujets, s'ils avoient connu

―――――――――――

(*a*) *Purum autem columba animal eſſe videtur. Si quidem cum aëris conſtitutio peſtilens eſt, omniaque tam animata quam inanimata, eâ afficiuntur, quotque hoc veſcuntur animali, ſoli ab hac lue immunes ſervantur. Ideoque eo tempore Ægyptiorum Regi in cibo ſumendo nihil aliud præter columbas apponitur, idemque iis, qui, quod Diis miniſtrent, puri caſtique permanent.* Hieroglyph. Lib. I. cap. 56.

Cette ancienne coutume de ſe nourrir de pigeons eſt encore fort en vogue de nos jours en Egypte : auſſi y trouve-t-on plus qu'en aucun autre pays, un nombre prodigieux de colombiers, que les Turcs comptent parmi les plus grandes richeſſes de cette contrée. On peut conſulter là-deſſus les voyages de la Bruyn, chap. 34.

Pour ce qui eſt des tourterelles, il y en a en Egypte ; mais il étoit anciennement défendu aux prêtres d'en manger.

(*b*) *Varro de Re Ruſtica. Lib. III. Cap. 7. Columel. Lib. VIII. Cap. 8.*

comme nous la forte de lepre qui les dévore de temps en temps, & sur-tout lorsqu'ils se nourrissent de sarrasin ou de blé noir, originaire de ce même pays d'où est venue la petite vérole des enfants : car il n'y a pas de doute que ce ne soient les Croisés, qui les premiers ont apporté la graine du sarrasin ou du *fagopyrus* de l'Asie, pour en essayer la culture en Europe. On peut être sûr que les anciens Egyptiens, contraints par la nature du climat & par la force des loix, à veiller sans cesse sur leur santé, & à examiner les qualités de leurs aliments avec un scrupule inconnu aux autres nations, ne se seroient jamais déterminé à nourrir des pigeons, s'ils avoient apperçu en eux le moindre symptôme d'une maladie vérolique. Et cette observation peut bien porter jusqu'à l'évidence, ce qu'on vient de dire de la nouveauté de ce mal, qu'Aristote, Pline, Élien & Phyié ont aussi peu soupçonné dans ces oiseaux que Varron & Columelle ; & si les anciens Syriens se sont obstinés à ne les point manger & à les laisser voler par grosses troupes dans toutes leurs villes, ce n'a été que par un motif de superstition ; (*a*) parce que le pigeon étoit le symbole de leur pays, & les premiers souverains de l'Assyrie en ont constamment porté la figure dans leurs drapeaux & dans leurs armoiries, comme Bochart le prouve dans son *Hiérozoicon*.

On observera ici en passant qu'on ne trouve pas la moindre mention, dans les véritables monuments des Égyptiens, touchant un procédé que tant d'auteurs anciens, comme Antigone & Virgile leur ont attribué par rapport aux abeil-

---

(*a*) Voyez *Tibulle élégie 8. Lib. 1.* --- *Philon chez Eusebe Preparat. Evang. Lib. VIII.*

les, & je ne doute nullement que les prêtres n'aient imaginé tout exprès cette fable pour tromper les étrangers. Voici ce qu'ils ont pu réellement savoir : ils ont pu faire éclore le couvin d'abeilles dans les étables de leurs bœufs sacrés, ces endroits étant pour cela assez échauffés. Cette méthode, restée très-long-temps cachée, est de nos jours très-connue, & il n'y a rien de plus facile à pratiquer ; mais il est rare qu'on ait besoin de le pratiquer.

On sait que dans ce superbe poëme des *Georgiques*, le secret de Virgile consiste à soutenir chaque suite de vers didactiques par des épisodes dont le plus remarquable est certainement celui qui concerne la méthode de créer des abeilles ; mais ce n'est pas, comme on a cru, pour copier un passage du quatrieme livre de l'Odyssée, qu'il introduit là Protée : car suivant des traditions purement Grecques, Protée avoit été roi d'Egypte, ainsi on le suppose instruit des arts de son pays, où l'incubation artificielle du couvin peut avoir été connue dès la plus haute antiquité : mais si ce n'est point cela qui a donné lieu à tant de fables, ce seroit alors la pratique qu'ont les Egyptiens de faire paroître tout à coup des abeilles dans des endroits où l'on n'en voyoit pas quelque temps auparavant : car ils embarquent les ruches, & les font voyager le long du Nil, pour occuper d'autant mieux les mouches, qui vont ainsi en batteau de la Thébaïde vers le *Delta* : pendant tout le jour, elles travaillent dans les campagnes, & reviennent le soir coucher sur le fleuve.

Le premier voyageur qui ait parlé de l'incubation artificielle, usitée à la Chine, a été Mendoza, dans une relation qui parut vers l'an 1585, & que le P. Martini s'est contenté de copier, sans recueillir de nouvelles observa-

sur les Egyptiens & les Chinois. 161
tions. (*a*) Cependant le rapport de ces missionnaires est si inexact, qu'il ne faut pas s'étonner que Willughby, qui n'a pu puiser d'autres sources, ait donné là-dessus des notions si peu satisfaisantes en son Histoire des Oiseaux. C'est à un mémoire envoyé de la Chine en 1754 à l'académie de Stockolm par M. Eckerberg, qu'on est redevable de pouvoir en parler positivement (*b*). D'abord les Chinois n'emploient pas de fumier ; ils ont des caisses de bois qui ne ressemblent en rien aux fours qu'on voit aujourd'hui dans tant d'endroits de l'Egypte. Ce ne sont que des boîtes carrées, hautes à peu près d'un pied qu'on pose sur une plaque de fer, sous laquelle se trouve le fourneau qu'ils chauffent avec du bois à demi-vert, & qui brûle lentement : on range les œufs sur une couche de sable qui est au fond de la caisse dont on recouvre l'ouverture avec des nattes. Ceux qui sont à portée de consulter Mendoza, verront avec quelle négligence il avoit observé cette pratique qu'il semble avoir décrite d'imagination.

Il n'y a que les œufs de canard que les Chinois soumettent à l'incubation artificielle, & non ceux de poules ou d'oies. Pour peu que le feu soit trop poussé, le sable dont ils se servent s'échauffe quelquefois tellement que les canetons paroissent deux jours avant le terme. Mais ceux qui les attachent, les reconnoissent par une expérience infaillible : ils les suspendent par le bec, & si alors ces animaux ne remuent pas les

---

(*a*) *Atlas Sinicus* fol. 104. Col. A. — *Kircher China illustrata* fol. 198. col. A.

(*b*) Ce mémoire a été traduit en Allemand sous le titre de *Bericht von der Chinesischen Landwirthschaft* ; & c'est de cette traduction que nous avons fait usage.

pattes, s'ils ne déploient point les aîles & se laissent prendre, c'est une preuve que leur incubation a été précipitée, qu'ils sont précoces, & qu'ils ne vivront point jusqu'au terme de l'adolescence. D'où il résulte que la chaleur trop graduée dans cette opération, affoiblit principalement les muscles & les nerfs, qui sont, comme on sait, d'une force singuliere dans les aîles des oiseaux qui volent beaucoup, & d'une force singuliere dans les pattes des oiseaux qui nagent beaucoup. Il se peut qu'il n'est pas même indifférent, par rapport aux animaux vivipares, de les tenir dans des endroits trop échauffés pendant le temps de leur gestation.

Comme les troupeaux de canards, dont on fait à la Chine une si prodigieuse consommation, sont principalement élevés par les familles qui n'ont d'autre demeure que leurs barques, la chaleur des loges où ces gens se retirent, & où ils conservent les œufs, a pu leur indiquer le procédé de l'incubation dans les provinces les plus méridionales de l'empire : car on ne le pratique pas aux environs de Pekin. On voit donc bien que c'est par un pur effet du hazard, que les Egyptiens ont eu en cela quelques conformités avec les habitants de la Chine, puisque dans tous les autres points qui ont rapport à la maniere de se nourrir, ces peuples different essentiellement entre eux, & ne se ressemblent par aucun côté.

Les Chinois n'ont jamais eu de régime diététique, prescrit par les loix & consacré par la religion. La chair d'aucun animal ne leur a été défendue : la distinction entre les poissons à écailles, & ceux qui n'en ont pas, leur est inconnue. Ils ne paroissent avoir de la répugnance pour rien, ni de l'horreur pour rien : ils mangent des rats, des chauves-souris, des hiboux, des cicognes, des chats, des blaireaux, des chiens, (*a*) des vaches, repas vraiment abominable aux yeux d'un Egyptien.

Pour ce qui fait le fondement de la nourriture ordinaire du peuple dans la plûpart des provinces, c'est d'abord le riz; ensuite les fruits, les herbes, le poisson, les canards & sur-tout les cochons : il est vrai que l'espece qu'on y éleve, n'est pas absolument la même que celle qu'on voit répandue en Europe & dans le reste de l'Asie, si l'on en excepte le royaume de Siam où la race Chinoise s'est multipliée, & d'où on l'a transplantée dans quelques isles de de l'Archipélague Indien & même jusqu'en Amérique. Quoique ces animaux ne soient pas aussi portés que les nôtres, à se rafraîchir sans cesse dans la boue, leur grand nombre infecteroit cependant les villes de la Chine où ils marchent par troupes, si les cultivateurs des environs n'avoient soin de faire netoyer les rues : comme avec tout cela on les nourrit beaucoup de poisson dans les provinces maritimes, leur chair en devient quelquefois mauvaise, huileuse, & on soupçonne qu'elle contribue à aigrir la maladie des yeux parmi les Chinois : de sorte qu'un régime ne leur eût pas été inutile, & sur-tout lorsqu'on considere que chez eux les hommes & les femmes sont également sujets à une espece particuliere de lepre conta-

---

(*a*) Brand, (*Reise nach China* p. 209) dit que c'est sur tout pendant les plus grandes chaleurs de l'été que les Chinois mangent des chiens ; parce qu'ils s'imaginent que cela rafraîchit le sang.

gieuſe, (*a*) maladie que les loix y ont comptée parmi les cauſes qui peuvent faire diſſoudre un mariage légitimement contracté ; ce qui prouve de la maniere la plus évidente que leurs médecins n'ont jamais été en état de guérir cette indiſpoſition ; ſans quoi on n'eût pas imaginé qu'un mal paſſager puiſſe faire ceſſer une union qui ne doit pas l'être.

Rien n'eſt certainement plus oppoſé à toutes les inſtitutions des Egyptiens que le précepte attribué tantôt à *Fo-hi*, tantôt à *Tchuen-hio*, & quoiqu'il ne ſoit probablement ni de l'un, ni de l'autre, ce n'en eſt pas moins un précepte très-ancien : il concerne les animaux qu'on eſt obligé de ſacrifier pendant les différentes fêtes de l'année, & qui conſtituent ſix genres nommés vulgairement *Pao-chi*, c'eſt-à-dire, le bœuf, le cheval, la brebis, le chien, la poule, & enfin le cochon, dont le ſang coule à grands flots en l'honneur de tous les Dieux, & en l'honneur de cet homme qu'on nomme Confucius, dont les jéſuites ont fait un ſi grand philoſophe, & pour le prouver, ils aſſurent qu'il prophétiſa la venue du Meſſie, ce qui eſt bien la plus mauvaiſe preuve qu'il étoit poſſible d'alleguer en de telles choſes.

Comme jamais les Chinois n'ont rendu de culte aux animaux, il s'enſuit naturellement qu'ils n'ont pu avoir la moindre idée du régime obſervé dans les préfectures de l'Egypte. La religion de ces deux peuples ne ſe reſſemblant en rien, tous les uſages, qui dérivent immédiatement de la religion, different auſſi chez eux. Je ne dirai point qu'il y auroit de l'opiniâtreté,

_____

(*a*) *Salmon, Etat préſent de la Chine.* T. I. page 229. Edition de Hollande.

mais je dirai qu'il y auroit de l'aveuglement à n'en pas convenir.

Ce seroit une chose étrange d'objecter que les Egyptiens envoyerent une colonie à la Chine avant que d'avoir adopté le culte des animaux ; puisque Mr. de Guignes, qui a tant insisté sur le départ de cette prétendue colonie, assure qu'elle ne se mit en voyage au plutôt qu'en l'an 1122 avant notre ere ; & alors le culte des animaux étoit dans toute sa vigueur. L'époque de M. de Mairan, qui avoit choisi Sésostris pour conducteur de ce peuple d'émigrants, n'est pas plus admissible ; puisque Manethon, l'historien le mieux instruit de toutes ces choses, dit que les bœufs de Memphis, d'Héliopolis, & le bouc de Mendès avoient été consacrés avant la naissance de Sésostris. (*a*) Cependant il faut regarder la consécration de ces trois animaux comme la derniere dans l'ordre des temps ; puisque toutes les pratiques religieuses étant venues de la haute-Egypte dans la basse, il s'ensuit que le belier de Thebes & le bœuf d'Hermunthis étoient plus anciens que le *mnévis* & l'*apis*.

Si l'on objectoit encore, que les Egyptiens, loin d'avoir donné leur religion aux Chinois, ont oublié leur propre religion à la Chine, je dirois que ce n'est guere connoître le génie des peuples Orientaux, dont le culte est chargé de beaucoup d'observances qu'on retient plus opiniâtrement qu'on ne retient des dogmes. En voici bien des exemples tirés de l'histoire même des nations étrangeres, établies à la Chine.

(*a*) Syncel. Chronograph. p. 54.

Les *Kin-Kiao* ou les Juifs, qui s'y tranſplanterent avant notre ere vulgaire, y ont conſervé toute leur horreur pour la viande de cochon, s'y coupent encore le prépuce, y célebrent encore la pâque, & s'ils n'y rognent point les monnoies, c'eſt qu'il n'y a pas là des monnoies qu'on puiſſe rogner. Il en eſt de même des Mahométans, qui s'établirent dans cet empire vers le neuvieme ſiecle : rien n'y a altéré les points eſſentiels de leur croyance. Il en eſt encore ainſi des Parſis ou des Guebres, qui s'y refugierent, ſuivant quelques auteurs, vers l'an 500 ; quoiqu'il paroiſſe que ce ne ſoit qu'au temps où la Perſe tomba ſous le joug des Muſulmans, que quelques-uns de ces malheureux allerent chercher une nouvelle patrie, & porterent avec eux les livres du *grand & petit chariot*, qu'on a depuis traduits en Chinois. Il en eſt encore ainſi des Tartares, qui ſuivent la religion du grand Lama, & qui formerent leurs principaux établiſſements à la Chine ſous la dynaſtie des Mongols. Quant aux Indiens, qui ont apporté aux Chinois le culte de *Fo*, tout le monde ſait que leur doctrine, loin d'avoir dégénéré, a au contraire ſubjugué l'eſprit de preſque toute la nation.

Ainſi les Egyptiens qui ont policé la Chine, comme on le prétend ſi ridiculement, ſeroient les ſeuls qui n'auroient pu ni y faire adopter, ni y conſerver leurs inſtitutions religieuſes. Mais on voit de plus en plus qu'il y a bien de la différence entre des ſyſtêmes puériles, hazardés ſur des apparences trompeuſes, & une longue ſuite de recherches où les choſes, étant beaucoup mieux expoſées, ne ſauroient produire aucune illuſion. Je finis ici cette diſgreſſion.

On ſait que la vigne eſt connue dans quelques provinces de la Chine; mais on n'a jamais pu parvenir à en tirer une bonne liqueur; quoique les jésuites n'aient rien négligé à cet égard, en faisant une infinité d'essais dans les jardins de leurs couvents de Pekin. Ce qu'on y appelle *vin de mandarins*, (a) est un breuvage si désagréable, que les empereurs de la Dynastie actuellement régnante, ont préféré de faire venir du vin d'Espagne, sur lequel les négociants ont d'abord gagné cent pour cent, & ensuite ils ont perdu: car en 1754, il arriva par un cas singulier, qu'à Canton, aux extrémités de notre hémisphere, le vin de Xerès coûtoit moins qu'à Cadix; parce que trop de vaisseaux en avoient apporté qu'on ne put vendre; l'exemple du souverain, qui est, comme on sait, d'une famille étrangere, n'ayant pas influé sur les inclinations du reste du peuple, qui aime mieux une boisson qu'on nomme *skietesaoa*, & vulgairement *sampsu*, dans laquelle on ne trouve aucun rapport avec le *zythum*. Car elle n'est point brassée; mais comme distillée grossiérement du riz, & a, tout au moins à Canton, le goût de la plus mauvaise eau-de-vie de grain qu'on fasse en Europe. Les Chinois boivent cette liqueur chaude, comme toutes celles dont ils usent: & on peut dire qu'en cela ils sont uniques.

***

(a) On ne sait pas encore précisément si ce vin est une véritable expression de raisin, ou de quelque autre fruit du genre des groseilles: au reste on ne le confondra pas avec le *Tarassum*, qui est une eau de vie que les Tartares boivent à Pekin.

Quant aux huiles factices, les Chinois emploient celle de sésame, de rave, d'olive, de *Tong-yeou*, de *Tcha-yeou* & de Ricin. Ces dernieres especes n'entrent pas dans les aliments.

La qualité des eaux, dans toute l'étendue de leur empire n'est, généralement parlant, point des meilleures : parce que dans de certains endroits elles sont saumâtres, & paroissent être, en d'autres, légérement atteintes d'un principe de sélénite, qui se trouve peut-être dans cette couche schisteuse, entrecoupée de veines de charbon fossile, qui se prolonge sous terre, à ce qu'on prétend, d'une extrêmité de la Chine à l'autre. Le limon jaunâtre du *Hoang-cho* paroît être dû à une substance ferrugineuse, ainsi que la couleur rougeâtre de la riviere *Tan* : le *Mekiang* charrie des particules vitrioliques : les eaux du *Hiao* sentent le bitume : celles du *Cungyang* sont savoneuses à cause de leur alkali. D'ailleurs le pere le Comte observe, dans ses *mémoires sur la Chine*, que la plûpart des fleuves, & sur-tout dans les temps de pluie, n'y sont que d'immenses torrents de boue ; parce qu'ils se précipitent de fort haut, & entraînent en descendant des montagnes, toutes les terres délayées. Quant aux rivieres de la province du *Petcheli*, Martini prétend qu'elles contiennent une quantité si étonnante de nitre que la glace s'y forme plutôt, & s'y fond plus tard que cela ne devroit être, eu égard à la latitude de son climat, que M. Linnæus assure être plus rigoureux que celui de la Suede, où il a élevé des plantes que la gelée tue aux environs de Pekin, quoique plus méridional de près de vingt degrés. On a bien dit que le vent en souflant de dessus les neiges de la Sibérie & de la Tartarie par le rumb du Nord, précisément sur la capitale de la Chine, y augmente nécessairement l'âpreté du froid : mais après avoir examiné avec attention ce phénomene, je ne doute plus, que le peu de culture qu'il y a dans l'intérieur de la province du *Petcheli*, n'y contribue

bue extrêmement. On peut se former là-dessus des idées assez justes, en lisant la description d'un immense terrein où l'empereur *Canhi* chassa en 1721 avec l'ambassadeur de Russie: cette solitude n'est qu'à deux ou trois lieues de Pekin, & on ne sauroit rien imaginer de plus sauvage, *il y avoit six heures*, dit M. Antermony, *que nous étions à cheval, & quoique nous eussions déja fait quatre milles d'Angleterre, nous ne voyions pas encore le bout de la forêt. Nous tournâmes du côté du midi, & nous arrivâmes dans un terrein marécageux, couvert de roseaux fort hauts, d'où nous fîmes lever quantité de sangliers.* (a)

Au lieu de nous faire remarquer de tels cantons, qui influent beaucoup sur la température de l'air, les jésuites ont mieux aimé soutenir que la quantité du sel nitreux devenoit toujours plus abondante, à mesure qu'on quitte Pekin pour avancer vers la Tartarie; mais comme on ne trouve pas qu'ils aient fait une seule analyse chymique de ce prétendu sel, il faut regarder leurs assertions à cet égard comme très-hazardées. Nous sommes aussi-bien instruits par rapport à Canton: comme il n'y existe pas de sources, toute l'eau qu'on y boit, est puisée dans la riviere, qui ressent le flux à plusieurs lieues au-dessus de son embouchure. Or on conçoit qu'une précipitation, qui ne dure que six heures, & qui n'est jamais parfaite, ne sauroit clarifier l'eau mêlée de limon.

Au reste, à quelque cause qu'on veuille attribuer ce qu'on dit de la nature des eaux de la

---

(a) *Voyage de Petersbourg à Pekin.* Tome 1. page 296. Paris 1766.

Chine, il est certain que l'expérience y a enseigné qu'elles devenoient meilleures par la cuisson & l'addition de quelques feuilles astringentes comme celles du prunier & du théier. (a) Cette découverte s'est faite il y a près d'onze cent ans, comme de certains historiens le prétendent, & il en a résulté une diminution considérable dans l'usage du *sampsu* on de la bierre de riz, qu'on a néanmoins fait chauffer pour la boire dès les temps de la plus haute antiquité, & plusieurs siecles avant la découverte du thé, s'il est vrai qu'on n'ait commencé à le connoître que sous la dynastie des *tang*, ce qui n'est pas croyable.

Je suppose ici pour un instant que le lecteur est instruit de ce qui a été écrit en Europe depuis Duncan jusqu'à nos jours, sur les maux horribles qu'entraîne après soi l'usage des boissons chaudes au sentiment de tant de médecins; mais il suffira de citer Mr. Tronchin, qui parlera pour tous les autres. » Il s'est joint, dit-il, » aux maladies décrites par les anciens, de nou- » veaux maux dont le siege est dans les nerfs, » & qui leur étoient inconnus. Ces nouveaux » maux sont à présent un peu plus de la moitié » des maladies des gens aisés. La vie des fem- » mes a fait des boissons chaudes un amuse- » ment qu'elles se procurent sans peine: car il » ne coûte presque rien ; mais elles souffrent » plus que les hommes. Ces femmes ainsi af- » foiblies sont moins fécondes, & si elles le » sont c'est à pure perte: les fausses couches sont » plus fréquentes ; les enfants, qui échappent » au naufrage, plus foibles & plus délicats. » C'est ainsi que la foiblesse de la race humaine

---

(a) *Osbeck Reise nach Ostindien und China*, S. 256.

» se perpétue, que les maladies des nerfs deviennent héréditaires, & que la propagation diminue. »

De tout ce raisonnement il résulte que le système nerveux devroit être tellement affoibli dans les Chinois, qu'il ne leur resteroit plus assez de force pour engendrer, ni à leurs femmes assez de force pour concevoir. Cependant les Chinoises, qui ne boivent que du thé, qui commencent, & qui finissent leur vie dans la retraite, sont fort fécondes, & elles prétendent que c'est à l'usage des boissons chaudes qu'elles doivent cette flexibilité & cette souplesse de toutes les parties de leurs corps, qui les font enfanter facilement, quoiqu'il s'en faille de beaucoup, comme quelques voyageurs ont pu l'insinuer, qu'elles se passent d'accoucheuses, ainsi que les anciens habitants du Pérou où avant l'arrivée des Espagnols, dit Garcilasso, on n'avoit jamais ouï parler des sages-femmes.

Il ne faut absolument pas croire que le climat fait varier du tout au tout l'effet d'une même cause; puisque nous savons bien, que la population n'a pas diminué en Hollande & en Angleterre depuis l'an 1660; quoiqu'on y ait consommé plus de deux cent millions de livres de thé depuis cette année-là. Ainsi il est difficile de persuader que les boissons chaudes diminuent précisément la fécondité: quoique leur action sur les visceres & sur le sang paroisse réelle. Mais s'il y a un peuple au monde qui ait dû s'en ressentir, ce sont sans doute les Chinois: le mal néanmoins n'est pas tel parmi eux, qu'il le seroit, si Mr. Tronchin n'avoit rien exagéré; & on voit par le poëme que l'empereur *Kien-long* actuellement régnant a composé sur les prétendues vertus du thé, combien on est encore éloigné aujourd'hui à la Chine de soupçonner qu'il altere la constitution dans des parties aussi essentielles que le sont les nerfs, & qu'il entretient cette pusillanimité ou cette poltronerie dont les Chinois sont si généralement accusés ; au point qu'on craint que, tandis que les Tartares Mandhuis combattent pour eux du côté du Nord, ils ne se laissent encore subjuguer du côté du midi par les Péguans. Quoique de certains exemples d'héroïsme, qu'on lit dans leur histoire, soient dûs aux effets de l'*opium*, dont des raisons politiques ont aujourd'hui fait défendre l'importation dans toute l'étendue de l'empire, il est sûr que beaucoup de causes purement morales empêchent les Chinois de s'aguerrir & de s'exercer dans l'art militaire. D'un autre côté, il faut avouer qu'il ne seroit pas facile de procurer à un peuple si pauvre une boisson qui coutât moins que le thé, & qui valût néanmoins plus que l'eau bourbeuse de la riviere de Canton, où le commerce de cette feuille doit avoir considérablement augmenté la population depuis l'an 1500 ; & on juge très-mal de tout l'empire, lorsqu'on n'en juge que par cette ville-là : car les marchands ont déserté plusieurs endroits, & surtout *Emoui*, pour venir, suivant leur coutume, s'accumuler à Canton, (a) où les vaisseaux de l'Europe doivent porter tous les ans des sommes considérables ; parce que jusqu'à présent c'est une observation constante, que les

___

(a) M. Lockyer dit que ce sont la rapine & le brigandage des mandarins, qui ont fait deserter *Emoui*. Mais les mandarins d'*Emoui* n'ont pas été de plus grands brigands que ceux de Canton. Ces deux villes auroient dû être démolies, si l'on avoit rigoureusement exécuté le projet des Tartares.

peuples, qui une fois ont adopté l'ufage des boiffons chaudes, n'y renoncent plus ; hormis qu'on n'ufe à leur égard de violence, comme nous le voyons pratiquer de nos jours dans quelques petits états d'Allemagne, où on eft d'abord plus allarmé par l'exportation de l'argent : mais la violence même feroit inutile en Turquie, où l'ufage des boiffons chaudes trouva cependant dans fon origine des obftacles finguliers & de la part du gouvernement & de la part de la religion. Maintenant rien ne feroit capable d'y faire renoncer les Arabes, les Egyptiens & beaucoup d'autres nations de l'Afie & de l'Afrique, où à tous autres égards les mœurs font immuables. Il femble que ce foit un charme, qui provient moins de la nature même de ces boiffons que du peu qu'elles coûtent, & de cette efpece de pareffe qu'elles entretiennent.

Ce qu'on croit avoir bien remarqué, c'eft que le thé fait pâlir la plûpart des Chinoifes : auffi la mode de fe farder avec la terre de *Niencheu*, & de fe peindre les joues, a-t-elle été portée dans ce pays à un degré qui décele bien le vice qu'on a voulu corriger : il faut cependant que les drogues, dont on s'y fert, foient encore plus pernicieufes que le carmin & la laque de Carthame, qui font éclater l'épiderme, parce qu'ils font avivés par de forts acides. Dans le recueil de Salmon il eft dit que, vers l'âge de trente à trente-cinq ans, le teint des Chinoifes eft entiérement gâté par la violence du fard.

Quand on confidere qu'en général le peuple eft fort fobre à la Chine, & qu'il y boit principalement de l'eau chaude, alors on ne foupçonneroit point qu'il eft plongé fi avant dans la débauche la plus groffiere. Mr. Torren dit qu'il y a lieu d'être très-étonné que les jésuites aient continuellement gardé, dans leurs relations, un profond silence sur ce désordre qu'ils n'ont pu ignorer: (a) mais cela n'est pas exactement vrai ; puisque nous savons que le pere Parrenin a voulu persuader à Mr. de Mairan, que ce débordement n'y étoit pas encore parvenu au même point où on le voit dans d'autres parties de l'Asie ; & en cela le pere Parrenin n'a fait que se conformer aux maximes des missionnaires de son ordre, qui ont constamment tâché de donner une idée trop avantageuse des Chinois, en induisant toute l'Europe en erreur : ces religieux eussent parlé d'une maniere bien différente, si l'empereur *Can-ki*, au lieu de les favoriser à sa cour, les eût expulsés de Pekin ; car quand ils furent expulsés de l'Ethiopie, ils n'eurent rien de plus pressé que de faire représenter dans une estampe l'empereur d'Ethiopie comme un misérable Negre sans souliers & sans chemise. (*b*) Ces relations mensongeres dictées par la haine ou par la passion, m'ont fait rencontrer dans le cours de ces recherches plus d'obstacles & de difficultés qu'on ne pourroit le croire. Tous les voyageurs attestent que les Parsis des Indes vivent d'une maniere irréprochable, en comparaison des Chinois ; & cela sous un climat aussi ardent que l'est celui de la province de Canton. Cette différence ne peut provenir que de ce que les principes de leur morale sont meilleurs que les principes de la morale Chinoise, qui a plus reglé les manieres que les mœurs : elle a consumé

(*a*) *Reise nach Suratte und Chine. Funfter brief.*
(*b*) Cette estampe est à la tête de l'*histoire d'Ethiopie*, par le jésuite Tellez.

sa force dans les petites choses, & n'en a plus eu pour les plus grandes. Quand on confond de vaines opinions, des cérémonies & des rits avec les devoirs les plus essentiels de l'homme, on affoiblit en lui les remords & la conscience qui les donne.

On a cru que l'usage continuel que les Chinois font du *Jaen-saem* influoit aussi sur leur tempérament; mais il faut dire comme une chose avérée, que cette racine ne posséde pas à beaucoup près toutes les vertus qu'on lui a attribuées, même en qualité d'Aphrodisiaque; quoique Mr. Kœnig l'ait placée au premier rang, en y joignant un procédé très-singulier, dont on se sert, à ce qu'il prétend, dans le sérail de Constantinople. (*a*) C'a été une véritable charlatanerie de vendre pendant quelque temps en Europe le *Jaen-saem* à un prix excessif, à un prix presque incroyable. Mais heureusement on s'est bien détrompé à cet égard de nos jours; & au lieu d'aller chercher cette plante à la Chine, on y porte furtivement celle qui nous vient de l'Amérique, & dont les tartares Mandhuis ont défendu l'entrée autant qu'ils ont pu, en déclarant que le *Jaen-saem* du Nouveau Monde ne valoit absolument rien. Comme ces Tartares sont exclusivement en possession de la récolte de cette racine, on voit bien qu'en défendant l'importation des espèces étrangeres, ils entendent mieux leurs intérêts que les Chinois n'entendent la médecine, où ils ont introduit les préjugés les plus bizarres, & qui sont gravés si avant dans leur esprit, qu'on ne sauroit plus les en effacer: on sait qu'ils ont porté l'extravagance jusqu'au point de chercher

---

(*a*) *Regnum vegetabile; in voce Gin-sem.* p. 855.

pendant plusieurs siecles le breuvage de l'immortalité; & ils le cherchent peut-être encore; quoiqu'il ait empoisonné quelques-uns de leurs empereurs, & probablement la plus grande partie de ceux qui l'ont pris. Je pourrai parler ailleurs plus au long de cette composition; mais ici il suffira de dire, que, suivant toutes les apparences, on y a constamment fait entrer du *Jaen sa m*; de sorte qu'on ne sauroit témoigner assez de surprise de ce que des hommes, qui croyoient être médecins, aient renchéri en Europe sur les exagérations puériles qu'on fait à la Chine au sujet de cette plante, dont Deckers a écrit un traité rempli d'autant d'enthousiasme, que l'est celui de Bontekae sur le thé; il paroît que toutes ses qualités se bornent à fortifier l'estomac de ceux qui se nourrissent surtout de poissons & de riz, pour lequel les Chinois ont tant de goût, que c'est malgré eux qu'ils cultivent le blé & le millet dans les provinces du Nord, où ils ont même élevé sur des terres qu'on ne sauroit inonder, une espece de riz sec, qui dans le fond ne differe pas beaucoup d'avec l'orge.

On ne sait pas d'où ils ont tiré la graine de plusieurs plantes qui semblent étrangeres dans leur pays, comme le tabac, dont la culture a envahi des champs d'une étendue prodigieuse. Je n'ignore point que quelques voyageurs ont soutenu que cette plante a été cultivée à la Chine avant la découverte de l'Amérique par les Espagnols; mais quand même cela seroit vrai, il n'en résulteroit nullement, qu'il a existé long-temps, avant Christophe Colomb, quelque communication entre le Nouveau Monde & l'Asie; puisque j'ai prouvé dans les *Recherches Philosophiques sur les Américains*, que l'usage d'avaler la fumée de quelques herbes âcres a été commun à des nations sauvages des deux Continents. Au reste il n'y a pas de doute que ce ne soit par le commerce des Indiens, des Arabes, des Arméniens & même des premiers Portuguais que beaucoup de végétaux exotiques ont été apportés aux Chinois, qui se distinguent de tous les peuples du Monde par leur passion à entretenir des arbrisseaux & des plantes dans des vases, dont ils ornent leurs appartements; & les gens même, qui logent toute leur vie sur l'eau, ne manquent jamais d'en avoir dans leurs barques. En Europe, où on cultive à peu près toujours les mêmes fleurs, on n'a pas fait par ce moyen des découvertes de la derniere importance : mais les Chinois s'attachent indistinctement à toutes sortes d'herbes & d'arbustes; de sorte qu'ils sont parvenus à découvrir des propriétés, que sans cela ils n'auroient pu soupçonner, comme celles de la Sagittaire, qu'ils ont enfin transplantée dans les endroits les plus humides de leurs champs, où ils en font maintenant des récoltes entieres : car la racine en est très-bonne à manger. (a) On a cru que cette plante pourroit convenir dans nos pays, pour tirer un avantage quelconque des marais qu'il est impossible de saigner. Mais quelque facile qu'il soit de faire à cet égard des essais, je doute qu'on y réussisse. Il paroît même que la Nymphée, que nous avons partout dans les étangs & les eaux dormantes, ne sauroit être utile, qu'en cas qu'on voulût en ramasser la graine : car la racine, en supposant qu'on parvînt à la faire grossir, comme cela arrive en Bohême

---

(a) *Sagittaria major radice tuberosâ, sinensibus Succoji-fa dicta.*

& en Italie, auroit probablement une qualité nuisible que lui communiqueroit la terre marécageuse : tout cela n'est pas ainsi dans les pays chauds. Les Chinois ne cultivent point la Nymphée qui croît en Europe : mais bien celle qui produit la fève & la colocase, dans laquelle on reconnoît le même défaut que dans l'ancienne colocase d'Egypte ; c'est-à-dire d'être de temps en temps filamenteuse, & de contenir comme de la bourre, ce que Pline exprime par le terme d'*araneosus*, & Martial d'une maniere beaucoup plus poétique. (*a*) Cette plante qu'on nomme à la Chine *Leen-gao* ou *Kien-hoa* suivant un autre dialecte, y est cultivée également dans les marais, les fossés & les lacs, dont les eaux ont sept ou huit pieds de profondeur ; de sorte qu'on regrette de ne pouvoir la transplanter dans nos pays froids. Les anciens peuples de l'Europe, & surtout les Grecs & les Romains ont fait continuellement des tentatives pour en élever la graine, qui leur venoit d'Egypte ; & quoique Pline prétende que cela a réussi en Italie, on peut douter qu'il ait été bien instruit ; puisque Athénée, qui vivoit longtemps après, assure qu'il n'y a jamais eu qu'un endroit en Epire, où elle ait résisté pendant deux ans.

Comme c'est principalement dans les provinces méridionales qu'ont été faites la plupart des observations qu'on a recueillies sur l'agriculture & l'économie rurale des Chinois, on a cru y découvrir, qu'ils se guidoient sans

---

(*a*). *Niliacum ridebis olus, lanasque sequaces.*
Improba cum morsu fila manuque trahes.
Martial parle de la plus mauvaise espece de colocase.

cesse par deux maximes assez importantes pour qu'on en rende compte, & pour qu'on les examine. On a cru, dis-je, qu'ils employoient peu de bêtes à tous les ouvrages que les hommes peuvent faire, qu'ils ne se servoient point de machines pour faciliter les grands travaux, qu'ils aimoient mieux faire piler le riz à force de bras que de le moudre dans les moulins, & qu'ils préféroient les esclaves aux chevaux pour traîner les barques. L'autre maxime qu'on leur a prêtée, est de ne pas entretenir beaucoup de gros bétail; mais bien des animaux de la seconde ou de la plus petite espece & surtout des volailles.

Je ne disconviens pas que, dans quelques provinces méridionales, les choses ne soient à-peu-près sur ce pied-là: mais en avançant dans le nord de l'empire, on trouve beaucoup de gros bétail; & autant les mulets, les ânes & les chevaux sont rares à Canton, autant ils sont communs à Pekin. Ainsi ce qu'on a d'abord pris pour une regle très-générale, a été arrangé de la sorte par les besoins & les ressources de chaque climat.

Si le peuple ne venoit pas continuellement s'entasser dans les environs des villes, on pourroit bien y faciliter les plus durs & les plus longs travaux par des machines; mais l'introduction en seroit aujourd'hui dangereuse, ou pour mieux dire impraticable; comme dans beaucoup d'autres gouvernements despotiques, où il paroît que la sûreté diminue à mesure qu'on s'éloigne des grandes villes, tellement que beaucoup trop de monde s'y refugie. On ne croiroit pas, en voyant la population de Constantinople, d'Alep & du Caire, que les états du Grand-Seigneur sont dans un délabrement qu'on ne sauroit ni exprimer, ni dépeindre. Cependant, dans des temps beaucoup moins funestes, l'établissement de l'imprimerie occasionna un grand soulévement dans Constantinople, & il fallut nécessairement y renoncer. Or il en est à-peu-près à cet égard des copistes Turcs & Arabes, comme des Chinois qui pilent le riz, qui encaissent le thé, & qui traînent les barques : ils gagnent si peu, qu'ils ont à peine de quoi souper quand ils ont payé leur dîner.

A présent la question sur l'avantage ou le danger de faciliter le travail par le secours des bêtes & des mécaniques, semble à-peu-près décidée.

Dans un pays libre & bien policé toutes les machines sont bonnes.

Dans un pays d'esclavage elles ne valent rien : car il faut y ménager une ressource dans les villes contre l'extrême pauvreté, que le despotisme fait toujours renaître.

Comme en une telle forme de choses celui qu'on nomme le prince & ceux qu'on nomme les gouverneurs peuvent tout, & la loi rien, il est naturel que les hommes tâchent de se rapprocher de l'endroit où se trouvent le prince & les gouverneurs : on espere à la fois beaucoup de leur protection & beaucoup de leur luxe. Voilà pourquoi les villes capitales des états despotiques de l'Asie ont étonné par leur population tous les voyageurs, dont la vue étoit bornée, & la pénétration à-peu-près nulle.

On pourra se rappeller ici ce qui a été dit, dans la section précédente, sur les causes qui contribuent d'une maniere plus particuliere à faire de la Chine un pays si irréguliérement habité, & au point qu'il y existe des déserts assez spacieux pour qu'on y rencontre des peuplades sauvages, tout comme on rencontre en Turquie & dans les états Barbaresques des peuplades d'Arabes bédouins, qui, aux troupeaux près qu'ils possédent, sont aussi pauvres & aussi peu policés que les Iroquois du Canada & les *Mia-osse* de la Chine, où d'un autre côté on est encore inquiété, dans les lieux à l'écart, par des brigands qui marchent en troupes, & qu'on peut en quelque sorte comparer à ces gens répandus en Orient sous le nom de *Tschingéni*, qu'on sait avoir paru pour la premiere fois en Europe vers l'an 1400, où à beaucoup de caracteres, & sur-tout à la forme de leurs instruments de Musique on crut reconnoître en eux des débris de la nation Egyptienne.

Ces désordres ou des désordres semblables, qu'on n'évite point dans les états despotiques, concourent à y diminuer la sûreté à mesure que les endroits sont écartés ; de sorte que ceux, qui ne veulent devenir ni sauvages, ni voleurs, s'établissent autant qu'ils peuvent dans les cantons gouvernés immédiatement par les grands officiers, comme le sont à la Chine les *Tsongtou*, qui représentent là assez bien les pachas de Turquie, dont les vexations, quelles qu'elles aient été, n'ont pas fait déserter tant de villages en Syrie & en Egypte, que la crainte des Arabes, qui se disant toujours descendus de Mahomet, inspirent encore un saint respect aux Musulmans qu'ils ont volés.

En réfléchissant à tout ceci, on pourra comprendre pourquoi j'ai observé comme une chose singuliere, qu'à la Chine on ne voit qu'un très-petit nombre de villes, fait qu'on ne sauroit révoquer en doute, & dont jamais personne n'a su deviner la cause. J'ai lu un Abrégé d'Histoire Universelle, publié en 1771, & très-bien écrit par un célebre profeſſeur Allemand : il ne compte dans tout l'empire de la Chine que 1469 villes, fans s'appercevoir qu'il y en a plus dans ſon propre pays, c'eſt-à-dire, en Allemagne ; & les villages Chinois ne ſuppléent pas beaucoup à ceci : car ils ne deviennent conſidérables qu'à meſure qu'on approche des capitales des provinces.

Pour ce qui eſt de la méthode des Chinois, qui habitent les parties méridionales, de n'élever que du petit bétail & ſur-tout des volailles, il ne faut pas douter qu'en cela le climat ne leur ſoit favorable, comme on le voit par l'incubation artificielle des œufs, qui ne réuſſit pas ſi bien vers le Nord. Mais malgré tout cela cette méthode ne peut avoir lieu que là où l'on cultive le riz, & où l'eau ſert beaucoup d'engrais, & encore dans le voiſinage des villes dont les rues en fourniſſent : car pour les endroits éloignés des habitations, & où l'on cultive le froment, le petit bétail ne fumeroit pas ſuffiſamment la terre, & il donne auſſi à l'homme moins de nourriture ; mais c'eſt à quoi les Chinois ſuppléent par le poiſſon, qui ſe multiplie extrêmement au Sud de leur empire.

Des cauſes, qui paroiſſent très-oppoſées entre elles, la chaleur & le froid, augmentent la fécondité du poiſſon : dans la proximité du cercle boréal & vers les tropiques, elle eſt bien plus grande que dans les pays tempérés de l'Europe. On eſtime que le Nil eſt quatre fois plus poiſſonneux que le Rhin, encore ne ſauroit-on s'abſtenir de croire que dans le premier de ces fleuves, les crocodiles ne faſſent des dégâts prodigieux, de même que les pélicans. Quand on conſidere la poſition des peuples véritablement Ichthyophages de notre ancien continent, on voit qu'ils ont exiſté & exiſtent encore en partie dans les terres arctiques, où le froid est insupportable, & sur des plages brûlées de l'Afrique & de l'Asie. Cependant on observera que les Chinois n'ayant que peu de jours de jeûne, hormis ceux que les Mandarins indiquent de temps en temps dans les provinces, on expose chez eux pendant toute l'année une égale quantité de poissons en vente ; ce qui a pu faire croire à quelques voyageurs que la consommation en étoit bien plus considérable qu'elle ne l'est réellement. Aussi voit-on que les Tartares Mandhuis ont été très-convaincus, que la Chine auroit moins à souffrir de la disette, si le peuple y renonçoit à la pêche maritime, & si ceux qui vivent sur l'eau à l'embouchure des rivieres, alloient vivre sur la terre, ce qui est incontestable.

Après avoir parlé de la population & de la maniere de se nourrir des Égyptiens & des Chinois pendant le cours de cette premiere partie de mes recherches, je la termine ici, & discuterai, dans la seconde, les objets qui ont un rapport plus immédiat aux arts, en commençant par la peinture, où il s'agit sur-tout d'indiquer avec quelque précision les causes qui ont empêché les Orientaux d'y réussir.

Fin de la premiere partie.

RECHERCHES
PHILOSOPHIQUES
SUR
LES EGYPTIENS
ET
LES CHINOIS.

SECONDE PARTIE.

SECONDE PARTIE.

SECTION IV.

De l'état de la peinture & de la sculpture chez les Egyptiens & les Chinois & tous les Orientaux en général.

Quand on suppose que deux peuples ont eu une origine commune, alors il est nécessaire d'examiner quel a été chez eux l'état des beaux-arts. Mais cet examen, qui semble devoir se borner à une simple comparaison de quelques monuments connus, embrasse tant de choses, & tient tant de rapports, que pour bien développer ce sujet, il faut absolument connoître les causes qui ont empêché tous les Orientaux de faire des progrès sensibles dans la peinture & dans la statuaire.

D'abord il convient de bien observer qu'il y a infiniment plus d'analogie qu'on ne l'a jamais cru, entre la maniere dont les Orientaux peignent, & la maniere dont ils parlent. Voici ce qui le prouve.

Dès qu'il y eut des peintres dans les villes Grecques de l'Asie, on remarqua une si grande différence entre leurs ouvrages, que cela fit diviser la peinture en deux genres: l'Helladique & l'Asiatique. (*a*)

(*a*) *Pline Lib.* 35 *cap.* 10.

Dès qu'il y eut des orateurs dans les villes Grecques de l'Europe, & dans les villes Grecques de l'Asie, on remarqua une si grande différence entre leurs ouvrages, que cela fit diviser l'éloquence en deux genres : l'Attique & l'Asiatique. (a) Ainsi la même cause produisit la même distinction par rapport à l'art de peindre, & par rapport à l'art de parler.

Il faut donc rechercher avant tout l'origine de ce que nous nommons le style Oriental ; puisqu'il n'est pas moins remarquable dans les tableaux, que dans les vers & dans la prose.

Les modernes s'imaginent que c'est un effet de la servitude, qui rend l'esprit d'un homme faux, qui dégrade son ame, qui inspire aux esclaves des expressions peu naturelles, & qui dicte aux maîtres des termes ampoulés. Mais cette opinion est si éloignée de la vérité, qu'elle ne mérite point qu'on la réfute : car ce défaut ne se fit que trop sentir dans les productions des orateurs, qui parloient dans les villes libres de l'Asie. Santra avoit de son temps proposé là-dessus un système beaucoup plus ingénieux, mais également chimérique, & on ne sauroit à cet égard adopter d'autre sentiment que celui de Quintilien, qui a très-bien vu que le style Oriental ne peut avoir sa source que dans les organes & dans l'instinct de ceux qui parlent & de ceux qui écoutent *dicentium & audientium naturæ*. A cet obstacle qui résulte de la disposition des organes, il peut s'en joindre beaucoup d'autres, qui proviennent des mœurs de la religion & de la forme d'un gouvernement arbitraire. J'expliquerai comment il influe encore sur les métiers.

On croit que les philosophes de ce siecle ont

(a) *Quintil. Institut. Orator. Lib. XII. cap. 9.*

trop étendu la force du climat par rapport aux productions du génie ; mais il est aisé de s'appercevoir que les anciens l'étendoient bien davantage, puisqu'ils avoient imaginé une différence presque infinie entre l'air de l'Attique & l'air de la Béotie ; quoique ces deux petites contrées fussent précisément limitrophes. Il est vrai que la plupart des statues, qu'on voyoit à Thebes en Béotie, avoient été exécutées par des artistes étrangers, comme Pausanias le dit : mais il est vrai aussi que les Thébains avoient fait une loi dont Pausanias n'a point parlé, & qui me paroît avoir été bien plus pernicieuse que leur climat. Ils mettoient à l'amende les peintres & les sculpteurs qui travailloient mal ; (a) & par là ils avoient découragé les uns & les autres. Cette loi péchoit singulierement contre la nature des choses : il s'agissoit de recompenser les bons ouvriers, & non pas de punir les mauvais, car ceux-ci étoient déjà assez punis par leurs propres ouvrages. Cet exemple prouve qu'il ne faut pas séparer absolument les causes phisiques des causes morales. Si l'on instruisoit à Rome des enfants Chinois dans les principes du dessin, ils parviendroient à faire des tableaux moins ridicules, que ceux dont on a orné la Pagode d'*Emoui*; mais on y reconnoîtroit toujours le goût des Asiatiques. C'est ainsi qu'en lisant Seneque, Lucain, martial & Florus, on s'apperçoit d'abord que ces écrivains étoient originaires de l'Espagne, car de tous les peuples de l'Europe les Espagnols sont ceux qui ont le plus approché du style oriental, qui a aussi ses nuances & ses variétés. Lorsque les Kalifes firent fleurir les sciences, les Arabes écrivirent d'une maniere

---

(a) *Elien Hist. divers. Lib. IV. cap.* 4.

beaucoup moins ampoulée qu'aujourd'hui ; mais ils n'ont jamais écrit, même sous les Kalifes, d'une maniere naturelle.

Si je n'avois point tant de choses à dire, j'aurois pu entrer dans plus de détails en parlant de chaque peuple de l'Asie en particulier : mais il a fallu quelquefois négliger les détails pour s'attacher à ce qu'il y a d'essentiel, afin de renfermer dans un chapitre ce qui pourroit remplir un livre. Il est triste qu'on ait perdu en grande partie l'histoire des arts de l'Egypte : tous les débris qu'on peut en recueillir, ne forment encore qu'un corps mutilé ; mais qui excite l'admiration, & qui prouve mieux que tous les raisonnements, l'ancienneté de notre globe.

Pline est tombé dans une contradiction impardonnable, lorsqu'il a soutenu que l'art d'écrire avoit été connu de toute éternité, & lorsqu'il a nié que l'art de peindre eût été exercé en Égypte depuis six mille ans, qui ne sont rien en comparaison d'un temps immémorial. Platon ne trouvoit aucune difficulté à croire que les Egyptiens s'appliquoient à la peinture depuis dix mille ans. (*a*) Je n'ignore point, sans doute, que Platon étoit un très-mauvais chronologiste, puisqu'il ne savoit pas même la chronologie de l'histoire de son propre pays, comme les Grecs,

---

(*a*) *De Legibus dialog. II.*

Il faut observer que Platon a eu grand soin d'avertir que les dix-mille ans, dont il nous parle, ne sont pas donnés pour une forme de nombre vague ou indéterminé; mais qu'il s'agit réellement d'un laps de temps indiqué avec précision. Là-dessus on a cru que ce passage étoit contredit par un autre, qu'on lit dans son TIMÉE ; mais si la chose en valoit la peine, je pourrois prouver que Platon n'est tombé dans aucune contradiction.

sur les Egyptiens & les Chinois. 191

le lui ont réproché eux-mêmes avec la plus grande raison. Mais tout homme raisonnable avoûra qu'il ne faut point disputer ici sur un jour ou sur un mois, comme s'il s'agissoit de l'institution des Olympiades ou de l'époque de la prise de Troye. Car enfin la naissance des arts n'est point un événement momentané : c'est une suite de plusieurs circonstances qui peuvent occuper un grand nombre de siecles. La premiere colonie qui descendit de l'Ethiopie dans la Thébaïde, apporta avec elle une espece d'écriture Hiéroglyphique : ainsi avant même que l'Egypte ait été un pays habité ou habitable, le dessin avoit déjà fait quelques progrès chez les Ethiopiens, dont les Gymnosophistes ou les prêtres possédoient sûrement des annales ; mais il n'y a jamais eu au monde des livres qui soient plus perdus que ceux-là, & dont on doive regretter plus sincerement la perte.

On voit donc par tout ceci combien il seroit ridicule de vouloir aller dans une telle nuit, dans un tel éloignement fixer l'origine de la peinture chez les Egyptiens, qui disoient que leur roi *Totsorthrès* se plaisoit déjà à cet art, ou tout au moins à la délinéation des Hiéroglyphes dans un temps où la Grece & le reste de l'Europe étoient encore couverts de forêts, à l'ombre desquelles quelques Sauvages mangeoient du gland.

Quand Platon fait dire par un interlocuteur anonyme de ses dialogues, qu'on voyoit en Egypte des peintures faites depuis dix mille ans, il faut observer que des couleurs appliquées dans toute leur pureté naturelle, contre les parois des grottes de la Thébaïde, pourroient y résister pendant un tel laps de siecles. Car moins on mélange les couleurs natives, c'est-à-dire celles qui ne sont tirées ni du regne végétal, ni de l'animal, moins elles s'alterent dans les endroits où les rayons du soleil ne pénetrent pas : or ils n'ont jamais pénétré dans les excavations dont il s'agit ici, & où l'on diftingue des teintes d'un beau rouge, & d'un bleu particulier, qui paroît avoir été fort différent du bleu d'Alexandrie (*cæruleum Alexandrinum*). Il faut obferver encore que la terre de la Thébaïde ne tremble préfque jamais, qu'il n'y pleut prefque jamais, & que les anciens appartements taillés dans le roc, y font encore aujourd'hui extrêmement fecs, fans même qu'on y apperçoive la moindre apparence de nitre ou du falpetre attaché aux voutes.

Si l'excavation, qu'on a nommée la *grotte hieroglyphique*, eft actuellement fort endommagée, cela provient des efforts des Arabes qui l'ont percée, & non des injures du temps. Ce qu'il y a de bien certain, c'eft que les couleurs ont duré jufqu'à nos jours dans quelques fépultures royales de *Biban-el-Moluk*, lefquelles ont été creufées, fuivant moi, fort long-temps avant qu'on ait bâti les piramides, & même celles de *Havara* & d'*Illahon*, qu'on regarde comme les plus anciennes, à en juger par leur dégradation & par l'endroit où elles font fituées.

M. Winkelman & l'abbé de Guafco ont fait chacun un fyftême fur les caufes, qui doivent avoir empêché, felon eux, les Egyptiens de devenir de grands peintres & de devenir encore de grands fculpteurs. Mais il femble que ces deux écrivains ont plutôt imaginé les obftacles, qu'ils ne font allés les découvrir dans les monuments authentiques de l'Egypte, où l'ignorance de l'anatomie n'a pas été auffi profonde qu'ils le fuppofent. On fait même que des fouverains de ce pays avoient fait difféquer des corps humains, pour connoître l'origine de certaines maladies, dont

dont on ignore encore aujourd'hui le véritable remede. D'ailleurs Manéthon étoit trop instruit, pour avoir voulu choquer toutes les traditions & toutes les idées reçues, en rapportant, dans son histoire, qu'un ancien roi d'Egypte avoit lui-même écrit un livre sur l'anatomie, ou plus probablement sur l'art d'embaumer, qui, étant exercé sur des corps humains des deux sexes, & sur vingt à trente différentes especes de bêtes, avoit procuré à cet égard plus de connoissances aux Egyptiens, que n'en possedent de nos jours les nations de l'Asie, qui vivent sous des climats fort chauds, où la corruption rapide des cadavres inspire de l'horreur pour de telles recherches, qu'on sait même n'avoir pas été portées fort loin en Espagne.

Au reste, quand on accorderoit que l'ignorance des Egyptiens dans l'anatomie, a été aussi réelle qu'on le prétend, cela n'auroit pu engager leurs statuaires à n'exprimer souvent ni les muscles, ni les nerfs, ni les veines, ni les os; puisque ces parties sont assez sensibles aux yeux de ceux même qui n'ont jamais vu disséquer des corps. La vérité est que ce peuple imprima à tous ses ouvrages un caractere de dureté, & qu'en rendant un culte à tant d'objets, il n'en rendit jamais aux Graces. Il faut convenir néanmoins que les individus vivants qui devoient servir de modeles aux artistes, étoient formés de la maniere dont j'ai tâché de les dépeindre dans la seconde section de ces recherches. Et comme la nature n'y avoit pas accordé les charmes de la beauté à ce sexe, qui ne lui demande autre chose par tous ses vœux, on croira aisément que les hommes y avoient encore été beaucoup moins favorisés. Leur démarche paroît être dans les monuments, comme celle des Coptes modernes, c'est-à-dire, pesante

& gênée. Je ne fais comment on a pu s'imaginer qu'il y a eu des véritables Égyptiens affez prévenus en leur faveur, pour aller difputer le prix de la lutte & du pugilat aux jeux Olympiques: car ces athletes, qui vinrent des bords du Nil à Olympie, étoient des Grecs d'Alexandrie & d'Arfinoé; encore furent-ils mis à l'amende par les directeurs des jeux, pour avoir joint la fubtilité à l'adreffe. Il faut en dire autant de ces enfants dont il eft parlé dans les poéfies de Stace & de Martial, & que les Romains recherchoient finguliérement à caufe de leur vivacité & de leurs faillies: ils n'étoient pas nés de parents Egytiens, mais iffus de quelques malheureufes familles Grecques, établies à Naucrate, ou dans les environs du lac Maréotis, & qui commerçoient de leur propre poftérité, ce que jamais les vrais habitants de l'Egypte n'ont fait & ils ne le font point encore; auffi Louis XIV ne put-il parvenir à attirer à Paris les enfants de quelques pauvres Coptes, malgré toutes les promeffes que leur fit le conful de France au Caire.

Quoique les Egyptiens, dit Schweigger, n'époufent plus leurs fœurs; ils n'en font pas moins un peuple très-laid, & qui reffemble, ajoute-t-il, à ces brigands hideux, qui ont parcouru l'Europe fous le nom de Bohémiens. (a) Mais nous avons déjà fait voir qu'on n'a contracté des mariages inceftueux en Egypte que depuis la conquête d'Alexandrie, & il y a treize à quatorze cent ans qu'on n'en contracte plus, fans que les facultés corporelles fe foient perfectionnées dans les deux fexes; d'où il réfulte que ces unions n'ont eu aucune influence en

---

(a) *Reis Befchreibunt.* Lib. III. cap. XVIII.

tout ceci, sinon peut-être de diminuer un peu la population, car il me paroît que les Ptolémées eurent constamment un petit nombre d'enfants de leurs mariages avec leurs sœurs, & Philadelphe n'en eut point du tout d'Arsinoé, ce qui a pu néanmoins provenir de quelque cause purement morale.

Nous ne faisons pas un crime aux sculpteurs Egyptiens, parce qu'ils n'ont connu d'autre beauté que celle de leur pays; mais on leur imputera toujours de n'avoir point copié la nature comme elle s'offroit à eux. Car enfin, l'espece humaine n'y est pas si difforme qu'ils l'ont représentée, en plaçant les oreilles beaucoup plus haut que le nez, comme on le voit par un harpocrate qui doit se trouver actuellement en Angleterre; & plusieurs statues Egyptiennes, qu'on connoît à Rome & dans ses environs, sont monstrueuses par le même défaut, & surtout une tête de la vigne Altieri. Que veulent donc dire ceux qui assurent que les artistes de ce pays ont été si séveres sur l'article des proportions, qui concernent aussi bien la distance exacte d'un membre à l'autre, que la grandeur respective de chaque partie? Je crois que c'est Diodore de Sicile qui a donné lieu à tout cela, en attribuant aux Egyptiens la méthode de faire des statues par morceaux rapprochés, & qu'on tailloit d'avance avec beaucoup de justesse; mais c'est vrai-semblablement une fable qu'il a inventée, ou qu'on lui a fait accroire; car il n'existe rien de tel dans cette prodigieuse quantité d'antiques Egyptiens qu'on a recueillis de nos jours en Europe. Une statue en gaîne, achetée au Caire par M. de Maillet, & qu'on soupçonne avoir passé ensuite dans le cabinet du comte de Caylus, est, à la vérité de trois pieces de marbre différentes en couleurs; mais cela n'a absolument aucun rapport au procédé dont parle *Diodore*. (*a*) L'un des colosses, qu'on voit dans la Thébaïde en avant de *Médinet Habu*, n'a pas non plus été travaillée par pierres rapprochées dans le sens de cet auteur, car les pierres y sont rangées par assises, dont on en compte distinctement cinq. (*b*) Et c'est malgré eux que les Egyptiens ont exécuté cette figure de la sorte : car celle qui n'est qu'à trente pas plus au Sud, n'a jamais été faite que d'une seule pierre, d'où il suit qu'ils n'ont pu se procurer à la fois deux blocs assez énormes pour cette entreprise ; & c'est déjà beaucoup qu'ils en aient trouvé & transporté un seul de cette dimension. Il convient d'observer ici que M. Jablonski & le chancellier Mosheim n'ont su s'accorder entre eux au sujet d'un de ces colosses dont on vient de faire mention : celui qui est le plus mutilé, & dont on a chargé les pieds d'inscriptions Grecques & Latines, doit être, suivant M. Jablonski, la véritable statue vocale de *Memnon* ou d'*Aménophis*, dont il est tant parlé dans l'antiquité ; (*c*) & je ne trouve que des conjectures très-vagues, très-peu fondées dans tout ce qu'on allegue pour combattre son sentiment. On verra, en lisant la section qui traite de l'architecture, combien il y a eu en Egypte de souterrains, de grottes, de galeries percées dans cette couche de pierre calcaire, qui y porte

---

(*a*) *Bibliot. Libro II.*
Léon Alberi n'a point dû faire de grands efforts de génie pour découvrir la méthode d'exécuter une statue en deux endroits différents, comme l'isle de Paros & Carrara.

(*b*) *Pococke Descript. of de East. B. II. cap. 3.*

(*a*) Voyez son traité de *Memnone Græco & Ægypt. hujusque celeberrimâ in Thebaide statuâ.*

sur les Egyptiens & les Chinois. 197

la terre végétale, dont la profondeur n'est souvent que de trois ou quatre pieds : or comme nous savons, & par la connoissance du local, & par le témoignage de Pausanias, que la statue vocale n'étoit point fort éloignée de l'entrée des cryptes, il est plus que probable qu'un rameau de ces souterrains passoit directement sous le piédestal ; de sorte qu'il ne s'agissoit que de frapper contre le roc avec un instrument de métal pour faire résonner le *Memnon*, & ce qui décele entiérement cet artifice, c'est que le son ne partoit pas de la tête, comme l'insinue Philostrate, (*a*) mais de la plinthe ou du trône où la figure étoit assise. Quand on a perdu la connoissance de ce souterrain, on a vu cesser aussi ce phénomene. Je sais bien qu'un savant a proposé là-dessus une autre explication, où il n'admet que la force des rayons du soleil, & l'arrangement singulier des pierres ; (*b*) mais on se dispensera de réfuter cette opinion bizarre, qui pour applanir une difficulté, en fait naître mille autres. L'excavation pratiquée sous la base du colosse, dont je viens de parler, n'est point une chose sans exemple, car sous la statue d'ivoire d'Esculape à Epidaure, on avoit

---

(*a*) *Vita Apollon. Lib.* VI. *cap.* 3.
(*b*) Voyez le *Mémoire sur les Obélisques par le pere* G***. *de l'Oratoire.*
L'abbé Gedoyn dit, dans sa traduction de Pausanias, tome I, page 203, qu'il sortoit du Colosse de Memnon *un son tel que celui des cordes d'un instrument de musique, lorsqu'elles viennent à se casser.* Il y en a dans le texte χιϑάρας κ᾿ λύρας ; ce qui désigne plus positivement le son des cordes qui rompent sur une cithare ou une lyre. La caisse de pierre, qui est dans une des sales sépulcrales de la grande pyramide, retentit sur un ton à peu près semblable, lorsqu'on la frappe avec un instrument de métal.

I 3

également creusé un puits, qui paroît plutôt avoir servi à favoriser quelque fraude pieuse, qu'à entretenir l'humidité de l'ivoire, comme on tâchoit de le persuader aux étrangers. Le chancelier Mosheim pensoit que les prêtres de Thebes, ayant perdu l'ancienne statue de *Memnon*, en firent résonner une autre, sous le regne l'empereur Domitien, pour opposer ce prétendu miracle au progrès du christianisme ; c'est réellement porter trop loin l'audace de deviner dans l'histoire de l'Egypte, où le premier ordre sacerdotal avoit été ruiné long-temps avant qu'il fût question du christianisme dans le monde. Il est vrai que les inscriptions dont on a chargé les pieds de *Memnon*, ne remontent point à une époque plus reculée que le regne de Domitien, mais cela ne prouve autre chose, sinon que les étrangers qui virent ce monument dans des temps antérieurs, ne jugerent point à propos d'y écrire leur nom, comme quelques voyageurs d'Europe ont gravé le leur au sommet de la plus haute des pyramides.

Pierius dit, dans le quarante-neuvieme livre de ses *Hiéroglyphiques*, qu'il est très-croyable que les sculpteurs Egyptiens affectoient de donner aux statues un grand air de simplicité, pour ne point entraîner le peuple dans l'idolâtrie : Mr. Winkelman soupçonne même qu'il existoit à cet égard une loi positive, qui les gênoit toutes les fois qu'il étoit question de représenter des figures humaines ; tandis qu'on leur accordoit une liberté sans bornes par rapport aux représentations des animaux, (*a*) parmi lesquels il compte

―――――――――――――――――――

(*a*) Il cite dans son ouvrage Allemand intitulé *Gesch. der Kunst*, le grand Sphinx en basalte de la vigne Bor-

aussi les Sphinx, dont il a examiné toutes les parties avec beaucoup plus d'attention que ne l'avoit fait Bélon. Et on sait qu'il y a découvert les marques caractéristiques des deux sexes; c'est-à-dire, celles du lion, & celles de la vierge, lesquelles se trouvent plus en avant vers la poitrine. Cette bizarrerie, dont personne n'a pu jusqu'à présent deviner la cause, dérivoit de la doctrine mystique, dans laquelle on enseignoit que la divinité est hermaphrodite, pouvant tout créer, tout extraire d'elle-même; & les Sphinx sont des emblêmes de la divinité, que les Egyptiens n'ont jamais représentée de la maniere dont Eusebe décrit une statue du dieu *Cneph* : aussi M. Jablonski a-t-il prouvé qu'Eusebe s'est trompé en cela grossierement. (*a*)

Il ne vaut pas la peine de parler ici de l'appréhension de Piérius au sujet de l'idolâtrie ; mais il faut dire qu'on ne trouve aucun passage décisif dans les anciens, touchant cette prétendue loi, qui obligeoit les sculpteurs de travailler simplement & sans aucun fini, les statues d'hommes. Tout ce qu'on peut inférer des expressions de Synésius & de quelques autres, c'est que les prêtres ne permettoient point aux ouvriers de s'écarter de l'attitude adoptée par rapport aux simulacres, qui avoient quelque connexion avec le culte religieux : on les représentoit ordinairement avec les pieds joints, moins par la raison qu'en allégue Héliodore, (*b*) que parce que

---

ghese, les deux lions du capitole, & deux autres de la *Fontana felice*, dont les contours sont assez beaux. Casanova cite d'autres lions Egyptiens qui sont à Dresde ; mais il n'est pas prouvé que tous ces monuments soient du premier style.

(*a*) *Pantheon Ægypt. Tome I. page 94.*
(*b*) *Æthiopic. Lib. III.*

c'étoit un usage antique, dont je tâcherai d'expliquer l'origine.

L'art d'embaumer paroît avoir été inventé en partie par 'es Ethiopiens ; qui ne renfermoient pas leurs plus précieuses momies dans des caisses de bois ; mais ils les enveloppoient d'une matiere diaphane, que les Grecs comme Hérodote, Diodore, Strabon & Lucien, ont pris pour du verre, quoique ce semble avoir été réellement une résine transparente à-peu-près de la même nature que l'ambre jaune, qui conserveroit aussi-bien des cadavres humains, qu'elle conserve des cadavres d'insectes, si l'on avoit le secret de la fondre & de la préparer. Les Egyptiens, qui ne trouverent point de telle substance dans leur pays, furent obligés de faire pour les momies des caisses de bois, (a) & ce fut ensuite sur ces caisses mêmes qu'ils copierent les premieres statues, qui se trouverent toutes taillées comme des figures emmaillottées. Quand on vouloit leur communiquer un peu plus de vie, en écartant les langues, ou ce qui en tenoit la place, on laissoit toujours les pieds joints, comme ils le sont dans le colosse de *Memnon*, dont j'ai parlé. C'est ainsi que cet

---

(a) Les Egyptiens ont fait aussi, pour conserver les momies, des caisses de verre, telle que celle où reposoit le corps embaumé d'Alexandre de Macédoine. Ils en ont fait de marbre blanc, de marbre noir, de basalte & de pierre de touche, [*Lapis Phalaris*] telle que celle qu'on voit en France au château d'Ussé dans la Touraine, & dont on trouve une description à la page 329 du *Recueil d'Antiquités dans la Gaule* par M. de la Sauvagere, qui dit que les Egyptiens n'embaumerent plus les corps, après la conquête de Cambyse ; mais il y a en cela une erreur de plusieurs siecles ; puisqu'ils continuerent à embaumer probablement jusqu'au regne de Théodose.

usage s'établit, & les prêtres le consacrerent uniquement pour les symboles de la religion.

Ils avoient prescrit aussi une maniere de représenter la *Neitha* ou la minerve, qui ne devoit pas être debout. Mais avouons qu'il eût été très-aisé à un habile statuaire de faire une belle Minerve assise. Et au lieu de croire que de telles entraves aient pu rétrécir le génie des artistes, nous pensons au contraire que les artistes n'ont pas eu assez de génie pour vaincre de telles difficultés. La stérilité des idées existe toujours dans l'ouvrier avant que d'exister dans l'ouvrage; & quand, en un laps de plusieurs siecles, il ne paroît point d'homme auquel les talents donnent assez d'autorité pour lui faire secouer le joug des préjugés, c'est une preuve que les arts y sont enchaînés par des causes invincibles. D'ailleurs on verra par la suite qu'une continuelle répétition de quelques formes données est un défaut commun aux Orientaux, qui s'assujettissent à des contours qu'ils connoissent, sans apprendre à varier les effets d'un art dégénéré sous leurs mains en routine. On s'apperçoit aussi, que ce sont toujours les mêmes tropes ou les mêmes figures, qui reviennent sans cesse les unes après les autres dans le style Asiatique, & si les auteurs y font à chaque instant usage de comparaisons, cela provient de leur imagination déréglée, laquelle embrasse plusieurs objets à la fois, lorsqu'il ne s'agit que d'un seul objet; de sorte que chez eux la confusion résulte de ce qu'ils la prennent pour clarté.

On a extrêmement blâmé les Egyptiens; parce que l'on s'est imaginé qu'ils avoient rendu toutes les professions héréditaires dans de certaines familles: on a cru même que les peintres & les sculpteurs étoient du nombre de ceux qui devoient continuellement suivre l'état de leurs peres, sans pouvoir en choisir aucun autre. M. Goguet passe pour avoir écrit des choses très-judicieuses, lorsqu'il a tâché de démontrer que ce fatal usage y avoit porté aux beaux arts un coup mortel. Mais il est étonnant que personne ne se soit apperçu que cet usage n'a jamais existé, & qu'il n'en a même jamais été question.

Il eût été impossible d'occuper toujours les familles Egyptiennes, qui ne se seroient appliquées qu'à peindre, à sculpter & à graver. Si avec cela elles avoient eu encore le malheur de procréer beaucoup d'enfants, la plûpart auroient dû mourir de faim faute d'ouvrage. Une telle institution n'est praticable à la rigueur, que là où les souverains ont des atteliers qui leur appartiennent en propre, comme on verra dans l'instant que presque tous les despotes de l'Asie en ont. Soit qu'on travaille dans ces atteliers, soit qu'on n'y travaille pas, les ouvriers y restent toujours attachés, & on les doit nourrir exactement comme on nourrit des esclaves.

Mais, dira-t-on, le témoignage d'Isocrate & celui de Diodore de Sicile sont très-positifs : ils assurent l'un & l'autre qu'en Egypte les métiers passoient sans cesse des peres aux enfants. A cela il faut répondre que ces deux Grecs ont indubitablement été mal instruits. Je soupçonne même Diodore d'avoir copié en cela Isocrate, qui, dans l'ombre de l'école, exerçoit beaucoup son imagination & fort peu son jugement : cette piece bizarre & inconcevable, qu'il a osé intituler *l'éloge de Busiris*, décele d'ailleurs une ignorance profonde dans l'histoire de l'Egypte, où il n'y eut jamais de roi législateur, nommé Busiris. Ovide & Hygen disent, à la vérité que ce fut sous son régne qu'il survint une sécheresse qui dura neuf ans, & c'est encore là une fable grossiere qu'on doit bien se garder de croire : car l'autorité d'Ovide & celle d'Hygin sont en de telles choses comme celle d'Isocrate, c'est-à-dire, nulles.

Soit que tous les artisans de l'Egypte aient été nobles, comme Diodore le prétend, soit qu'ils n'aient pas été nobles, comme le veut Hérodote, il est sûr qu'ils formoient un seul corps ou une classe séparée, d'où ils ne pouvoient sortir pour se faire prêtre ou soldat. On n'y avoit pas rendu les professions héréditaires dans les familles, puisque chacun avoit la liberté d'embrasser celle qui lui plaisoit. Il s'agissoit seulement de rester dans la classe des artisans, laquelle comprenoit aussi, suivant moi, les laboureurs ; & comme une loi autant admirable que févere n'y permettoit à personne d'y mendier sous quelque prétexte que ce fût, il falloit bien que tout le monde y travaillât ; & les prêtres même y avoient beaucoup plus d'occupation qu'on ne seroit tenté de le penser.

De la façon dont M. Goguet croyoit que les choses étoient arrangées en Egypte, il eût pu arriver que les familles des graveurs en pierres fines, se seroient extrêmement multipliées ; (a) & par-là on voit assez que cet auteur n'avoit sur-tout ceci que des idées très-fausses & même ridicules.

La classe militaire & la classe sacerdotale possédoient de certaines terres, qui passoient continuellement des peres aux enfants : car les prêtres & les soldats étoient tous contraints de se marier. Après cela il est aisé de s'imaginer qu'on ne pouvoit admettre dans l'un ou l'autre

---

(a) *De l'origine des arts & sciences*, T. V. p. 43.

de ces corps les fils des ouvriers, ce qui eût occasionné de grands désordres, & détruit enfin l'équilibre de l'état, s'il est permis de parler de la sorte ; mais, quoique les sculpteurs & les peintres fussent compris parmi les artisans, ils paroissent néanmoins avoir été dans une grande connexion avec les prêtres : car on ne sauroit douter que les scribes sacrés ou les grammatistes n'aient dressé eux-mêmes la formule des inscriptions destinées à être gravées en pierre ; & pour cela les grammatistes devoient se faire instruire dans les éléments du dessin ; afin de pouvoir distinguer par le seul contour les différentes especes de quadrupedes & d'oiseaux, qui entroient dans les hiéroglyphes. M. Hasselquist, qui a examiné en naturaliste, l'obélisque de la Matarée, convient que chaque genre d'oiseaux y est reconnoissable.

Pour dresser ces inscriptions dont je viens de parler, les prêtres ne se servoient que d'une plume de cette espece de jonc qui produit le *papyrus*, & jamais d'aucun autre instrument comme Orus Apollon & Clément d'Alexandrie le disent positivement. (*a*)

Ainsi les caracteres qu'on croit avoir été faits au pinceau sur d'anciennes toiles d'Egypte, ne sont pas sortis de la main des scribes sacrés, mais de la main des peintres. Et c'est en vain qu'on a voulu prouver par-là que les Egyptiens écrivoient comme les Chinois, qui d'ailleurs n'ont employé pendant plusieurs siecles que de simples stylets, & l'invention des pinceaux à écrire ne remonte pas chez eux à une aussi haute antiquité qu'on se l'imagine.

On n'étoit point en Egypte comme à Rome,

(*a*) *Hieroglyphica* Lib. I. cap. 36. Stromat. VI. p. 633.

dans l'usage de suspendre contre les murs des temples une infinité de tableaux votifs : ceux qui concernoient les naufrages, appartenoient & avoient toujours appartenu aux temples de Neptune ; mais lorsque le culte Isiaque, débordé en Europe, y absorba presque tous les autres cultes, on adressa aussi à Isis ces tableaux-là ; & c'est alors que Juvenal a pu dire avec quelque raison, que cette déesse Egyptienne nourrissoit les peintres d'Italie ; (*a*) quoiqu'elle n'eût jamais nourri ceux de son propre pays, dont la principale occupation paroît avoir été de diaprer une espece particuliere de fayance ou de majorique, de faire des figures ou des personnages sur des coupes d'un verre très-précieux, de peindre les barques, les langes & les caisses des momies, & de fournir les dessins des tapis & de certaines toiles colorées. Car pour les murs des grands édifices, dès qu'ils étoient une fois enluminés, les couleurs y duroient pendant des siecles, ou pour mieux dire, elles ne s'effaçoient jamais plus ; comme on le voit par les peintures, qui existent encore dans les sépultures de *Biban-el-Moluk*, & qui sont indubitablement antiques ; tandis que beaucoup d'autres, qu'on a également prises pour-telles, ont été faites par les Grecs & les Romains, ou les premiers chrétiens qui travailloient durement, & aussi mal que les Goths.

Je doute que les Egyptiens aient eu des mordants particuliers ou des procédés secrets pour faire tenir les couleurs & la dorure sur les murs ou sur le roc vif, comme quelques voyageurs l'ont soupçonné : car les artistes Grecs semblent avoir connu des préparations semblables, &

(*a*) — — — *Pictores quis nescit ab Iside pasci ?*

c'est ce qu'Isocrate, cité par Pollux, appelle *pharmaca*. Ce terme générique désigne toutes les drogues qui étoient nécessaires à un peintre de l'antiquité, si l'on excepte la cire, dont il est fait une mention particuliere dans le même article. (*a*) Mais après ce que nous avons dit du climat de la Thébaïde, & du peu d'humidité de ses grottes, principalement de celles qui sont au-delà du 27ieme degré dans la latitude Nord, il ne faut point s'étonner qu'il y soit survenu si peu d'altération dans les couleurs. M. le comte de Caylus dit que la maniere dont les Egyptiens les appliquoient, n'étoit pas favorable; (*b*) & en effet ils les appliquoient comme presque tous les Orientaux par teintes vierges, & colorioient au lieu de peindre.

J'expliquerai dans la suite pourquoi tous ces peuples ont eu des idées fort différentes des nôtres sur la partie du coloris, qu'ils ne veulent jamais adoucir par des mélanges, & où ils exigent constamment une extrême vivacité qui approche de l'éclat des fleurs; ce qui ne produit aucune harmonie, ni aucune illusion. Aussi depuis l'origine du monde n'est-il point parlé dans l'histoire des arts d'un seul peintre Egyptien qui se soit acquis la moindre réputation par ses ouvrages: car Antiphile & Polémon étoient des Grecs d'Alexandrie, qui avoient appris les principes du dessin sous les maîtres d'Europe, & il paroît même qu'Antiphile, que

---

(*a*) *Onomasticon Lib. VII. cap.* 28.

(*b*) *Recueil d'Antiquités Egyptiennes, Etrusques,* &c. Tome I. Le comte de Caylus avoit une idée fort médiocre de la peinture des Egyptiens, & en cela il ne s'est sûrement point trompé.

Quintilien loue à cause de sa facilité, avoit contracté quelque chose du style Oriental, comme j'en juge par le goût qu'il témoigna par les grotesques, dont il créa en quelque sorte le genre : car on ne sauroit croire qu'il en eût découvert quelques traces en Egypte, où les premiers Ptolémées ne trouverent rien qui eût la forme d'un tableau portatif, ou qui en méritât le nom ; & ce fut Aratus de Sicyone qui leur envoya d'abord quelques peintures qu'il avoit achetées en différents endroits de la Grece. (*a*) Encore cette ville d'Alexandrie au milieu d'une opulence presque inconcevable, & au milieu d'un luxe dont il n'y a plus d'exemple sur la terre, fut-elle toujours assez pauvre en chefs-d'œuvres de ce genre ; puisqu'Auguste, qui, après la mort de Cléopatre, pouvoit emporter toutes les dépouilles de la famille des Lagides, n'emporta qu'un seul vase murrin, & un seul tableau, qui représentoit Hyacinthe, peint par le Grec Nicias ; d'où on peut conclure qu'il ne jugeoit par le reste digne d'être montré dans la capitale du monde.

Ce fut par une corruption de goût jointe à une aveugle passion, que l'empereur Hadrien témoigna tant de penchant pour les statues Egyptiennes : on soupçonne même qu'il en fit faire des copies pour en remplir cet édifice où l'on révéroit probablement la mémoire d'Antinoüs ; (*b*) mais avec beaucoup moins de scandale que dans son temple de l'Egypte, où Ale-

---

(*a*) *Plutarque in vitâ Arat.*

(*b*) Parmi les statues trouvées dans la maison d'Hadrien à Tivoli, il y en a une qu'on croit représenter Antinous : mais il y a plus d'apparence qu'elle représente un prêtre Egyptien.

xandre avoit aussi désiré très-ardemment de pouvoir élever un temple à Ephestion ; & on ne peut rien lire de plus absurde que la lettre qu'il écrivit à un scélérat, nommé Cléomene, qui avoit horriblement vexé les Egyptiens, auxquels on ne rendit pas la moindre justice : un temple d'Ephestion n'étoit pas propre à les consoler.

Il convient maintenant d'entrer dans quelques discussions touchant un passage remarquable de Pétrone : les plus savants commentateurs, tels que Gonzale de Salas, Junius & Gronovius, qui l'ont examiné avec beaucoup d'attention, avouent qu'ils n'y ont jamais pu rien comprendre, & on ne sauroit douter que cet aveu de leur part n'ait été très sincere.

Voici comme on pourroit traduire cet endroit corrompu de Pétrone. Après avoir parlé de la décadence des sciences, il s'exprime en ces termes : » la peinture a eu aussi, dit-il, un autre » sort, depuis que la hardiesse des Egyptiens a » réduit cet art si étendu en un abrégé. «

Pictura quoque alium exitum fecit, postquam Ægyptiorum audacia tam magna artis compendiariam invenit.

Pour résoudre cette énigme, on a proposé bien des conjectures ; mais je crois que M. Casanova est le seul qui se soit imaginé que Pétrone a prétendu par-là faire l'éloge des artistes de l'Egypte, & nous inspirer la plus haute idée de leur adresse : (*a*) il se seroit beaucoup trompé, s'il avoit soutenu précisément le contraire. D'autres pensent qu'il s'agit ici d'une manufacture de tapisserie, établie à Alexandrie

---

[*a*] *Traité de différents monuments antiques.* p. 15.

ou à Memphis, & dirigée vrai-semblablement par des Grecs, où l'on exécutoit au métier des tapis supérieurs en beauté à tous ceux qu'on avoit faits jusqu'alors à l'aiguille dans la Perse & dans l'Assyrie. Le métier réduisoit, dit-on, en abrégé ce qui coûtoit un travail & un temps infini aux femmes de l'Asie, qui ne savoient que broder. Mais en vérité, Pétrone étoit trop instruit dans les différentes parties des arts, pour avoir confondu la *stromatechnie* ou la tapisserie-pratique avec la peinture : on ne connoît pas même d'ancien, qui soit tombé dans une telle confusion de mots & d'idées.

Il n'est pas question non plus des toiles peintes de l'Egypte, pour lesquelles on ne se servoit que d'une seule teinture foncière, que les alkalis & les acides, dont les étoffes étoient imbibées, changeoient en trois ou quatre couleurs différentes : ce qui n'abrégeoit pas du tout le travail ; puisqu'il falloit tracer d'avance les figures avec des plumes ou des pinceaux ; afin de distribuer exactement les liqueurs caustiques & alkalines dans les endroits où elles devoient opérer leur changement. Quoique le voile d'Isis, si célebre dans l'antiquité, (*a*) paroisse avoir été fait par un procédé semblable, il faut observer néanmoins que ces toiles peintes de l'Egypte péchoient par un grand défaut ; en ce qu'on ne pouvoit y ménager aucun fond blanc ; car il étoit impossible d'employer la cire dans une teinture à chaud, & même bouillante.

Ceux, qui comme Christius ont cru approcher le plus du véritable sens de Pétrone, sup-

---

[a] Voyez *le Moine de Melanophoris ad calcem Harpocratis Cuperi*, page 260.

posent qu'il a voulu désigner une maniere de peindre les murailles des appartements en Arabesques ou en feuillages, (*a*) d'une façon très-rapide, & très-heurtée, qui a toujours été propre aux peuples Orientaux.

Sous l'horrible regne de Néron, les arts effrayés commencerent à quitter l'Italie comme ils quittent tous les états despotiques : les progrès du mauvais goût furent fort sensibles, & on pense que ce fut alors qu'on y fit surtout usage de cette espece de décoration venue originairement de l'Egypte. Les Romains ne vouloient plus entendre parler de ces grands peintres, qui employoient cinq ou six ans à faire un tableau, comme Protegene : ils ne recherchoient que des enlumineurs, qui travailloient très-vîte, mais très-mal & d'une maniere tout-à-fait fantastique. Et voilà pourquoi *la plupart des Arabesques mêlées d'architecture qu'on a découvertes à Herculanum, sont aussi ridicules*, dit Mr. Cochin, *que les dessins Chinois.* (*b*) Je sais qu'on peut peindre très-rapidement de telles Arabesques, dès que la main s'y est une fois accoutumée par la pratique ; mais je nie que ce genre, quelque médiocre qu'il soit, puisse être nommé l'*abrégé de la Peinture.* Il me paroît fort probable, que le passage de Pétrone ne concerne ni directement ni indirectement les Egyptiens ; mais que les copistes, soit par ignorance, soit par méprise, ont écrit un mot pour un autre ; de sorte que le texte original, avant que d'avoir été altéré, parloit des *Ectypes*,

---

(*a*) C'est ce qu'on nomme en Italie, *Fogliatura antiquaria, grotescha.*

(*b*) *Observations sur les Antiquités de la ville d'Herculanum,* page 50.

(*a*) ou d'un procédé particulier par lequel on copioit les meilleurs tableaux, dont on prenoit tous les traits qu'on remplissoit ensuite de leurs couleurs convenables ; ce qui porta un coup mortel à la peinture : on négligea le dessin, & on ne s'attacha plus qu'à tirer des Indes orientales de très-belles substances colorantes ; mais qui ne furent jamais employées que par des barbouilleurs.

Quant aux Egyptiens, s'ils avoient eu une méthode fort singuliere de peindre, il est certain que c'est dans leur propre pays qu'on devroit en découvrir des traces, & cependant il n'en existe point. Quelques pieces faites en détrempe sur le ciment ou la pierre, qu'on voit dans la Thébaïde, & qui représentent des chasses & des jeux d'enfants, à ce que dit Paul Lucas, sont des ouvrages Grecs où l'on ne remarque rien d'extraordinaire ou de merveilleux : il est même fort douteux qu'ils aient été éxécutés par des hommes, qui méritoient le nom d'artistes ; car dans l'antiquité on ne connoissoit d'autre gloire réelle que celle qu'on acquéroit en faisant des tableaux portatifs ; (*b*) & non des décorations, comme celles dont on vient de parler ; & qui ressemblent à ce qu'on a découvert dans le tombeau des Nasons, dans

---

(*a*) Au lieu d'écrire *Ectyporum audacia*, les copistes ont écrit *Ægyptiorum audacia*.

Je sais que Pline emploie le terme d'*Ectypa* dans un sens différent de celui de Pétrone, dont on connoît la licence dans les figures & les métaphores, qui chez lui sont quelquefois heureuses & quelquefois forcées. Au reste de plus grandes discussions à cet égard seroient ici inutiles.

[*b*] *Nulla gloria artificium est, nisi eorum, qui tabulas pinxere.* Plin. Lib. 35. Cap. X.

celui de Ceſtius, dans les Thermes de Tite, & enfin à Herculanum, où quelques morceaux, déja aſſez mauvais par eux mêmes, ont paru encore plus mauvais qu'ils ne le ſont ; parce qu'on n'en a pas toujours ſu deviner le ſujet. On prend à Naples pour un jugement de Pâris, ce qui repréſente, comme je m'en ſuis d'abord apperçu, la deſcente du berger Ariſtée ſous le fleuve de Pénée. Ainſi on ne demandera plus, pourquoi Pâris paroit là dans l'eau juſqu'à la moitié du corps ; car il n'eſt pas du tout queſtion de lui.

Pline attribue aux Egyptiens une maniere particuliere de peindre ſur l'argent ; & ſi l'on prenoit ſes expreſſions à la rigueur, il ſeroit fort difficile de les bien développer. Auſſi a-t-on cru qu'il s'agiſſoit d'une eſpece d'émail, ou bien d'une eſpece de vernis qu'on répandoit ſur les vaſes de ce métal, à-peu-près comme cette pâte noirâtre, dont eſt enduite la table Iſiaque, où on a enſuite incruſté des lames d'argent ſur un fond de cuivre. Mais la table Iſiaque eſt un ouvrage exécuté en Italie, & qui n'eſt Egyptien que par le ſujet qu'il renferme

On peut être certain, que la prétendue peinture, dont Pline a voulu parler, n'a jamais été qu'une dorure faite au feu. C'eſt ainſi qu'on repréſentoit ſur de grands plats d'argent la figure d'Anubis, dont la face devoit toujours être de couleur d'or ou en vermeil. Et c'eſt-là un fait dont il n'eſt plus poſſible de douter.

Comme les loix, qui concernoient le ſyſtême diététique, dont j'ai tant parlé dans l'article précédent, obligeoient les Egyptiens de purifier très-ſouvent & très-ſcrupuleuſenent les vaſes, qui ſervoient au boire & au manger, ils avoient raiſon de n'y pas employer la ciſelure, comme les Grecs & les Romains; mais seulement cette sorte de dorure dont il s'agit ici, & qui est infiniment plus propre en ce qu'elle ne sauroit receler aucune souillure ainsi que les ouvrages ciselés. Et voilà pourquoi Pline ajoute ces termes positifs : *pingitque Ægyptus, non cœlat argentum.* (*a*).

Pour ne point passer absolument sous silence ce qui a encore quelque rapport à l'art de la délinéation chez ce peuple, je dirai qu'on a toujours supposé, qu'il savoit bien dessiner des cartes géographiques, dont Apollonius de Rhodes & Eustathe leur attribuent l'invention. Nous sommes étonnés, lorsque Clément d'Alexandrie fait cette prodigieuse énumération de toutes les connoissances, que devoit posséder celui d'entre les prêtres Egyptiens, qu'on nommoit le Scribe sacré ou l'Hiéro-Grammatiste : il faut qu'il soit versé, dit-il, dans la cosmographie & dans la géographie : il faut qu'il connoisse le mouvement de la Lune, celui du Soleil, & celui des cinq autres planetes : il faut qu'il sache la chorographie de l'Egypte, & qu'il n'ignore rien de ce qui concerne le cours du Nil. (*b*)

Il paroît que tant de choses n'ont pu s'ar-

(*a*) Tout le texte de Pline est conçu en ces termes. *Tingit & Ægyptus argentum, ut in vasis Anubin suum spectet, pingitque non cœlat argentum.* Lib. 33. Cap. IX.

(*b*) *Progreditur sacer scriba pennas habens in capite, ac in manibus papyri volumen, & vas scapi formâ, in quo librarium atramentum* κραφικὸν μέλαν *& juncus quo scribunt. Hunc oportet noscere illa quæ vocantur Hieroglyphica & Cosmographica & Geographica & ordinem solis & lunæ & quinque planetarum, Chorographiam Ægypti & descriptionem Nili, ut & apparatus sacrorum locorum,* &c. STROMAT. VI.

ranger avec quelque précision dans l'esprit d'un homme, sinon par le secours des cartes. Mais quelle idée doit-on se former de ces cartes-là? lorsqu'on réfléchit que les Egyptiens ne voyageoient pas & qu'ils ne naviguoient point, ni sur la Méditerrannée, ni sur la mer Rouge. Avant la vingt-sixieme Dynastie, qui étoit celle des Saïtes, ils ne semblent avoir eu des notions précises que sur l'intérieur de l'Ethiopie, ce que Strabon a voulu à tort leur disputer. Les autres contrées circonjacentes, comme l'Arabie, la Judée & la Phénicie, ne leur étoient connues que par rapport d'autrui, c'est-à-dire, celui des pasteurs ou des Nomades. Quant aux côtes de la Grece, les isles de l'Archipel, la Lybie inférieure & les parties occidentales de l'Afrique, ils n'en savoient que quelque chose de fort vague. Je ne doute pas qu'ils n'aient été en une communication étroite avec les prêtres du temple de Jupiter Ammon; mais il n'est pas prouvé que la célébrité de cet oracle ait attiré dans la Martinique, des voyageurs ou des pélerins venus de différents pays très-éloignés les uns des autres, sur lesquels on pouvoit s'instruire par leur moyen. Et encore tout cela eût-il suffi pour dresser des cartes telles que celles dont on nous parle, & où l'on avoit indiqué *le gissement de toutes les côtes de l'Océan, & toutes les grandes routes de l'ancien continent*? Quand même il seroit vrai que quelques Egyptiens attachés au college sacerdotal de Saïs, eussent tenu à Solon le merveilleux discours que Platon leur attribue sur l'Atlantide, il ne s'ensuivroit pas que ces Egyptiens-là avoient eu une connoissance géographique sur quelque terre située fort avant vers l'Ouest; puisque rien n'est plus confus, ni même plus manifestement faux que ce qu'on en lit dans le *Timée* & le *Critias*.

Voici comme il faut réduire à de justes bornes ce qu'il y a d'exagéré dans Clement d'Alexandrie.

Les prêtres n'ont pu avoir d'autres cartes que de simples tableaux topographiques de l'Egypte, tel que celui qu'on voyoit dépeint sur le voile d'Isis. Comme toutes les terres de ce pays avoient été mesurées, il n'étoit pas difficile d'approcher, par ce moyen, beaucoup de la précision. D'ailleurs le cours du Nil, & l'uniformité de direction dans deux chaînes de montagnes, qui courent du Sud au Nord jusqu'à la hauteur de Memphis, rendroient cette opération praticable à ceux, qui agiroient sans théorie; mais les prêtres opéroient suivant de certains principes, dont ils ne firent jamais beaucoup de mystere; puisqu'ils les communiquerent même aux Juifs, qu'on sait en avoir fait quelque usage sous Josué, (*a*) & ensuite ils les communiquerent encore à leur disciple Thalès, qui les transmit à son disciple Anaximandre, qu'Agathemer dit avoir fait les premieres cartes parmi les Grecs. (*b*) Et c'est ainsi qu'est née insensiblement cette science, que nous nommons la géographie; & c'est ainsi que s'est formé ce prodigieux recueil de cartes dont le nombre monte à plus de trente-mille pieces, parmi lesquelles les copies sont aux originaux comme onze à un, ou à-peu-près.

Indépendamment des causes générales, qui ont arrêté les progrès des beaux-arts chez tous

---

(*a*) Jos. VVIII. 8 & 9.

[*a*] *De veterum Geographiâ.* — *Diogen. Laert in vit. Anaxim.*

les peuples de l'Orient, & dont je parlerai plus amplement en particulier, il semble que la Mythologie des Egyptiens étoit fondée sur des spéculations qui n'offroient pas beaucoup de ressource ni aux peintres, ni aux statuaires, lesquels dûrent toujours recourir à des sujets énigmatiques, mystérieux, où peu de corps pouvoient rester tels qu'ils ont été créés, & tels que nous les voyons. Il fallut mettre des têtes humaines sur des troncs d'animaux, ou des têtes d'animaux sur des corps humains, il fallut décomposer des êtres, & multiplier les monstres ; ce qui fit qu'on ne consulta plus la nature pour redresser les défauts du dessin, & pour en adoucir la rudesse. On dessinoit sans modele des formes fantastiques, qui paroissent appartenir à un univers différent du nôtre. Et voilà pourquoi Apulée & Ammien Marcellin, en parlant de certaines figures symboliques de l'ancienne Egypte, les ont nommées des *animaux d'un autre monde*. Il est clair que cette maniere de s'exprimer est une métaphore ; cependant quelques commentateurs ont été assez dépourvus de sens commun, pour en conclure que les Egyptiens connoissoient l'Amérique, qu'ils croyoient sur-tout distinguer dans les termes qu'emploie Apulée pour décrire cette robe de toile peinte, qu'on lui donna lors de son initiation aux mysteres d'Isis ; (*a*) & laquelle étoit toute couverte de représentations emblématiques, dont les Egyptiens ne pouvoient s'empêcher de faire un usage continuel :
ils

_____

[*a*] *Quaqua tamen viseres, colore vario circum notatis insignibar animalibus : hinc Dracones Indici, inde Gryphes Hyperborei, quos in speciem pinnatæ alitis generat Mundus alter.* Lib, XI.

ils chargeoient même quelquefois tant de symboles sur la tête des statues, qu'elles en paroissent être aussi accablées, que le sont les Caryatides par le fardeau qu'elles tâchent de soutenir.

Les artistes Grecs pour donner un air beaucoup plus imposant, beaucoup plus majestueux aux divinités, qui leur étoient venues originairement de l'Egypte, en déchargeant d'abord la tête, n'y laissèrent subsister que le moins d'attributs qu'il leur fut possible, & n'employèrent jamais de coëffures aussi défavorables que celles que les statuaires de Thebes & de Memphis tailloient souvent sur des Osiris, des Isis & d'autres statues, telles que le colosse de Memnon. Cette coëffure paroit avoir été un bonnet tissu de feuilles de deux palmiers différents, de celui que les botanistes nomment communément *phœnix*, & d'un autre plus rare, que la Thébaïde seule produit. (*a*)

Dans les pays chauds, les hommes ont des affections fort opposées les unes aux autres. Les Espagnols sont très-graves, & cependant ils aiment passionnément la danse : quand chez eux les gens de la campagne entendent seulement vers le soir le son d'un instrument de musique, ils ne peuvent s'empêcher de tressaillir & de sauter tout comme les Negres. Les Egyptiens n'avoient point précisément ce penchant-là ; mais tandis que leur caractere sombre les portoit vers une mélancolie invincible, leur imagination étoit très-vive : allant sans cesse d'une extrêmité à l'autre, & ne sachant jamais trouver de milieu, elle produisit ou des colosses prodigieux, ou des statues infini-

_____

(*a*) *Palma Thebaïca, dichotoma, folio flabelliformi.*

ment petites, telles que celles qu'on portoit en procession dans des châsses faites comme des bateaux ; & telles que celles, qui, sous la forme des pygmées représentoient les seize coudées de la crue du Nil. (*a*) Si l'on eût abandonné un tel peuple à lui-même, les compositions alégoriques seroient devenues si bizarres, & se seroient tellement multipliées, qu'il n'eut plus été possible d'y rien comprendre : mais dès que les changements devinrent dangereux, les prêtres firent l'imaginable pour les empêcher : ils ne voulurent plus rien innover dans le culte extérieur, dès qu'ils eurent alongé l'année de cinq jours, ce qui paroît être la derniere innovation essentielle qu'ils aient faite. C'est dommage qu'on ne soit pas en état de fixer avec précision une époque si intéressante dans leur histoire : je sais bien, que Warburton & Shuckford la placent à l'an du Monde 2665 ; mais on ne sauroit dire combien il est ridicule & absurde de dater ici de la création du Monde, dont l'époque est mille fois moins connue que celle de l'invention des Epagomenes, que Newton a aussi voulu déterminer ; mais on trouve quatre cent ans de différence entre son calcul & celui dont on vient de parler : car jusqu'à-présent il est inouï que trois chrono-

––––––––––––

(*a*) Ce sont les sculpteurs Grecs, qui ont changé ces figures de nains hauts d'une coudée, en seize enfants du Nil, comme dans la statue décrite par Pline, & une autre, dont il est fait mention dans Montfaucon. *Diar. Italic. Cap. XX.*

On croit que le style allégorique des prêtres de l'Egypte a donné lieu à la fable des Pygmées d'Ethiopie, & de leur combat avec les Ibis, qui s'éloignent ou s'approchent du Nil à mesure qu'il croit & décroit.

logistes aient été d'accord entre eux sur un même point. (*a*)

Quoiqu'il en soit, les sculpteurs dûrent alors beaucoup plus s'appliquer à copier les anciens modeles, qu'à en produire de nouveaux: ils adopterent même pour les statues un seul air de physionomie, ou des traits dont ils ne s'écarterent point sensiblement: c'étoit leur maniere de tailler le menton dans des proportions fort petites, & d'arrondir beaucoup les joues, caracteres qu'on reconnoît aussi dans les pierres gravées de l'Egypte, comme Mr. Winkelman l'a observé. (*b*) Il paroît qu'en traçant le contour des têtes, qu'on doit voir de face, ils prenoient moins de l'ovale que du cercle : ils tiroient d'ailleurs les yeux obliquement, les élevoient autant que le front, & hauſſoient les angles de la section des levres : tandis que les Grecs les abaiſſoient. Mais lorsqu'il s'agit de quelque contestation sur la beauté corporelle, il faut s'en rapporter au jugement des Grecs, & jamais à celui des Africains.

Dès qu'on eût adopté si aveuglément en Europe le ridicule système sur l'origine des Chinois qu'on faisoit venir de l'Egypte, on crut voir dans les statues Egyptiennes une physionomie Chinoise ; & par une illusion dont il n'y a point d'exemple, on crut reconnoître encore les visages de la Chine dans les momies, dont les linéaments ont été altérés non-seulement par le laps des siecles & le deſſéchement des

---

(*a*) On peut consulter sur l'institution des Epagomenes, M. des Vignoles, *Chronologie sacrée Tom. II. p. 668.* Et le calendrier Egyptien dans les *Mémoires de l'Acad. des Inſ. Tom. 14. p. 334.*

(*b*) *Descrip. des pierres gravées de M. le baron de Stosch. classe premiere.*

chairs; mais encore par la violence qu'il a fallu y faire pour ôter la cloison du nez; afin de pouvoir extraire la cervelle par les narines, & remplir ensuite la boëte du crâne de matieres résineuses. Ce cartilage étant emporté, comme il l'est toujours, cela change la forme du visage, qui s'applatit un peu comme celui des Chinois; & il se peut que c'est là-dessus qu'est fondé ce qu'on lit dans Dion, qui assure que l'empereur Auguste étant en Egypte, y défigura la momie d'Alexandre le grand, en la touchant précisément dans l'endroit où la cloison du nez avoit été enlevée par les embaumeurs. (a)

Il étoit absurde d'interroger ici des statues malfaites & des morts; il ne s'agissoit que de considérer les Coptes modernes, qui vivent en Egypte, & qui descendent bien indubitablement des anciens Egytiens : or ces Coptes-là ne ressemblent par aucun trait aux Chinois, qui étant issus d'une race de Tartares, en conservent le caractere original, en ce qu'ils ont peu de barbe, de petits yeux & le nez plat. Par-là on voit ce qu'il faut penser de la frivolité des preuves, dont on a voulu se prévaloir dans un sujet si important.

Au reste, les artistes continuerent en Egypte à travailler suivant toute la rigidité du premier style, jusqu'au regne de Ptolémée Philadelphe. Les établissements, que les Grecs firent dans le *Delta* sous Psammétique, n'étoient que des établissements de commerce, qui n'eurent aucune influence sur les arts, auxquels il ne survint pas non plus la moindre révolution durant la conquête des Persans; puisque Platon dit que

―――――――――――――――――――

(a) Folio 279. Jean, X. 458.

de son temps les Egyptiens n'avoient encore rien changé ni a leur méthode de peindre, ni à leur maniere de sculpter : les ouvrages qui se font aujourd'hui, ajoute-t-il, ressemblent à ce qui a été fait de temps immémorial : on n'y remarque rien de plus achevé, ni aussi rien de plus imparfait. Ainsi le voyage de ce philosophe en Egypte nous donne une époque précieuse, à laquelle les auteurs modernes ne paroissent pas avoir réfléchi : car l'opinion la plus générale est que l'ancien style changea d'abord par l'invasion des Persans, qui sous Cambyse étoient encore fort barbares ; & loin d'amener des artistes avec eux, ils en prirent en Egypte pour les employer dans leurs provinces à élever quelques fabriques, comme celle dont on trouve les ruines au-delà de l'Araxes ou du *Bend-Emir* des modernes.

On peut expliquer fort naturellement pourquoi les mœurs & les usages des Persans ne firent jamais la moindre impression sur l'esprit du peuple conquis. D'abord les empereurs de Perse ne vinrent pas résider en Egypte : ils la réduisirent en province, & y envoyerent des gouverneurs ou de grands satrapes, qui demeuroient à Memphis ; & la plupart des troupes Persanes cantonnoient autour de cette ville pour tenir à la fois en échec le *Delta* & la Thébaïde. Ces troupes & ces satrapes tyrannisoient les Egyptiens, qui, ne pouvant respirer sous un joug si dur, se révolterent souvent. De la révolte naissoient la guerre, la destruction & le pillage de ce qu'il y avoit de sacré & de profane : on pilla même dans les temples les archives, & il est difficile de concevoir comment les prêtres de l'Egypte purent, en cet instant de calamité & de détresse, ramasser assez d'argent comptant pour racheter les débris de leurs bibliotheques d'entre les mains d'un infâme eunuque d'Ochus, qui s'en étoit emparé, & qui en exigeoit une somme exorbitante. Après cela, on peut bien croire que les Egyptiens n'eurent jamais que de l'horreur pour les mœurs & les usages des Persans. Mais il n'en fut pas ainsi, lorsqu'à la mort d'Alexandre, des princes étrangers vinrent résider en Egypte, & lui rendirent l'ancienne forme de royaume. Il est certain que les trois Ptolémées se conduisirent de façon que les Egyptiens ne purent que les aimer: ce n'étoient point des barbares qui détruisoient en opprimant; mais des hommes, qui sensibles à tous les genres de gloire, firent aussi cultiver tous les arts: & c'est sous leur regne que les sculpteurs Egyptiens adoucirent leur style à force de voir des ouvrages faits dans la Grece, ou à force de voir travailler des Grecs même, qui avoient un avantage infini du côté du dessin; quoiqu'ils n'en eussent aucun du côté des instruments & de la pratique de tailler & de polir la pierre; car les Egyptiens les surpassoient par la trempe & la qualité de leur acier, & par la méthode dont ils polissoient des matieres aussi réfractaires & aussi intraitables que les divers genres de Basalte. D'ailleurs ils entendoient aussi bien que les Grecs toute la partie mécanique de la gravure en pierres fines. Je répéterai ici que les recherches entreprises pour fixer l'origine de cet Art en Egypte, ont été infructueuses, & Bochart ne donne rien de satisfaisant dans l'article où il traite du *Schamir* ou *Samir* qu'il prend pour l'émeril (a)

(a) *Hierozoicon*, tome II. p. 841.

Il faut donc dire que les Egyptiens ont su de temps immémorial tailler & graver les pierres précieuses ; ce qui est d'autant plus surprenant que celles qui naissent dans leurs pays, sont toutes extrêmement dures ; & il n'y a pas de comparaison entre le Smaragde vrai ou l'Emeraude de la Thébaïde, & celle du Pérou, laquelle se laisse même entamer avec la pointe d'une pyrite. Au reste, il y a longtemps qu'on a su, mais on sait aujourd'hui mieux que jamais par les expériences faites sur des diamants du Bresil, que toutes les pierres de l'Amérique, sans exception, n'ont point le degré de dureté de celles de l'ancien continent ; ce qui paroît provenir de l'inondation que le nouveau monde a essuyée dans des temps postérieurs à notre cataclisme.

Il convient de mettre quelque restriction à ce que le comte de Caylus dit de l'extrême rareté des pierres Egyptiennes, gravées en relief. Car il est certain qu'on en trouve plusieurs, indépendamment de celle dont il est question dans Natter (a) on en connoît même qui représentent des Scarabées militaires, travaillés en relief sur la partie convexe, & gravés encore une fois en creux sur la partie platte. Le peu de penchant que les Egyptiens ont témoigné pour les bas-reliefs en général, paroît avoir influé en ceci ; puisqu'on ne sauroit dire qu'ils ont beaucoup multiplié les pierres gravées en creux, afin de les faire servir de cachets ou de sceaux ; car chez eux on ne scelloit pas les actes, dans lesquels Pline assure que l'écriture seule suffisoit. (b)

(a) Traité de la méthode de graver, page 7.
(a) *Non signat Oriens aut Egyptus, litteris etiam nunc contenta solis.* Il peut y avoir eu quelques exceptions à cette regle.

On peut maintenant se convaincre par tous les details où nous sommes entrés, que ce n'est ni faute d'instruments, ni faute d'un procédé facile pour opérer, que les artistes de l'Egypte n'ont jamais pu atteindre à la perfection : ils péchoient dans le dessin, & leurs compositions manquoient de goût, de grace & de noblesse. Or il est sûr que cet obstacle, qui les a continuellement arrêté au milieu de leur carriere, avoit en grande partie sa source dans les organes & dans le génie. On a, à cette occasion, beaucoup blâmé les prêtres, de ce qu'ils n'ont pas fait usage de la musique pour modérer & adoucir l'imagination déréglée de leur peuple : Diodore de Sicile assure que cette méthode leur avoit paru dangereuse, & aussi propre, dit-il, à énerver l'ame, que la lutte est propre à énerver le corps. Aprés des expressions si positives, on croiroit que les Egyptiens n'ont pas eu absolument de musique ; mais la vérité est qu'ils en ont eu une très-mauvaise, & aussi détestable que l'est encore aujourd'hui celle de tous les peuples de l'Afrique & de l'Asie Méridionale.

Il n'y a qu'à considérer attentivement la formation d'un sistre, soit en argent, soit en airain, pour s'appercevoir qu'il n'en a pu résulter aucune harmonie, mais seulement un bruit aigu, qui, étant joint au son de la flûte grossiere, nommé en Egyptien *Chnoue*, & au mugissement du bœuf Apis, produisoit ce charivari que décrit Claudien par des vers imitatifs.

--- --- --- *Nilotica sistris*
Ripa sonat, Phariosque modos Ægyptia ducit
Tibia, submissis admugit cornibus Apis. (a)

(a) *De IV. Consul. Honor.*
On observera ici que M. l'abbé Winkelman s'est

sur les Egyptiens & les Chinois.

Quant à leurs autres instrumens de musique, comme le flageolet, le cor, le chalumeau de paille d'orge, les castagnettes, le triangle organique ou le *tebuni*, le tambour de Basque & une espece particuliere de flûte, dont parlent Pollux & Eustathe, il est aisé de s'imaginer quelle mélodie ils ont pu faire. Aussi les prêtres ne vouloient-ils point qu'on fît retentir de la sorte l'intérieur des temples où ils chantoient les hymnes sacrés sans être accompagnés d'aucun instrument. (*a*)

On ne sauroit témoigner assez de surprise de ce que dans un ouvrage imprimé en 1768, il est dit que le système musical de Pythagore, qu'on suppose avoir été celui des Egyptiens, est exactement le même que celui des Chinois; mais il s'en faut de beaucoup qu'on ait prouvé une assertion si bizarre, & qui se détruit elle-même, lorsqu'on considere la différence essentielle qu'il y a entre les instrumens de la Chine & ceux de l'ancienne Egypte. Quant au système de Pythagore, je n'examinerai point s'il est réellement faux, comme on a voulu le démontrer de nos jours; mais il me semble que les premieres observations sur lesquelles il est fondé, sont telles que beaucoup de nations ont pu les faire, sans avoir de communication entre elles: ainsi il ne

---

trompé, lorsqu'il a soutenu que le sistre étoit un instrument nouveau en Egypte; parce qu'il ne l'a pas trouvé dans la main des statues Egyptiennes qui sont à Rome. D'abord dans ce pays il n'étoit pas permis d'introduire de nouveaux instrumens de musique; & on voit le sistre à la tête de chat entre les mains d'une très-ancienne statue de femme qu'on a prise pour une Isis. Ce monument décisif se trouve en Angleterre. D'ailleurs, si M. Winkelman eut lu les recherches de Bochart sur le *sistre*, il se seroit détrompé.

(*a*) *Tract. de Elocutione Demetrii Phal. aut scriptoris incerti.*

seroit pas bien étonnant qu'on en trouvât quelques traces dans ce qu'on nomme par une grande exagération, la *musique des Chinois*, puisque de l'aveu même des jésuites, elle ne merite un tel nom en aucun sens (a). D'ailleurs ces missionnaires observent que les airs qu'ils entendirent à Canton, ressemblent à ce qu'on entend dans toute l'Asie méridionale. Les voyageurs qui ont traversé cette partie du globe, se sont d'abord apperçus que les hommes y doivent être sans cesse excités au mouvement & au travail, par des cris ou par un bruit, tel qu'on en fait dans les vaisseaux du Japon, de la Chine, de Siam & de toutes les isles de l'Archipélague Indien, pour entretenir la manœuvre des rameurs. Dans ce pays là, dit M. Chardin, les ouvriers ne sauroient soulever une porte ou transporter une pierre sans crier ; & la raison qu'il en allegue est la véritable : cela provient de la paresse de l'ame, qu'il faut comme reveiller à chaque instant par un son rude ou aigu, tel que celui du tambour & de la flûte, instruments qu'on a retrouvés dans toutes les régions chaudes des deux hémispheres. Des tons doux & mélodieux ne frapperoient point assez les organes de ces peuples : & voilà pourquoi ils n'ont jamais fait & ne feront jamais des progrès dans la musique. Ainsi les prêtres de l'Egypte ne seroient point parvenus par ce moyen à produire quelque révolution dans le génie de leurs artistes, comme on se l'est faussement persuadé.

Il me reste maintenant à parler de la Chine plus en particulier.

De tous les peintres de l'Europe, qui ont voyagé dans ce pays, Gio Ghirardini est le seul qui ait publié une relation, dans laquelle on

---

(a) *Du Halde, description de la Chine*, T. III. p. 328.

sur les Egyptiens & les Chinois. 227

voit, en peu de mots, ce que cet homme pensoit des Chinois, dont il avoit considéré beaucoup d'ouvrages à Canton & à Pekin, où il fit quelque séjour pour peindre la coupole d'une église. *Ce peuple*, dit-il, *n'a pas la moindre idée des beaux-arts : il ne sait que peser de l'argent & manger du riz.* (a)

Il n'est pas étonnant qu'un artiste Italien ait été révolté jusqu'à ce point par le dessin ridicule & l'affreux barbouillage des Chinois, puisque les Tartares eux-mêmes n'en ont pu supporter la vue : aussi les quatre empereurs Tartares, qu'on sait avoir regné à la Chine jusqu'à présent, ont-ils tous employé des peintres d'Europe à leur cour, sans que les présomptueux *Han-lin* & les plus graves d'entre les lettrés aient pensé seulement à les blâmer, car ils reconnoissent autant en ceci l'infériorité décidée de leur nation que la leur propre, lorsqu'il s'agit de faire un almanach sans faute.

Les premiers jésuites, auxquels on s'adressa pour décorer les appartements du palais impérial de Pekin, étoient des théologiens scholastiques, qui n'avoient jamais manié le pinceau ; mais il se trouva parmi eux un frere laïque, qui ayant été broyeur de couleurs en Europe, entreprit de peindre à la Chine, où ce malheureux fut encore applaudi. Mais depuis, les missionnaires ayant compris que l'emploi de premier peintre de la cour étoit d'une grande importance, ils l'ont fait accorder aux prêtres même de leur ordre, lesquels exercent aujourd'hui cet art à Pekin, où personne, parmi les Tartares, n'est

────────────────

(a) *Relation d'un voyage fait à la Chine, sur le vaisseau l'Amphitrite en 1698, par le Sieur Gio Ghirardini, peintre.*

en état de juger de leur capacité : ils voient seulement que tout ce qui fort de leurs mains, furpaffe de beaucoup les mauvais ouvrages des Chinois.

Ce font ces religieux, & fur-tout le pere Attiret d'Avignon, qui ont deffiné les plans des batailles gagnées en 1754 & 1757, par les Mandhuis fur les Eleuths Sdongares & les Kofchiots, qu'on dit avoir été non-feulement vaincus; mais totalement exterminés, au point que toute cette race a difparu de deffus la furface de la terre, ce que je fuis néanmoins fort éloigné de croire ; car ces peuples, errants de la grande Tartarie, fuient quelquefois très-loin après un combat malheureux : on ne fait plus où ils font, & infenfiblement ils reviennent, & infenfiblement ils fe raffemblent; d'ailleurs, fi l'on nous a bien inftruits, il doit fe trouver des débris de ces hordes réfugiés fur le territoire de la Ruffie. Quand les plans de ces batailles furent deffinés, il ne fe trouva pas un homme à la Chine capable de les graver. Et en effet, il n'exifte point de graveur en taille douce dans toute l'Afie, où l'on méprife trop les tableaux pour en multiplier les copies par le moyen du burin, inftrument qui veut être manié avec une patience dont les Orientaux paroiffent fort peu fufceptibles. Ils expédient fi promptement tout ce qu'ils gravent en bois, qu'on eft étonné de voir travailler les Indiens qui découpent les moules pour les toiles peintes : auffi n'y font-ils pas des contre-hachures, ce qui les arrêteroit malgré eux.

Les jéfuites, pour attirer d'abord beaucoup de monde dans leurs églifes de la Chine, fous le regne de l'empereur *Cam-hi*, en firent peindre les murailles à la maniere de l'Europe, ce qui leur réuffit au-delà de toute attente ; & même, dit le Pere Gobien, à *Yam-tcheou*, où l'on ne put employer qu'un très-médiocre artiste. Ce qui frappa le plus les Chinois, ce furent les tableaux de perspective : on prétend que l'empereur lui-même porta la main sur ceux que lui offrit le pere Bruglio, parce qu'il y soupçonnoit quelque enfoncement, tout comme cet aveugle, auquel on fit l'opération de la cataracte à Londres. Ghirardini, qui peignit une colonade & des membres d'architecture à Pekin, passa pour un sorcier qui éblouissoit le peuple par des talismans. L'homme sauvage n'admire rien, l'homme ignorant admire tout, & Ghirardini, qui n'étoit point fort flatté d'avoir de tels admirateurs, revint à la hâte en Europe, où il publia cette relation qu'on vient de citer.

Il doit paroître un peu étrange après cela que le pere le Comte dise que les Chinois n'avoient point absolument bien approfondi les principes de la perspective, puisque la vérité est qu'ils n'en eurent jamais la moindre idée, quoiqu'ils ne cessassent de faire des paysages, où il n'y avoit ni point de vue ni lointain. Les lignes fuyantes leur étoient aussi inconnues que le point où il faut qu'elles se réunissent, n'ayant aucune notion des regles auxquelles les effets de la lumiere sont invariablement soumis ; & ignorant la pratique des repoussoirs ou des grandes masses d'ombre qu'on met sur les devants, ils tâchoient inutilement d'éloigner les objets en plaçant fort haut dans le ciel des tableaux, ce qui ne les éloignoit point ; car le plan de l'horizon étant ainsi porté au-delà de toute borne, l'illusion de la perspective étoit détruite. Et d'ailleurs, ils ne savoient ni rompre ni dégrader les couleurs.

On peut croire combien de tels peintres ont dû être embarrassés, lorsqu'ils vouloient représenter la vue d'un jardin Chinois, où il y a des montagnes artificielles qui en cachent d'autres, des précipices, des foffés, des allées tourneufes, des arbres plantés fans ordre, fans fymmétrie, des canaux qui vont en ferpentant, & tant de chofes fi confufes qu'il n'y a qu'une imagination dépravée qui ait pu en enfanter l'idée. Au refte, quoiqu'ils maltraitaffent finguliérement le payfage, ils maltraitoient encore davantage les figures.

Dans le dictionnaire des beaux-arts, il eft dit que ce qui fait le caractere de la peinture Chinoife, c'eft la propreté ; mais fi par ce terme on prétend défigner des couleurs très-belles, très-vives, appliquées fans entente fur des deffins faits fans vérité, fans génie ; alors il fe trouvera que la propreté eft le caractere de tout ce qu'on peint dans l'Afie méridionale, où les plus précieufes fubftances colorantes fe rencontrent avec profufion ; mais c'eft là un don de nature, dont les habitants de ces climats n'ont jamais tiré aucun avantage.

Les Chinois donnent en général le nom de *Hoa-pei* à ces miférables qui peignent les cabinets, les grandes lanternes, les porcelaines & les verres qu'on leur apporte de l'Europe. Ces ouvriers paffent pour être les plus pauvres de tout l'empire ; ils peuvent à peine gagner de quoi vivre ; quoiqu'ils travaillent très-vîte & qu'ils faffent encore travailler avec eux tous leurs enfants dès l'âge de 6 ou 7 ans, ce qui gâte la main de ces enfants pour le refte de leurs jours ; car, comme ils peignent avant que d'avoir appris à bien deffiner, ils deviennent ce qu'ont été leurs peres, c'eft-à-dire, des barbouilleurs. Ceux de ces éleves qui ont le moins d'aptitude, ne parviennent qu'à la connoiffance d'un petit nombre de contours ; il y en a qui ne favent faire que des tiges ; il y en a qui ne favent faire

sur les Egyptiens & les Chinois. 231

que des feuilles, & encore les font-ils mal. Généralement parlant, on ne trouve point en Asie des peintres qui sachent bien rendre le feuillage des arbres.

Le pere Parrenin se voyant dans l'impossibilité de justifier aux yeux de M. de Mairan l'ignorance profonde des Chinois dans l'astronomie, s'avisa d'écrire un jour que ce peuple avoit beaucoup de génie ; mais qu'il payoit très-mal les astronomes. Or il paie encore bien plus mal les peintres ; un homme qui voudroit employer trente ans à s'y former dans son art avant que de rien produire, ne pourroit ensuite jamais se défrayer, car on ne sait pas, dans ce pays, ce que c'est que la gloire ou l'ambition : on y calcule tout.

Ces *Hoa-pei*, dont nous venons de parler, sont ordinairement attachés à quelques fabriques, & sur-tout à celles de porcelaine, où ils recevoient jadis fort souvent la bastonnade, quand ils tachoient par malheur un vase, ou quand la couleur venoit à découler hors de ses contours pendant la cuisson ; & ils supportoient patiemment les coups, mais les ouvriers qui faisoient les moules, & ceux qui préparoient la pâte, travail assez dur par lui-même, au lieu de se laisser battre, sautoient quelquefois par désespoir dans leurs fourneaux allumés pour finir ainsi leur déplorable destinée. Les Tartares Mandhuis ont un peu modéré à cet égard le pouvoir des mandarins, qui, avant les temps de la conquête, tyrannisoient les ouvriers, car ces mandarins étoient des eunuques infames, auxquels on confioit l'inspection des fabriques, dont il n'y en a pas qui soit exempte de payer un tribut à la cour, laquelle a par là acquis une influence directe sur tous les ouvrages qu'on y exécute, ce qui fait une partie de la servitude de ce peuple, dont les inſtitutions ſont preſque en tout oppoſées à celles de l'ancienne Egypte. Les Chinois n'ont jamais penſé à rendre les profeſſions héréditaires, je ne dirai pas dans les familles, ce qui eſt impoſſible ; mais pas même dans de certaines tribus ou dans de certaines caſtes : chacun peut y choiſir un état, & même celui de bonze ou de moine mendiant, qui eſt le dernier de tous, ſans excepter celui de voleur. Cependant malgré cela les arts ſont reſtés à la Chine, comme chez la plupart des autres peuples de l'Orient, dans une eſpece d'enfance éternelle.

Toutes ces conſidérations ont pu faire croire que les habitants de ces contrées poſſédoient ſeulement un eſprit d'invention, & qu'ils manquoient de capacité, lorſqu'il s'agiſſoit de perfectionner une découverte. Là-deſſus je ferai obſerver que chez eux l'hiſtoire des arts & des métiers eſt chargée de beaucoup de ténebres, parce qu'ils ne ſe ſont jamais piqués de l'écrire avec vérité & avec candeur, de ſorte qu'on ne peut diſtinguer clairement les découvertes, que les Chinois ont faites, d'avec celles qu'ils ont empruntées des Indiens, qui, ſuivant nous, ont porté à la Chine la méthode d'imprimer le coton avec des moules. Et de là il n'y a qu'une diſtance infiniment petite, ou pour mieux dire nulle, à la méthode d'imprimer des livres avec des moules. Rien n'eſt plus indigne que la maniere dont les Chinois tergiverſent & ſe contrediſent, lorſqu'on veut qu'ils s'expliquent ſur la véritable époque de l'invention de leur imprimerie : ils diſent l'avoir connu cinquante ans avant notre ere ; & dans les annales de l'empire, on aſſure qu'elle fut ſeulement inventée ſous le regne de *Mingtſſung*, qui, ſelon la chronologie qu'on ſuit aujourd'hui en Europe, ne monta sur le trône que l'an 926 après notre ere. Or il y a encore en cela une erreur ou une époque antidatée de plus de deux siecles, puisque le pere Trigault, qui écrivoit vers l'an 1615, dit qu'on ne sauroit prouver que les Chinois aient fait quelque édition avant l'an 1100. (*a*)

A ne consulter que les monuments que nous avons dans l'Occident sur l'ancien état du commerce & des arts de l'Asie méridionale, il n'y a point de doute que ce ne soit aux Indiens qu'il faut attribuer l'invention de l'imprimerie en coton, dont les toiles ont toujours été, comme aujourd'hui, une branche considérable de leur négoce ; ainsi qu'on le voit par ce qu'en rapporte l'auteur incertain du *Périple de la mer Erithrée.* (*b*) Et ces toiles ont encore été, dans l'antiquité comme de nos jours, chargées d'un dessin baroque, de chimeres & d'êtres fantastiques ; (*c*) ce qui provient de l'esprit exalté des Orientaux, de leur passion pour les allégories, & de leur ignorance : il est aisé de peindre des monstres, & fort difficile de bien représenter des animaux réels, dont la forme & les proportions sont connues au point qu'on ne sauroit s'en écarter sans détruire la ressemblance :

(*a*) *Expeditio apud Sinas*, p. 19.
(*b*) *Page 165, tome II. in collect. Operum Arriani.*
(*c*) Il est déjà parlé dans Claudien des toiles peintes de l'Inde.

*Jam Cochleis homines junctos, & quidquid inane
Nutrit, in albatis quæ pingitur India velis.*
                                In Eutrop. I.

C'est ainsi qu'il faut lire ces vers, & non pas *Attalicis, Judaicis*, ou *Isiacis*, comme quelques éditions le portent. Le passage du livre de Job qu'on a cru concerner aussi les toiles peintes de l'Inde, ne les concerne pas. L'erreur provient du traducteur Latin.

ce qui n'eſt pas à craindre, quand on peint des chimeres. Il n'y a point de pays au monde où l'on faſſe plus de fleurs artificielles qu'à la Chine; mais un botaniſte, qui y a examiné les plantes naturelles, atteſte que parmi les fleurs de cette eſpece, dont on apporte des caiſſes entieres tous les ans en Europe, il n'y en a pas une qui ne ſoit monſtrueuſe, ſoit par les feuilles qui ſont d'un genre différent de la tige ſur laquelle on les a miſes, ſoit enfin par les calices & les autres parties de la fructification. Cet exemple prouve quelle confuſion il regne dans l'eſprit de tous les ouvriers Chinois : & combien l'imagination, qui les entraîne toujours, les éloigne de l'étude de la nature. Au reſte, il faut convenir que les étranges idées que ce peuple a ſur la beauté corporelle, ont en quelque ſorte mis les peintres & les ſculpteurs dans l'impoſſibilité de deſſiner noblement les figures : les uns & les autres doivent ſe conformer au goût dominant : ils doivent repréſenter les dieux mêmes avec de très-gros ventres, caractere qu'on obſerve dans toutes les copies ſi multipliées de *Ninifo*, qui reſſemble à un hydropique, & qui eſt aſſis ſur un de ſes talons comme les Orangs-Outangs & les Babouins. On ne ſauroit rien imaginer de plus oppoſé à cet air majeſtueux que les ſtatuaires Grecs donnoient à leurs divinités, que la phyſionomie, la corpulence & tout le maintien de cet affreux magot de *Ninifo*.

On croit que l'uſage des ceintures, dont les Chinois ſe ſont toujours ſervis pour ſerrer les robes, leur a fait regarder la tumeur qui en réſulte ſouvent au ventre, comme une grande perfection dans le corps de l'homme ; mais ce préjugé, que nous ſavons avoir été répandu juſqu'en Ruſſie, peut venir originairement des

sur les Egyptiens & les Chinois.

Tartares, qui étant toujours à cheval, contractent plus ou moins ce défaut par un effet de l'équitation, qu'Hippocrate paroît indiquer, lorsqu'il parle des Scythes. Il faut observer que ce que les Chinois ont pris pour une marque de beauté dans les hommes, leur a semblé au contraire un vice très-choquant dans les femmes, dont ils veulent que le corps soit fluet & délicat. En effet, dès qu'ils commencerent à écraser les pieds aux filles, toutes ces opinions bizarres dûrent découler les unes des autres comme des conséquences nécessaires. Ainsi pendant que les mandarins mangent tout ce qu'ils peuvent imaginer de plus nutritif, comme les tendons de cerfs & les nids d'oiseaux, dans l'espérance de gagner beaucoup d'embonpoint pour pouvoir remplir leur fauteuil dans les tribunaux, les femmes jeûnent de crainte d'engraisser : & celles, qui prétendent que le travail des mains avilit l'ame, ont soin de se laisser croître les ongles, qu'elles conservent pendant la nuit dans des gaînes de bambous ou de métal. L'extrême longueur de ces especes de griffes, jointe à celle des paupieres, qu'elles alongent aussi par artifice, ne produiroit point de grands effets aux yeux des Chinois, si elle n'étoit encore accompagnée par la délicatesse de la taille, que les sculpteurs & sur-tout les peintres n'ont jamais su bien représenter. Quelquefois ils ont dessiné des figures de femmes monstrueuses par leur hauteur, relativement à l'épaisseur & à la rondeur des membres : on voit une infinité de ces corps ainsi élancés sur de vieilles porcelaines, qui en ont contracté un nom particulier en Hollande : car aujourd'hui ce style ridicule s'est un peu adouci par la conquête des Tartares, qui ne pensent ni sur la beauté, ni même sur la vertu des femmes, comme les Chinois.

Je fais qu'on a accufé les *Hoa-pei* d'enlaidir les vifages en les chargeant trop, & en les faifant grimacer, ainfi que le dit le pere le Comte, (*a*) mais il eft fûr que ces barbouilleurs favent par cœur un certain nombre de contours à force de les avoir pratiqués ; & ce font toujours les mêmes qu'ils répétent, précifément comme les peintres des Indes Orientales, dont on connoît des tableaux cha gés depuis quatre-vingt jufqu'à cent perfonnages où toutes les femmes fe reffemblent, & tous les hommes auffi : car il n'y regne qu'un air de tête & de phyfionomie pour chaque fexe ; ce qui prouve de la maniere la plus manifefte qu'ils deffinent de pratique. Il eft très-croyable que quelques voyageurs fe font trompés, lorfqu'ils ont attribué aux Chinois la connoiffance de la peinture en frefque ; car les décorations de la pagode d'*Emoui*, qu'on en cite comme un exemple, paroiffent avoir été faites en détrempe, & d'ailleurs elles ne font point fort anciennes ; puifque toutes les repréfentations y ont du rapport au culte de *Fo*, (*b*) ainfi que dans les autres pagodes de l'empire ; fi on en excepte peut-être celles des *Taoffë*, fur l'intérieur defquelles nous n'avons point des notions fort exactes ; mais e ne doute nullement qu'elles ne foient auffi remplies de fymboles Indiens.

Comme les édifices des Chinois ne font point faits de maniere à réfifter pendant un long laps de fiecles ; il n'eft pas abfolument étonnant

---

(*a*) *Nouveaux mémoires fur la Chine* T. I. *Lettre VI.*
(*b*) *Salmon Etat préfent de la Chine*, *Tome I. page 190.*

qu'il n'existe nulle part chez eux des peintures antiques: mais ce qui doit nous surprendre, c'est que Nieuhof dit de la façon la plus positive, qu'ils n'ont pas non plus des statues antiques. (a) Il n'y a point d'homme instruit, qui regarde ou qui ait jamais regardé comme authentiques les représentations de Confucius, que le peuple imbécile prétend avoir été faites de son vivant.

Au reste, quand même les plus vieilles statues Chinoises atteindroient à une telle époque, ce n'en seroient pas pour cela des monuments bien anciens. On suppose qu'Hérodote écrivoit vers l'an 480 avant notre ére; ainsi il écrivoit du vivant même de Confucius, dont l'histoire m'est inconnue; mais je suis les traditions vulgairement adoptées. Or, lorsque Hérodote vint en Egypte, il y vit des statues déja tombées en pieces par vétusté: quoiqu'elles eussent été faites probablement de bois de Sycomore, qui résiste si long-temps contre les efforts du temps, comme nous le voyons par les caisses des momies, lesquelles sont ordinairement de ce bois-là, qui étant imbu d'une seve âcre, dégoûte les vers qui voudroient le mordre. Ces statues Egyptiennes, déja tombées en ruines dans le siecle où l'on fait vivre Confucius, sont des monuments assez anciens.

Je sens qu'il seroit nécessaire de faire à la Chine des recherches plus approfondies que celles de Nieuhof, qui suivit néanmoins la route du grand canal pour aller de Canton à Pekin, de sorte qu'il traversa tout le centre de l'empire, où jusqu'à présent on ne connoît rien

---

[a] Algemeene Beschryving van't Ryk Sina, Part. secund. folio 48.

de plus ancien que le *Van-ly* ou la grande muraille, & encore ignorons-nous en quelle année elle fut réellement commencée : tant l'histoire de ce pays est remplie de lacunes, d'obscurités & de contradictions.

Pour ce qui est des statues colossales, faites d'argille, ou de plâtre peint ou doré, on en a trouvé assurément un très-grand nombre depuis le vingt-unieme degré de latitude Nord, jusqu'au-delà du quarantieme, & depuis l'extrêmité Occidentale du *Chensi*, jusqu'à *Voën-teng*, qui est le cap le plus à l'Est de la terre de la Chine. Mais tous ces ouvrages ont indubitablement été exécutés dans des temps postérieurs à notre ere vulgaire ; comme cela est démontré par les symboles mêmes de ces colosses, qu'on sait être relatifs à la religion des Indes. Quant à des statues chargées de quelques attributs de divinités Egyptiennes, on n'en a découvert ni la moindre trace, ni le moindre vestige dans toute l'étendue de l'empire, & rien ne sauroit être plus opposé au style des artistes de l'Egypte, que celui dans lequel les Chinois travaillent : ce qui deviendra encore bien plus frappant, lorsque nous tenterons de faire le parallele de l'architecture de ces deux peuples, qui ne se sont presque rencontrés en rien, & sur-tout pas dans le *dragon* & le *fom hoam*. comme M. de Mairan a eu grand tort de le soutenir.

On ne peut se dispenser d'entrer ici dans de certains détails par rapport à ces animaux fabuleux, dont les représentations ont été si incroyablement multipliées par les peintres & les sculpteurs de la Chine.

Le dragon, que les empereurs y portent dans leurs drapeaux, dans leurs livrées, & sur leurs habits, se nomme en Chinois *lu* : or ce mot se retrouve dans plusieurs langues Tartares, & sur-tout dans la Kalmouke, la Mongole & la Turque, sans que jamais la signification en varie, ni même l'orthographe : car c'est ainsi qu'écrivent Abulgazi & le prince Ulugh-Beig, neveu de Tamerlan ; l'un dans son *histoire*, l'autre dans ses *époques*. Cette singuliere conformité m'a d'abord porté à croire que le dragon Chinois est la principale piece des armoiries, que les hordes Tartares portoient au temps où elles firent quelques établissements dans le Thibet & dans la province de *Chensi* ; & un auteur Allemand a même soupçonné, que cette espece de monstre peint grossiérement dans leurs bannieres & sur leurs boucliers, a donné lieu à la fable si célebre dans la mythologie Scythique au sujet des combats des Arimaspes avec les Griphons. (*a*)

Quoiqu'il en soit, les Mongols, qui conquirent la Chine au treizieme siecle, & les Mandhuis, qui la conquirent au dix-septieme, ont également respecté ce symbole, en l'adoptant, sans y faire le moindre changement ; ce qui prouve assez qu'ils ont été convaincus qu'il venoit originairement de quelque tribu Tartare : aussi tous les historiens Chinois conviennent-ils que cet emblême du dragon est aussi ancien que leur prétendu fondateur *Fo-hi*. Il seroit inutile d'objecter que les Tartares Mandhuis ne voulurent point désespérer le peuple conquis en le forçant de renoncer aux armoiries de ses ancêtres ; puisque ces vainqueurs ne furent émus ni par les prieres, ni par les larmes, lorsqu'ils eurent formé le dessein de changer tout l'habillement Chinois : rien au monde ne

---

[*a*] *Beer in der Erlæut. zur allg. Welth.* Tome 3. p. 35.

put les détourner de cette résolution dictée par la plus saine politique, & il fallut quitter l'habillement Chinois, ou mourir, ou fuir comme ceux qui se sauverent à Batavia pour y conserver leur longue chevelure.

Après cela on voit combien il est absurde de vouloir trouver dans le dragon de la Chine un crocodile du Nil, animal qu'on a constamment appellé, en Egyptien vulgaire, *chamsa*, ce qui n'a pas le moindre rapport au *lu* des Chinois, qui d'ailleurs parlent une langue monosyllabique, c'est-à-dire, toute composée de mots d'une seule syllabe; & l'ancienne langue Egyptienne étoit au contraire polysyllabique: différence si notable qu'il ne seroit gueres possible d'en imaginer une plus grande entre deux nations de la terre connue.

M. de Mairan s'est extrêmement trompé, quand il a prétendu que les Pharaons ou les anciens rois d'Egypte portoient dans leurs armoiries un crocodile. (*a*) Il ne faut qu'être tant soit peu versé dans la mythologie de ce pays pour savoir que ce lézard étoit l'emblême de Typhon ou du mauvais principe, hormis dans de certaines villes situées fort loin du Nil sur des canaux faits de main d'hommes.

Il est vrai qu'un Juif, pour insulter un roi d'Egypte, l'a nommé insolemment *grand dragon* ou *thamnin*, en le comparant au crocodile.
Mais

―――――――――――

(*a*) *Lettres au pere Parrenin, concernant diverses questions sur la Chine*, page 74.

M. de Mairan prétend qu'il n'existe point de crocodiles à la Chine. Le pere Martini, Nieuhof & quelques autres auteurs, dont M. de Mairan n'a pas eu connoissance, assurent qu'on en trouve dans la riviere Ço.

sur les Egyptiens & les Chinois. 241

Mais que peut-on conclure d'un terme si odieux, inspiré par la haine nationale, qu'on sait avoir subsisté alors entre quelques Hébreux & quelques Coptes ? sinon que les hommes ont fait usage des injures dans tous les siecles.

Voici ce qu'il en est. Elien nous désigne beaucoup mieux que Diodore de Sicile, l'espece de symbole que les rois d'Egypte portoient dans leur diadême : c'étoit, dit-il, l'image d'un aspic tacheté. (*a*) Or cet aspic est précisément le *thermutis*, ou le serpent sacré, qui se mord la queue : on le mettoit également sur la tête d'Isis pour indiquer la puissance, & on le connoît très-bien dans les monuments. Il n'a absolument aucun rapport avec le dragon de la Chine, & lui ressemble bien moins que les fleurs de lys de la France ressemblent au chardon de ce pays, qui le porte dans son écusson. Ainsi les erreurs, où l'on est tombé au sujet du dragon, sont pour le moins aussi monstrueuses que l'animal même dont il s'agit.

Quand à l'oiseau *fom-hoam*, on peut démontrer clairement qu'il n'a rien de commun avec le *phénix*. Les Chinois ne connoissent pas & n'ont jamais connu le cycle caniculaire, composé de quatorze cent soixante & un ans : or, comme ils n'ont pas la moindre idée de ce cycle, il s'ensuit qu'il ne sert pas même à parler du *phénix*, lequel n'est autre chose que l'accomplissement de la révolution qui rame-

---

(*a*) *Hinc Ægyptiorum Reges in diademate variegatas Aspides gerere intellexi, per figuram istius animalis invictum Imperii robur significantes* De Nat. ánimal. Lib. VI. cap. 38. Suivant Diodore, cet emblême changeoit en Egypte selon le caprice des souverains, qui portoient aussi quelquefois dans leur diadême la tête d'un Lion ; mais je doute qu'en cela Diodore ait été bien instruit.

Tome I. L

noit le lever héliaque de la canicule au premier jour du mois *thoth*. L'oiseau *fom-hoam*, qu'on représente avec un bouquet de plume sur la tête suivant la figure qu'en a publiée le pere Boius, m'a toujours paru être le même symbole que la huppe si célebre dans la mythologie des anciens Indiens, & sur laquelle on peut trouver beaucoup de détails dans Elien, auquel il suffira d'avoir renvoyé le lecteur.

Il s'en faut de beaucoup qu'à la Chine le nombre des sculpteurs proprement dits, égale celui des potiers ou de ceux qui font en moules des figures d'argile, de plâtre & de pâte de porcelaine ; & auxquels les Bonzes procurent infiniment plus d'occupation qu'on ne seroit porté à le penser, si l'on ne savoit que ces fanatiques multiplient, d'année en année, le nombre des magots. Il y a déja plus d'un siecle, qu'on montra à des ambassadeurs Hollandois, qui alloient à Pekin, une pagode qu'on soupçonnoit contenir près de dix mille de ces figures depuis la hauteur d'un demi pied jusqu'à la stature colossale, rangées sur des tablettes, comme on range des livres dans une bibliothéque : outre ces magots logés dans les temples, chaque Chinois en a un certain nomdre chez lui, & ceux qui passent leur vie sur les barques à l'embouchure des grandes rivieres, y fabriquent des chapelles qui en sont garnies : si à cela on ajoute que le total de ce qui en est passé en Europe, se monte à cinq ou six millions, alors on pourra, dis-je, se persuader que les potiers de la Chine, ne sont point désœuvrés ; quoiqu'ils feroient beaucoup mieux d'aller défricher les landes du *Koei-Tcheou*, que de produire des bagatelles si grossieres & si inutiles : car nous ne parlons pas de certaines statues de pierre lardite, sorties de la main des sculpteurs, & qui sont sans contredit ce que ces artistes ont fait de mieux, ou de plus supportable : ordinairement l'ampleur des draperies y cache les parties les plus difficiles à rendre, comme les mains & les pieds, qu'ils estropient dans tous les sujets où ces membres sont à découvert; car ils n'ont aucune idée de l'anatomie ou de l'ostéologie ; & ne se servent ni de squelettes, ni de manequins pour apprendre à dessiner. Quelque bon modele qu'on leur fournisse, ils ne peuvent s'empêcher de tomber dans leur contours de pratique : en voulant imiter des grouppes de porcelaine de Saxe qu'on leur avoit apportés, ils y ont fait des oreilles, des sourcils, des yeux & des nez Chinois. Au reste, ce n'est point seulement pour les vases & les pieces de porcelaine de quelque importance ; mais même pour de certaines étoffes de soie comme les damas, que les négociants d'Europe doivent donner des modeles sans quoi ils seroient fort mal servis.

Il est aisé de concevoir pourquoi les sculpteurs ont constamment eu à la Chine une supériorité assez sensible sur les peintres, lesquels avoient sans comparaison plus de difficultés à vaincre pour se former dans le coloris, pour parvenir à la connoissance du clair obscur & pour approfondir les regles de la perspective. Or, comme ils n'ont jamais pu atteindre à ces points essentiels de l'art, ils ont dû rester aussi continuellement en arriere ; & lors même que leur dessin a été aussi correct que celui des sculpteurs, leurs tableaux n'en ont point été pour cela moins inférieurs aux statues & aux bas reliefs. (*a*) Ce qui est ici vrai par rapport

---

(*a*) Les Chinois font de certains bas-reliefs dans la

à la Chine, reste également vrai par rapport à tous les autres pays du monde, sans même excepter la Grece ; puisque nous voyons que la statuaire y avoit été portée au plus haut degré de perfection où les hommes puissent atteindre, tandis que des peintres d'ailleurs aussi célebres que Polygnote, y péchoient encore grossiérement contre les loix de la perspective, & ce qu'il y a de bien pis, ils ne soupçonnoient pas qu'il y eût quelque défaut dans leurs tableaux : ainsi, loin d'être parvenus à la perfection, ils ne l'entrevoyoient pas même là où elle est.

Les arts, que les Egyptiens ont cultivés avec le plus de succès, sont précisément ceux, dont les Chinois ignorent jusqu'aux éléments, car sans parler de la verrerie, dont les opérations leur ont été inconnues jusqu'au regne de *Cam-hi*, il est certain qu'ils n'ont pas fait des progrès dans la gravure des pierres fines, qu'on sait à-peine polir chez eux. *Il paroît*, dit M. Antermony, *que ce peuple ne fait pas grand cas des diamants : on en voit peu entre ses mains, & encore sont-ils aussi mal taillés que toutes les autres pierres de couleurs.* (a)

Les Chinois font, au contraire des Egyptiens, un grand usage de sceaux ou de cachets ; mais il n'y a que l'empereur, qui en ait en pierre ou en agathe : les ectypes, qu'on en a apportés en Europe, m'ont toujours fait croire, que

maniere de ceux de la colonne Trajane ; c'est-à-dire, que les figures y sont travaillées par pieces, coupées à plat sur le dos ; & ensuite collées ou attachées sur le fond. Mais ils ne se servent pas de cette méthode pour sculpter les entrelas sur les frises des *Pai-leou*.

(*a*) *Voyage de Pétersbourg à Pekin.* Tome I. page 304.

sur les Egyptiens & les Chinois. 245

la gravure en a été exécutée avec la même pointe de diamant, dont les Chinois se servent pour percer la porcelaine cassée, qu'ils tâchent de recoudre avec des fils de laiton ; & non, comme on l'a dit, au moyen du soûfre. Ce sont les Romains, qui ont employé ce minéral pour raccommoder les vases de verre brisés.

Un fait de la derniere importance, & sur lequel les jésuites ont toujours tâché de nous induire en erreur, c'est que les porcelaines les plus fines, les mieux cuites, les mieux peintes, & les plus beaux ouvrages en vernis ou en lacque, qu'on voie à Pekin & dans les autres grandes villes de la Chine, ne sont point des ouvrages Chinois ; mais on les y apporte du Japon. Quoique le pere du Halde ait eu la hardiesse de vouloir nier ce fait, nous dirons que les voyageurs les mieux instruits & les négociants n'ont jamais formé le moindre doute à cet égard. Et indépendamment du journal de M. Lange, que nous citons dans la note, (*a*) il est sûr que les porcelaines, que l'empereur de la Chine remit à M. Ismaïlof pour les présenter au Czar Pierre premier, avoient été fabriquées au Japon, où le peuple surpasse celui de la Chine dans tous les arts & tous les métiers, sans en excepter aucun & même pas l'imprimerie ; car il n'y a point de comparaison entre les planches gravées à *Nankim* & celles qu'on grave à *Méaco*, où les ouvriers font très-bien les lettres de l'alphabet & les carac-

---

(*a*) *Les plus beaux meubles de vernis, comme les cabinets, les chaises, les tables, les paniers, & autres choses de cette nature, de même que les belles porcelaines, viennent du Japon, à Pekin.* De Lange Journ. page 214. Voyez aussi *Osbecks Reise. S.* 194 & 202.

teres Chinois. D'un autre côté les Japonois n'ont jamais employé cette industrie destructive par laquelle on peut si aisément sophistiquer les couleurs pour peindre la porcelaine, & principalement le bleu : chez eux des magistrats préposés aux fabriques, ne permettent point qu'on altére ni la pâte, ni aucune substance colorante pour diapter la couverte.

Au reste, ce ne sont pas les Japonois seuls, qui nient que l'invention de la porcelaine soit due aux Chinois ; car on verra dans l'instant qu'il y a encore d'autres peuples en Asie, qui la revendiquent aussi : ce qu'il y a de singulier, c'est que ces contestations s'étendent jusqu'à la poudre à canon & la boussole. Je ne prétends pas ici m'expliquer sur toutes choses ; mais je doute qu'il fût possible de trouver une bonne aiguille aimantée dans toute l'étendue de la Chine, hormis celles qu'on y apporte de *Nangasaki*, & qui paroissent venir de l'intérieur du Japon, & de *Mia* où, suivant la carte de Tavernier, on travaille beaucoup en acier & surtout en lames de sabres & de poignards fort estimés. (*a*)

L'ancien gouvernement des *Dairis*, quoiqu'il fût en quelque sorte féodal, & par conséquent sujet à de grands inconvénients, semble pourtant avoir été moins défavorable aux arts & aux sciences, que le despotisme rigide du gouvernement actuel, qu'on sait avoir été introduit par ce monstre odieux, nommé *fide-schossi*, qui né dans une chaumiere mourut sur le trône en 1598. On dit que les troubles excités par

---

(*a*) La longitude & la latitude de *Mia*, sont mal indiquées dans la carte de Tavernier ; on trouve plus d'exactitude dans celle de M. Belin.

différents *Cubos*, n'étoient plus tolérables ; mais ces troubles, qui cessoient de temps en temps, valoient mille fois mieux que le pouvoir arbitraire, qui dure toujours. Il faut considérer les anciens Grecs dans les guerres intestines, d'ailleurs si fréquentes ; & les Grecs modernes, changés en bêtes sous le joug Othoman ; & ensuite on pourra juger assez sainement de tout ceci. Nous voyons au moins par Kempher, (*a*) qu'au huitieme siecle il y eut dans le Japon des sculpteurs, dont on a beaucoup honoré la mémoire, & depuis la nouvelle forme de régence, on n'honore plus la mémoire de personne, parce que l'honneur & le despotisme sont aussi incompatibles que le crime & la vertu.

Quoique les ouvrages du Japon ressemblent un peu à ceux de la Chine par le costume, on y reconnoît néanmoins au premier coup d'œil un meilleur dessin, plus de régularité dans les contours, plus de vérité dans les détails, & plus d'entente dans le coloris. Quelques artistes de ce pays ont même peint assez bien au naturel des fleurs, des plantes, des oiseaux, des quadrupedes & des poissons : mais ces objets isolés ne forment point des tableaux, où l'on trouve quelque notion de la perspective, & de la maniere de groupper les figures. Ceux-là se trompent très-grossiérement qui croient que les Japonois, qui ont fait ces dessins colorés, seroient en état de toucher le paysage ou de peindre en histoire : ils en sont très-incapables. Le prince d'Orange passe aujourd'hui pour posséder la plus belle collection de plante & d'animaux qu'on ait dessiné en Asie ; mais j'ignore si elle est venue du Japon ou de quelque autre contrée

_____

(*a*) *Histoire du Japon*, liv. *second page* 270.

Au reste, il faut dire de toutes ces sortes d'ouvrages, ce que dit M. Osbeck de la peinture Chinoise : les couleurs y sont si belles, qu'elles inspirent quelque indulgence en faveur de ceux qui les ont mal appliquées.

Si l'on faisoit une balance pour les peintres de l'Orient, comme M. de Piles en a fait une pour les peintres de l'Europe, les Japonois y péseroient un peu ; tandis que les Péguans, les Brames, les Siamois & la plûpart des Indous équivaudroient au zéro de M. de Piles, pour les quatre classes du dessin, de la composition, de l'expression. (*a*)

J'ai dû supprimer ici quelques détails, qui concernent la maniere dont on a exécuté au Japon de certaines statues de *Xaca*; car il faut que j'écarte les détails, & me fasse une route : d'autant plus qu'il reste encore à parler des Persans, des Indiens, & de quelques malheureux Africains. Quant au Thibet, cette partie si intéressante de la haute Asie, nous la laissons couverte du voile qui la cache ; quoique nous soyons d'ailleurs bien certains, qu'il y existe des peintres & des sculpteurs ; & si les portraits d'un roi de cette contrée, & d'un grand *Lama*, qu'on trouve dans la *Chine illustrée* du pere Kircher, ont été copiés fidélement, il s'ensuit que les artistes du *Lassa* ne sont ni inférieurs, ni supérieurs aux autres Asiatiques. Quoique le peuple du Thibet soit très-ancien & fort intimément apparenté avec celui de la Chine, il ne laisse pas pour cela de lui disputer

---

(*a*) Cette balance qui se trouve à la fin de son *Cours de Peinture*, a été un peu améliorée dans les *Mémoires de l'académie des sciences pour l'an* 1755.

quelques inventions, & entre autres celle de la poudre à canon. Des pieces d'arquebuserie apportées en Europe par Tavernier, comme des choses fort rares, prouvent qu'il doit y avoir eu dans le *Lassa* proprement dit, des fabriques d'armes à feu dirigées par d'assez bons ouvriers; mais l'antiquité de ces fabriques n'est constatée par aucun monument. Tout ce qu'on sait touchant l'état de la sculpture de ce pays, se réduit à quelques descriptions des statues du *Ménippe*, monstre symbolique qui a neuf têtes; car les peuples Tartares & les Chinois, que je n'exclus jamais de cette race-là, ont attaché au nombre neuf des idées bien plus extravagantes que celles que les Egyptiens attachoient au nombre sept. Une partie du cérémonial & des institutions politiques de la Chine est analogue à cette superstition puérile, comme la division des Mandarins en neuf classes, & mille autres absurdités, dont la plus forte & la plus triste est qu'ils punissent ou dégradent les parents d'un criminel jusque dans le neuvieme degré. Des écrivains, qui n'avoient rien examiné, rien approfondi, ont pris ces folies pour des marques de sagesse.

Nous regardons comme des exagérations grossieres tout ce que les Persans disent au sujet de *Manès*, le seul peintre de leur pays, dont le nom soit connu dans l'Occident, ce qui ne seroit jamais arrivé, s'il n'eût été en même-temps chef d'une secte, qui a conservé, dans ses légendes, beaucoup de faits qui concernent cet homme singulier, dont il doit exister encore des peintures à *Tchigil*, ville du Turkestan ou de l'Igour; hormis que cet endroit n'ait été dévoré par les flammes dans les dernieres guerres des Tartares, comme nous n'avons que trop lieu de le croire. (*a*) Mais s'il étoit possible de découvrir quelque part des ouvrages originaux de *Manès*, ils suffiroient certainement pour réfuter tout ce que les Manichéens en disent : car, si les Persans avoient trouvé dans leur pays, de bons modeles d'anciens maîtres, ils n'auroient pas manqué d'y puiser la connoissance d'un art qu'ils ignorent presque entiérement, quoiqu'ils ne cessent de le cultiver : car on sait qu'ils ont adouci la rigueur du Mahométisme, qu'on ne comptera, par conséquent, point au nombre des causes qui ont fait dégénérer la peinture parmi eux. On dit, à la vérité, que leurs tapis à personnages avoient déja acquis beaucoup de célérité dans la Grece au siecle d'Alexandre ; puisqu'il en est parlé dans Théophraste, mais il n'y a point de Grec, ni en général point d'Auteur ancien, qui en ait loué le dessin : car les expressions, qu'emploie Martial en parlant des tapis de l'Assyrie, lesquels avoient tant de rapport avec ceux de la Perse, ne concernent que la richesse de la soie, l'éclat des couleurs & le genre de la broderie, (*b*) à laquelle les Medes, les Babyloniens & les Persans n'employoient que la main des femmes, qui dans tout l'Orient, savent mieux broder, que les hommes n'y savent peindre : car elles ne peuvent précipiter si fort ce travail, & elles se voient en quelque sorte retenues par tous les points du patron,

---

(*a*) On peut voir dans Hyde *de Religione Persar*. Pourquoi *Manès* quitta la Perse.

(*b*) *Non ego prætulerim Babylonica picta superbè*
Texta Semiramiâ quæ variantur acu.
 Epig. 28. Lib. VIII.

dont il faut bien suivre les traces. C'est donc depuis que les Orientaux ont exécuté au métier les tapis, qu'ils faisoient anciennement faire à l'aiguille, que ces ouvrages ont beaucoup perdu de leur mérite ; quoiqu'il n'ait jamais été difficile de les surpasser, puisque de l'aveu même des anciens, on les surpassa en Egypte où l'on n'employa pour cela que le métier. (*a*) Mais les persans avoient une autre espece de broderie sur des gazes, que les Egyptiens ne purent contrefaire qu'en se servant aussi de l'aiguille, comme on le voit par ce que dit Lucain de ce superbe voile de Cléopatre, qu'il n'a pu décrire qu'en trois vers héroïques.

Je suis persuadé que les peintres de la Perse ont toujours travaillé comme ils travaillent aujourd'hui. Supérieurs aux Arabes & aux Indiens dans les entrelas, les fleurs de caprice & les Mauresques, ils font fort mal les figures humaines, & leur dessin est si peu assuré qu'ils ne sauroient bien rendre les visages de face ; de sorte qu'ils composent tellement leurs sujets qu'on ne les y voit que de profil ou à trois quarts ; & cela même dans les représentations obscenes, pour lesquelles ils ont un goût décidé, & leur tapis s'en sont plus d'une fois ressentis. Quant à leur perspective, ils l'entendent comme les Chinois, c'est-à-dire, qu'ils n'en ont pas la moindre notion, & quelques menteurs qu'aient été les Manichéens dans leurs légendes, ils n'attribuent aucune connoissance de cette partie à *Manès*, qu'ils louent princi-

─────────────

(*a*) Rien n'est plus connu que ce distique de Martial.
Hæc tibi Memphitis tellus dat munera : victa est Pectine Niliaco jam Babylonis acus.

palement sur sa dextérité à tirer des lignes droites sans le secours d'aucun instrument, à la pointe du pinceau.

Voici un fait, qui doit paroître décisif : lorsque l'empereur de Perse, *Shad Abas* second, voulut apprendre à dessiner passablement, il ne trouva point dans tout son pays, ni même parmi les peintres attachés à sa cour, un seul homme en état de lui donner des leçons ; & il fallut appeller à Ispahan, un Hollandois nommé *Angel*, que Tavernier dit avoir rencontré aux environs de Chiras. (*a*)

Malgré tout cela les Persans revendiquent plusieurs découvertes relatives à différents genres de peinture ; & comme ils disputent aux Chinois & aux Japonois l'invention de la pâte de la porcelaine, ils leur disputent aussi l'invention des couleurs propres à la diapter ; quoiqu'ils ne paroissent point avoir porté cette pratique aussi loin que ceux auxquels ils la contestent. Je n'ai jamais pu savoir ce que pensent à cet égard les Indiens ; mais je sais qu'ils font de la porcelaine assez bonne, & probablement ils la font sans disputer, en se reposant sur cette impénétrable obscurité, qui regne dans l'histoire des arts de l'Asie, où un chacun peut hardiment s'arroger quelque découverte que ce soit, parce qu'on y manque de monuments pour constater les faits & les dates. Ce qu'il y a de surprenant, c'est que ces contrées de l'Asie, qui ont tant travaillé pour perfectionner la porcelaine, n'ont eu des verreries que vers le milieu du siecle passé, ou au commencement de celui-ci : la premiere, qu'on ait vue à la Chine, y fut établie à Pekin par un religieux

---

(*a*) *Voyage de Perse*, tome *I*, page 729.

sur les Egyptiens & les Chinois. 253

sous le regne de *Cam-hi*: la premiere qu'on ait vue en Perse, y fut établie à Chiras par un Italien; & on sait par la liste des marchandises envoyées aux Indes du temps des Romains, que les Indiens manquoient alors de verre, quoiqu'ils eussent du cristal natif.

Au reste, de toutes les découvertes que les Persans s'attribuent, celle qui concerne la Mosaïque, a paru la mieux fondée aux yeux de M. Furietti; (*a*) parce qu'il a vu ce que tout le monde a pu voir qu'il étoit question dans le livre d'*Ester* d'un pavé à compartiments en pierres de couleur; mais les auteurs Arabes parlent d'ouvrages semblables: ils parlent même de pavés tout incrustés de pieces de verre. Par-là on s'apperçoit au moins que les Persans ont eu cela de commun avec d'autres nations de l'Orient, du nombre desquels je doute qu'on puisse exclure les Egyptiens: (*b*) & on sait que M. Michaélis n'en a pas même exclu les Juifs dans le traité qu'il a intitulé: l'*Histoire du verre chez les Hébreux*, tandis qu'il est impossible de prouver, qu'il y ait eu anciennement quelque foible apparence de la moindre verrerie dans la Judée, à laquelle il ne faut point attribuer les fabriques de Tyr & Sidon. Quoiqu'il en soit, on ne sauroit nier que ces pavés à compartiments n'aient été des ouvrages de mosaïque, à laquelle on s'est toujours beaucoup appliqué dès que la peinture a dégénéré: car

---

(*a*) *De* Musivis, *capite primo.*
(*b*) Lucain en décrivant le luxe de Cléopatre, dit :
    --- --- --- *totáque effusus in aulâ*
    Calcabatur onyx.
Ce que l'on ne peut entendre que d'un pavé dans le goût de celui des Persans.

sans parler de ce que nous voyons pratiquer en Italie de nos jours, il est certain que les ouvriers en mosaïque ne furent jamais plus encouragés par de grands privileges que sous le regne de Théodose & de Valentinien, lorsqu'il n'existoit plus un seul bon peintre dans tout l'empire Romain, c'est-à-dire, dans le monde entier; & les choses sont à-peu-près revenues au point où elles étoient alors : on embrasse l'ombre au lieu de la réalité.

Quoique les Persans aient appris des Indiens l'art de peindre le coton & celui de l'imprimer avec des moules & des contremoules, ils prétendent néanmoins avoir surpassé beaucoup leurs maîtres. Et on croit même en Europe, que les *Kalencards* de Perse l'emportent sur les plus beaux *Tapissendis* de Paliacate & de Visapour, & sur les plus belles chites de Masulipatan & d'Amadebath; mais cela n'est vrai que par rapport au dessin, & non par rapport aux couleurs de l'aveu même de M. Chardin, qu'on sait d'ailleurs avoir été fort prévenu en faveur des Persans, *qui, selon lui, étoient les plus grands sculpteurs du monde avant l'établissement du Mahométisme.* (*a*) Si ce voyageur est blâmable pour avoir proposé une opinion si extrêmement éloignée de la vérité, il ne l'est pas moins, lorsqu'il tâche de justifier l'usage où sont les empereurs de Perse d'entretenir à leurs frais des atteliers & des manufactures; puisque c'est une des plus pernicieuses institutions que les despotes ou les Tyrans aient pu imaginer : aussi ne manquerai-je pas d'en parler plus amplement dans l'instant. M. l'abbé de Guasco paroît avoir été emporté vers un excès opposé à celui

_____

(*a*) *Voyage de Perse*, tome *III*, page 284.

de Chardin, lorsqu'il assure que de tous les monuments des Asiatiques ceux des Persans semblent mériter le moins d'attention. (a) Il y a quelque apparence que ce jugement dérive de celui que Tavernier a porté touchant les ruines de *Tchel-minar*, qu'il déprime tant qu'il peut. Mais Tavernier savoit à peine lire & écrire: on connoît ceux qui lui ont prêté leur plume, & qui étoient aussi des rédacteurs très-médiocres; de sorte qu'on ne peut faire aucun usage de ses relations dans tout ce qui concerne les antiquités de la Perse, & différents points de critique ou d'érudition. Et malheureusement on ne sauroit se fier d'avantage sur le rapport d'un moine nommé Emmanuël, qu'on cite dans les *Mémoires de l'Académie des Inscriptions*, touchant des statues qu'il dit exister à deux lieues de *Kirman Shah*, sur une montagne de la Médie, où les anciens ont placé aussi beaucoup de monuments chimériques attribués à Sémiramis. Tout ce que nous savons, c'est que quelques sculpteurs élevés en Egypte, ont travaillé dans la Médie, & vrai-semblablement aussi aux bâtiments de *Schel-minar* ou d'*Estakar*, où ils semblent même avoir mêlé quelques emblêmes de leur religion, comme le cercle ailé, parmi les symboles de la religion des Mages: mais en général les Persans ont commencé dès le regne des Xerxès premier, à avoir dans les arts quelque supériorité sur les Indiens, qui ont la réputation de travailler le plus mal de tous les Asiatiques, si on en excepte peut-être les Chinois. Cependant le *Shastah* & le *Védam* ne leur défendent point & ne leur ont jamais dé-

---

(a) *De l'usage des statues chez les anciens*, p. 426.

fendu la peinture, la ſtatuaire, la ſculpture & la gravure en creux ou en relief.

Si toutes les religions de l'Orient avoient eu ce caractere ſombre & attriſtant qu'on impute au mahométiſme, alors on ne verroit pas ſi bien quelle eſt en tout ceci l'influence du climat & des inſtitutions politiques : car, en ce cas, on attribueroit uniquement aux inſtitutions religieuſes le peu de progrès que ces peuples ont faits dans les beaux-arts. Il eſt hors de doute, de l'aveu même des Turcs & des Arabes, que Mahomet ne ſavoit ni lire, ni écrire : ainſi ce ne fut point, comme on l'a cru, en liſant quelques ouvrages compoſés par des Ignicoles, qu'il y puiſa l'averſion qu'on lui a connue pour les repréſentations des êtres animés ; (*a*) mais il puiſa ces idées-là dans la corruption même du Judaïſme, qui, à meſure qu'il s'éloigna de ſa ſource, ſe chargea de ſuperſtitions nouvelles, comme un ruiſſeau ſe groſſit dans ſon cours. Car les ſavants conviennent que ce ne fut qu'au ſiecle des Macabées, que les juifs commencerent à témoigner tant d'horreur pour les images, & même pour les figures ſymboliques, placées dans le temple de Jéruſalem par des artiſtes venus de Tyr. Mais quoiqu'Origene diſe, dans ſon ouvrage contre Celſe, que ce peuple barbare de la Judée n'avoit de ſon temps ni un ſeul peintre, ni un ſeul ſculpteur chez lui, il ne s'enſuit point qu'il eût renoncé auſſi alors à la gravure en creux ſur les pierres fines, les ſceaux & les coins de métal ; car depuis leur ſortie de l'Egypte juſqu'au moment où j'écris, les Hébreux n'ont ceſſé de s'appliquer à cet

_____

(*a*) dans le texte Arabe de l'Alcoran la défenſe de faire des images, n'eſt pas ſi clairement exprimée qu'on le croit.

sur les Eyptiens & les Chinois.

art; quoique jamais un seul d'entre eux n'y ait véritablement excellé. Se trompe-t-on beaucoup? lorsqu'on croit que la tentation de falsifier de temps en temps les monnoies, leur a inspiré tant de penchant pour cette espece de gravure, qu'on leur laisse exercer publiquement en Europe, ce qui choque toutes les idées de la saine police : car comme les loix ne peuvent avoir de confiance en de tels hommes, elles devroient ôter d'entre leurs mains tous les instruments dangereux. L'ancienne Egypte est le seul pays du monde où l'on ait eu une bonne police par rapport aux Juifs. Celle des Romains à leur égard ne valoit rien dès le temps d'Auguste, & ce fut bien pis sous les Empereurs suivants.

Ceux qui n'ont jamais imaginé d'autre obstacle aux progrès de la peinture en Asie que le mahométisme, se sont extrêmement trompés, puisque l'établissement même de cette religion n'a produit d'autre changement parmi les Indiens, que celui qu'ils ont dû faire à certaines toiles peintes, où ils menagent les représentations d'animaux, sans quoi les Musulmans les plus zélés ne voudroient pas les acheter; car pour ce qui est des empereurs Mogols, ils n'ont jamais fait scrupule d'avoir à leur cour des peintres, dont M. Manouchi avoit rapporté quelques ouvrages en Europe, qu'on a eu la négligence de ne point faire graver. D'ailleurs on sait que ces princes, quoiqu'attachés au mahométisme, ont quelquefois fait représenter des images sur leurs propres monnoies, (*a*) & jamais

---

(*a*) M. l'abbé Barthélemi cite, dans sa *Dissertation sur les Médailles Arabes*, quelques autres princes mahométans, qui ont aussi fait graver des images sur leurs

l'idée ne leur vint, d'arrêter la circulation des especes qu'on nomme *vieilles pagodes*, qui sont de fabrique Indienne, d'un caractere de dessin très-grossier, & aussi révoltantes par leur type, que les mauvaises monnoies d'Achem & de Macassar. Enfin les Mogols n'empêchent pas les Indiens de faire des tableaux & des statues pour en orner leurs temples, qui peuvent à peine contenir tous les dieux mal faits qu'on y relegue. Il est aussi fort commun d'y voir des personnages symboliques, tantôt dans des attitudes de magots, comme les statues de *Sommona-Kodom* au Siam, & tantôt dans des attitudes surnaturelles ; car les bras & les jambes y font un écartement dont le corps humain n'est pas susceptible. Je soupçonne les sculpteurs de ce pays, qui n'ont aucune idée de la pondération, d'outrer ces postures en voyant celles où l'on trouve souvent leurs *Faquirs* qui mettent les mains à terre, élevent ensuite les pieds, de façon que les orteils posent sur les coudes ; & dans cette situation qui les fait ressembler à des satyres, ils s'écrient : ô que Dieu est fort ! ô qu'il est majestueux !

Quoique les Indiens se soient toujours distingués par leur inclination pour les statues polycéphales, c'est-à-dire, celles qui ont plusieurs têtes & des membres surnuméraires comme sept ou huit paires de bras sur un même tronc, il n'en est pas moins vrai que cette horrible corruption du goût a infecté la plupart des peuples de l'Orient ; & les Grecs mêmes n'en ont point été absolument exempts, car sans parler ici de ces representations à double & triple face, il est sûr

---

monnoies, en copiant les types des médailles Grecques ou Romaines ; mais cet usage est aujourd'hui aboli.

que les aîles, qu'on mettoit à beaucoup de statues, décelent dejà un penchant secret pour les membres furnuméraires. Si le climat de la Grece eut été de fix ou fept degrés plus chaud, on y eût vu beaucoup d'artiftes s'égarer en donnant dans le ftyle Oriental : aussi obseve-t-on que de certaines statues, qui n'étoient point encore aîlées dans le Peloponese, l'étoient dejà dans l'Ionie.

Quelques voyageurs ont cru que l'usage où font depuis fort long-temps les Indiens de mettre des manteaux peints & brodés aux fimulacres de leurs divinités, les a naturellement portés à n'y point employer beaucoup d'art en les fculptant ; mais cet usage n'est pas universel ni fans exception chez eux : fi dans les Pagodes de *Matoura*, de *Benarez* & de *Jagrenat* on habille quelques statues, on en trouve aussi à *Tyrona-maley* au Carnate, qui font nues, quoique elles n'aient ni plus de graces, ni plus de vie que celles qu'on couvre d'étoffes. (*a*)

On a déterré en différents endroits des Indes Orientales & du Sud de l'Asie, des ouvrages de fculpture qui paroissent être fort anciens, comme les débris de la Pagode d'*Elora*, les vieilles statues de la côte du *Decan*, celles de *Canarin* dans l'isle de *Salfette*, & celles d'*Eléphanta*, autre isle, qui git en avant de Bombai, & qu'on fait aussi être distinguée par une espece de temple souterrain, qu'Owington vit en 1690 & Grose vers l'an 1752 ; (*b*) mais ils n'étoient ni l'un ni l'autre assez versés dans la connoissance

---

[*a*] *Histoire générale des Voyag.* Tome XIII. p. 386. Edit. Hol.

(*b*) Voyez *le voyage de Grose*, traduit par Mr. Hernandez.

arts & dans la littérature pour en produire une description exacte & précise. Nous savons seulement que l'architecture n'a de rapport avec aucun des trois ordres Grecs, & qu'elle participe du goût Oriental, ce qui suffit pour réfuter l'opinion qui l'attribue à des colonies Macédoniennes placées le long de cette côte par Alexandre. Il se peut que c'est dans ces grottes d'*Eléphanta*, que les Brachmanes conservoient cette figure si mystérieuse, dont il est parlé dans Porphyre, & qu'ils montrerent au Syrien Bardésanes.

Quant à de grands bas-reliefs en métal, qu'Apollonius dit avoir vus à la cour d'un roi des Indes, on en a pas la moindre connoissance aujourd'hui dans ce pays, & on n'y travaille absolument en aucun genre semblable. Ce qui m'a toujours fait soupçonner que ces ouvrages n'ont jamais existé, & que c'est Philostrate qui les a forgés, de même que les fabriques d'architecture Egyptienne, qu'il place aussi aux Indes, & dont on n'a pas non plus découvert le moindre vestige. Ce Grec, en écrivant son roman, prenoit plaisir à meubler les palais de quelques Souverains de l'Asie, sans s'appercevoir que ces ornements imaginaires choquent souvent les usages & les mœurs des Asiatiques; d'ailleurs les singuliers bas-reliefs, dont je viens de parler, ressemblent extrêmement à ce qu'on appelle *tableaux de Philostrate*, qui manquent d'ordonnance; & la complication des sujets en est telle que le plus habile des peintres ne seroit point en état de les exécuter, quand même il sacrifieroit, à la maniere des anciens, toute la partie de la perspective.

Les ouvrages des Indiens modernes mis à côté des monuments, dont l'authenticité n'est point suspecte, prouvent que chez eux les arts font reftés de temps immémorial attachés invariablement au même point : s'ils n'ont pas fait des progrès, ils n'ont pas non plus dégénéré, ce que quelques auteurs attribuent à la division de ce peuple en tribus, dont les unes ne font composées, ainsi qu'on fait, que d'ouvriers qui ne peuvent passer dans la classe des Bramines, ni entrer en aucune autre. On a même soutenu que toutes ces institutions politiques ont rendu les Indiens inférieurs aux Chinois dont l'avantage ne paroît pas néanmoins décidé : & s'il est réel, convenons qu'il est presque imperceptible. Ceci ressemble à la dispute des Negres & des Maures au sujet de leur teint : il s'en faut de beaucoup que les uns ou les autres foient blancs ; mais les Negres font seulement un peu plus noirs.

Les tableaux, qu'on voit dans les Pagodes Indiennes, & dont M. Holwell a donné quelques copies (*a*) font, je l'avoue, ridicules, bizarres & extremement mal exécutés : mais on en trouve dans les Pagodes de la Chine, qui ne valent point mieux, & il y a des peintres à Surate, qui ne céderoient pas le rang aux plus habiles *Hoa-pei* de Nankin, & fur-tout dans ce qu'ils appellent si gratuitement des ouvrages en miniature.

On dit ordinairement qu'en allant des bords de l'Euphrate jusqu'aux extrêmités de l'Afie, on ne rencontre plus que des peintres en détrempe, qui n'ont presque aucune idée du chevalet, parce qu'ils travaillent sur des tables, & couchent les couleurs à plat comme dans la *gouache* : ce-

---

(*a*) Elles font inférées à la fuite de fa *Mythologie des Gentous*.

pendant de certains procédés, qu'emploient les Indiens, feroient foupçonner qu'ils ont eu connoiffance de la maniere de peindre à l'huile, que les Perfans & les Egyptiens modernes n'ignorent pas non plus au rapport de Mrs. Chardin & maillet; comme on doute qu'ils l'aient emprunté des Européens, cela rend la découverte de la peinture à l'huile plus problématique que bien des auteurs ne fe l'imaginent. Il y a une raifon pourquoi les Orientaux en général n'en ont jamais voulu faire beaucoup d'ufage: d'abord leur climat eft fans comparaifon moins humide que le notre : en fecond lieu ils veulent que toutes les couleurs foient extrêmement vives, or la détrempe ne les altere prefque point, tandifque l'huile les ternit fenfiblement. Du refte, il eft certain que les artiftes de ces contrées ont connu, dès la plus haute antiquité, de certaines pratiques qui paffent quelquefois parmi nous pour des inventions nouvelles. Nos voyageurs manquent fouvent de loifir, & plus fouvent encore de capacité pour décrire tout ce qui fe fait dans les manufactures de l'Afie: les obfervations qu'on trouve éparfes dans les *lettres édifiantes*, quelques relations particulieres & différents traités ne forment point, à beaucoup près, un corps complet, qui embraffe tous les principes de la méthode qu'emploient les Indiens pour peindre les toiles, tant celles qu'on nomme proprement *Kalencards*, (*a*) que celles qu'on imprime avec des moules qui ont donné lieu, comme je l'ai déjà obfervé, à la façon d'imprimer auffi des livres,

---

(*a*) Ce mot defigne les chites uniquement faites au pinceau, suivant la pratique en usage à la Chine, au Japon & vrai-semblablement aussi dans l'Indoustan. On ignore de quelle espece de pinceaux les Indiens se servent pour peindre sur le coton ; car les liqueurs caustiques & les mordants brûlent en un instant ceux qui ne sont faits que de poils ; & jusqu'à présent on n'a rien imaginé de mieux en Europe, que les mêches de bois doux ou de tilleul, ce qui produit des instruments plus grossiers qu'on ne pourroit le dire.

En quittant l'inde pour revenir dans l'Asie occidentale, on ne trouve plus que des Mahométans, qui ne travaillent qu'en Arabesques ou en compartiments mouchetés, comme on en voit sur les murs de quelques Mosquées. Les tableaux peints à l'huile & sur toile, qu'on apporte du Levant, sont des ouvrages faits par des misérables Arméniens, qui n'entendent presque point le dessin, & dont les compositions donnent dans le goût le plus mesquin. Si l'on a gravé d'après eux le recueil des vêtements Turcs & des modes Grecques, ç'a été uniquement pour procurer à nos artistes une idée du costume de ces peuples, qu'il leur est fort ordinaire de déguiser, en les habillant d'une maniere ridicule.

Je n'ai jamais lu rien de plus étrange que ce que le Lord Baltimore dit dans la relation de son voyage de l'an 1763 : il avertit sérieusement qu'il ne faut pas venir à Constantinople, *pour y voir des tableaux* ; (*a*) puisqu'on n'en verroit pas, quand même on iroit jusqu'en Barbarie ; car les principaux palais de Fez de Maroc & de Mequinez, n'offrent que quelques murailles & quelques plafonds couverts d'une

---

(*a*) *Voyage au Levant*, page 59.

couche de bleu, où, par le moyen de la dorure, on a représenté des étoiles & des croissants (*a*) On y voit beaucoup d'inscriptions en lettres d'or, avec tous ces entrelas & ces traits dont le caractere Arabe est si susceptible ; car il faut bien que ceux qui ne savent pas peindre, écrivent ; sans quoi leurs ouvrages ne diroient rien : & on observera à cette occasion qu'il n'y a qu'un aveugle préjugé en faveur des anciens, qui ait pu porter des écrivains modernes à faire l'apologie de Polygnote, qu'on sait avoir écrit dans ses deux grands tableaux de Delphes, les noms de tous les personnages, (*b*) précisément comme on a marqué dans la mosaïque de Palestine, le nom des animaux en lettres capitales ; & les recherches faites à *Herculanum* ont aussi produit des monuments remarquables par cette bizarrerie, laquelle suffiroit pour prouver que les tableaux de Polygnote péchoient contre la perspective ; quand même nous n'en serions pas instruits par la description de Pausanias.

Si l'on en excepte quelques artistes Grecs, nés à Alaxandrie & à Cyrene, il est certain que l'Afrique n'a point produit de grands peintres, pas même parmi les Cartaginois durant les plus beaux siecles de leur république ; & les Maures qui envahirent l'Espagne, n'y ont cultivé d'autre genre de peinture que celui qui en a conservé le nom de *Mauresque*, & qui sous leur pinceau ne paroît avoir été qu'une décoration vaine

---

(*a*) Dans l'*Histoire des Conquêtes de Mouli-Archy*, connu sous le nom de *Roi de Tafilet par Mouette*, on exagere beaucoup les ornements des palais de l'empereur de Maroc.

(*b*) *Pausanias in Phocid. Lib. X, cap. XXV.*

vaine & ridicule. Il est vrai qu'on les soupçonne d'avoir peint aussi des animaux comme ceux qu'on voit encore dans les ruines de *Cintra*; mais en supposant que ces ornements n'ont pas été ajoutés dans les temps postérieurs, il est certain qu'on n'y distingue rien qui dénote un grand goût de dessin ou une véritable connoissance de l'art. Enfin quand on examineroit avec la derniere attention, les débris des palais & des autres édifices que ces conquérants firent élever en grand nombre, on n'y trouveroit rien de remarquable, relativement aux talents de leurs peintres, enchantés d'ailleurs par le mahométisme. Ce qu'on dit vulgairement de ces fabriques de toiles peintes qu'ils établirent en Espagne, paroît être fondé sur le penchant que les Maures témoignerent pour les vêtements de cette espece dans l'antiquité ; mais ils tiroient ces étoffes de l'Egypte, où l'on les coloroit par le procédé chymique, dont il a été parlé au commencement de cette section. *Picti tunicâ Nilotide Mauri.*

Quant aux Coptes, ils ne connoissent plus le nom des arts & des sciences cultivées par leurs ancêtres. D'abord une horrible superstition les fit renoncer à la sculpture; ensuite ils tomberent, par leur propre faute, dans une ignorance à-peu-près aussi profonde que l'est celle des Arabes bédouins : leurs moines, qui auroient pu étudier dans leurs monasteres, que les Mameluks & les Turcs ne penserent jamais à leur ôter, s'y sont métamorphosés en brutes, & ne travaillent plus même à l'alchymie. *Enfin les Egyptiens modernes,* dit M. Maillet, *sont mal adroits en tout: leurs peintres ne sont que de misérables barbouilleurs, dont les couleurs, soit à l'huile, soit en détrempe, ne résistent pas à l'air, & passent à moins d'un instant. Ils dorent encore ; mais leur dorure est*

Tome I. M

infiniment au-deſſous de celle des anciens. *Au reſte, on occupe plus ces peintres à la décoration du dedans des maiſons particulieres, où l'on ne fait pas uſage de tapiſſerie, qu'à celle des édifices publics, qui ſont tous d'une grande ſimplicité.* (*a*) Cependant les murailles de quelques égliſes Coptes, offrent encore des peintures de ſaints, à-peu-près auſſi mal faites que ceux qu'on trouve dans les cathédrales Gothiques, qu'on n'a point eu ſoin de reblanchir. (*b*)

Il ſeroit inutile de vouloir maintenant avancer davantage dans le cœur de l'Afrique ; mais on ne peut ſe diſpenſer d'obſerver que tous les monuments anciens, qu'on découvre vers le Sud en allant à plus de deux cent lieues au-delà des cataractes du Nil, ſont ſculptés dans le goût Egyptien, & chargés de ſymboles Egyptiens, comme les ruines de la ville royale d'*Axume*, qui giſſent un peu au-dela du quinzieme degré dans la latitude ſeptentrionale. (*c*) Quand un jour on parviendra à avoir une connoiſſance préciſe des excavations qu'on trouve en différents endroits de l'Ethiopie, on verra que les caracteres hiéroglyphiques reſſemblent à ceux des grottes de la Thébaïde ; car les Thébains & les Ethiopiens, quoique gouvernés par des ſouverains différents, n'étoient dans le

---

(*a*) *Deſcription de l'Egypte. Part. ſecond. p.* 191.

(*b*) *Vansleb dans ſon Journal. Pag.* 275 *&* 383.

(*c*) Il faut excepter ici le monument qu'on dit avoir exiſté à *Adulis* ; mais dont l'exiſtence paroît fort douteuſe.

Diodore de Sicile a ſu que les ſtatues Ethiopiennes reſſembloient exactement aux ſtatues de l'Egypte ; car il s'explique à cet égard en termes fort clairs, comme Bochart l'avoit déja obſervé *in* PHALEG. *Lib. IV. Cap. XXVI.*

fond qu'un même peuple, & adonné à la même religion.

On lit dans la religion de l'aventurier Bermudez, soi-disant patriarche d'Ethiopie, quoiqu'il ne le fût pas, que l'empereur de cette contrée obligea les Portugais à laisser à sa cour le peintre qu'ils avoient amené avec eux ; d'où on peut conclure qu'il doit y avoir eu alors une extrême disette d'artistes, puisqu'on s'adressa à un homme de Portugal ; car ce pays, si célebre par le grand nombre d'habiles inquisiteurs qu'il a produits, n'a jamais vu naître qu'un seul peintre, dont les ouvrages sont plus connus en Italie qu'à Lisbonne, où l'on n'aime pas les tableaux, mais bien les combats de taureaux : spectacle digne d'un peuple encore barbare.

Si l'on excepte l'ancienne Egypte, où le gouvernement n'étoit point vraiment despotique, ni dans sa forme, ni dans les principes de sa constitution ; tous les autres états de l'Orient dont nous avons parlé dans le cours de ce chapitre, sont régis par le pouvoir arbitraire, par la volonté absolue d'un seul. Ainsi avant même que de traiter de l'influence du climat, il convient d'examiner celle du despotisme ; & on verra que de la réunion de ces deux causes il résulte un obstacle que l'esprit humain n'a pu surmonter, & qu'il ne surmontera jamais.

Il y a, dans des contrées assez tempérées de l'ancien continent, quelques peuples presque sauvages : or, on ne sauroit dire jusqu'où ces peuples-là pourront atteindre dans les arts, lorsqu'ils jugeront à propos de se policer. Apelle ne croyoit vrai-semblablement pas que dans des marais souvent couverts de neige, & occupés par une petite horde d'origine Scythique, & apparentée à la grande horde des Theutons, il paroîtroit un jour des peintres supérieurs à Apelle ; mais il n'en est pas ainsi des nations de l'Asie méridionale : elles se sont appliquées depuis assez long-temps aux arts, pour qu'on puisse enfin décider de quoi elles sont capables sous un climat tel que le leur, & sous une forme de gouvernement telle que la leur.

Tous les princes de l'Asie, sans en excepter les empereurs de la Chine, ont eu de temps immémorial la pernicieuse coutume de former à leur cour des manufactures & de grands atteliers où ils font exécuter généralement tous les ouvrages qui entrent dans l'ameublement de leurs palais. Et on peut bien croire que cet ameublement comprend tant de choses, qu'il n'y a presque aucun métier qui n'y soit employé. On n'a jamais pu découvrir l'origine d'un tel usage ; mais ce que j'en dirai dans l'instant éclaircira tout ceci.

Dès qu'un ouvrier annonce quelques dispositions heureuses, il devient ouvrier du palais, de gré ou de force.

Ce qui fait qu'à Siam, dit la Loubere, personne ne se soucie d'exceller dans sa profession, c'est que ceux qui y excellent doivent travailler pendant six ans pour la cour. (*a*)

De tous les voyageurs, qui sont entrés dans quelques détails sur l'état des arts de l'Asie, Mr. Chardin est celui qui fournit le plus de détails : aussi parle-t-il fort au long des trente-deux atteliers, que possédoient alors les empereurs de Perse, (*b*) & qui coûtoient à ces princes cinq millions par an ; & je suppose que par ce moyen ils en gagnoient dix par an.

(*a*) *Relation du Royaume de Siam*, tome I. part. II.
(*b*) *Voyage de Perse*, tome II. p. 19.

On y comptoit soixante-douze peintres, qui comme tous les autres artisans attachés à ces maisons, devoient suivre la cour dans ses voyages, de même que des valets ou des esclaves suivent leurs maîtres.

Il paroît que vers ces temps, c'est-à-dire vers l'an 1679, on avoit fait quelques changements dans ces atteliers. Les ouvriers en tapisserie, au lieu de recevoir de l'argent comptant, avoient reçu des terres ou le produit de ces terres ; mais la manufacture des tapis, n'en étoit pas moins dépendante du prince, & ne travailloit véritablement que pour lui.

Le bon sens seul suffit pour nous faire réprouver des institutions si diamétralement opposées à la prospérité des arts, & à toutes les notions que les hommes ont d'un état bien policé, où l'on ne vit jamais les fabriques entre les mains du public : c'est le bien de tous qu'un seul ne doit pas envahir. Quelle idée d'ailleurs peut-on se former de ces contrées, où après avoir ôté aux sujets la propriété des terres & la liberté politique, on leur enleve encore le fruit de l'industrie ?

Cependant, comme en Perse on payoit alors assez réguliérement les ouvriers occupés dans les atteliers de la cour, & même lorsqu'ils étoient malades, cette circonstancce a aveuglé M. Chardin, qui croyoit que de tels établissements méritoient beaucoup d'éloges. Il faut, dis-je, qu'il ait été bien aveuglé ; puisqu'il n'a point vu que des ouvriers, qu'on traite de la sorte, sont de vils esclaves, auxquels le *Nadir* peut, suivant son caprice, faire donner la bastonnade, comme ils la reçoivent dans les atteliers du grand Mogol, dans ceux des empereurs de la Chine, & de ces misérables rois de Siam. Si les souverains de l'Asie avoient pu découvrir un moyen pour se dispenser de payer, ou de nourrir les ouvriers attachés à leurs fabriques, ils auroient indubitablement employé ce moyen-là ; mais ils n'ont pu faire l'impossible. Quand on a des esclaves, il faut les nourrir : ainsi ce qui a surpris Mr. Chardin est très-peu surprenant.

En cherchant l'origine de ces institutions, je l'ai découverte là, où je n'avois point cru pouvoir la trouver ; c'est-à-dire, dans le code de Justinien : car enfin, il n'y a pas de doute que les loix qu'on lit dans ce code, ne soient très-conformes aux idées qu'ont eues tous les despotes de l'Orient, lorsqu'ils établirent les premiers atteliers à leur Cour. Il faut reprendre les choses d'un peu plus haut.

Les empereurs de Constantinople, après avoir défendu à leurs sujets de porter des habits de pourpre, crurent que cette loi étoit d'une telle conséquence qu'il falloit mettre un chacun dans l'impossibilité de la transgresser. Là-dessus ils défendirent encore de teindre dans toute l'étendue de l'empire, des étoffes de cette couleur ; de sorte que pour s'en procurer, il ne restoit plus d'autre moyen que de les teindre dans le palais même. On établit donc dans le palais des teinturiers & des faiseurs d'encre pour la signature des diplômes, des patentes & des rescrits : car cette encre étoit aussi de couleur pourpre, & nous avons la loi par laquelle il est interdit à tout particulier de la faire & de s'en servir.

Enfin, l'inquiétude & la foiblesse de ces princes augmentant à mesure que leur tyrannie augmentoit, ils s'imaginerent qu'il falloit pour leur propre sûreté faire fabriquer aussi tous les ornements impériaux dans le palais de Constantinople ; & comme ces ornements étoient de la compétence d'une infinité d'ouvriers, on établit à la cour, outre les teinturiers, des orfévres, des diamantaires, des tisserands, des cordonniers; des brodeurs, des faiseurs de baudriers, des selliers, des maréchaux, & une sorte d'hommes, qui se faisoient passer pour des graveurs en pierres fines.

Voici les expressions originales de la loi de l'empereur Justin.

» Tout ce qui concerne, dit-il, les marques de
» l'autorité souveraine ne doit pas être indis-
» tinctement travaillé dans les boutiques & les
» maisons des particuliers. Mais il faut que les
» ouvriers du palais le fabriquent dans l'en-
» ceinte même de ma cour.

Ornamenta enim regia intrà Aulam meam fieri à Palatinis artificibus debent; non passim in privatis domibus aut officinis parari. (a)

Le soupçon, qu'eut ce prince sur la maniere dont on pourroit éluder sa loi, est aussi remarquable que sa loi même. Les particuliers, dit-il, qui feront faire des ornements impériaux sous prétexte de venir ensuite me les offrir en présents, seront punis de mort ; c'est bien cette clause là qu'il falloit ajouter, sans quoi il n'y eût jamais eu personne de coupable.

On voit par tout cela comment, dans ces horribles institutions du despotisme, le prince extrêmement défiant tâche de faire un grand vuide autour de lui, en rendant sa cour indépendante de l'état : il ne veut avoir besoin de personne, & compte sur ses esclaves domesti-

---

(a) *Lib. XI.* Tit. 9. *Nulli prorsus liceat.*
Je prie le lecteur de voir aussi les loix, qui se trouvent dans le Titre *de Murilegulis* & dans celui *de Vestibus Hooberis.*

ques, qui ne fauroient avoir de l'émulation, & dont l'induftrie eft par conféquent fort bornée. Je ne dis point qu'on vit tous les arts expirer à Conftantinople par le feul effet de ces loix odieufes & tyranniques : mais on ne fauroit douter que ces loix n'aient extrêmement contribué à la perte totale des arts. Auffi vers ces temps, dont je parle, les chofes étoient parvenues à un tel excès, qu'il n'exiftoit plus dans tout l'empire un feul graveur, comme cela eft attefté par les monnoies qui ne font qu'égratignées, & le caractere de la plus profonde barbarie s'y fait fentir. Le prétendu législateur Juftinien ne favoit pas écrire fon nom : mais ceux, qui ont gravé fes médailles, n'étoient gueres plus habiles que lui. Il eft furprenant qu'on accufe encore les Goths d'avoir les premiers perdu le goût de la belle architecture ; puifque les deux Ifidores & Arthémius, qui travaillerent fous ce prince à la reconftruction de fainte Sophie, n'étoient fûrement pas des Goths ; & cependant on fait de quelle maniere ils ont violé les premieres regles de l'art.

Quant aux loix, dont nous venons de faire mention, on en découvre le motif dans le pouvoir arbitraire, dans le défordre du gouvernement, dans la foibleffe du fouverain & la corruption de la cour. On étoit à chaque inftant menacé de quelque révolte, & à chaque inftant on craignoit que le premier rebelle, qui paroîtroit en public avec un habit de pourpre & un diadême, ne fût reconnu pour empereur. Cette appréhenfion dicta les édits par lefquels la teinture des étoffes de pourpre hors de l'enceinte du palais, eft traitée de crime de léfe-majefté au premier chef dès le regne d'Honorius. On fent bien qu'il n'y a qu'une foibleffe, & une grande foibleffe, qui puiffe imaginer de tels expédients pour arrêter les usurpateurs : car, quand ils ont en main la force, ils savent se passer des signes de la puissance, ou savent les trouver. Cependant il est essentiel d'observer que, dans les pays de la servitude, les hommes sont plus frappés qu'ailleurs par une certaine couleur & par une certaine décoration, qui y fait les princes. Que seroit un empereur de la Chine sans une robe jaune ?

Après avoir développé l'origine de l'établissement des manufactures à la cour des monarques de l'Asie, il faut considérer en particulier toutes les funestes conséquences du pouvoir arbitraire.

Dans cette forme de gouvernement le peuple est toujours très-ignorant ; de sorte que tous les arts & les métiers, qui ont besoin du secours des sciences, de la géométrie & les mathématiques, ne peuvent jamais s'élever à aucun degré de perfection.

Dans cette forme de gouvernement le peuple est toujours très-pauvre : de sorte que les artisans n'y ont jamais le moyen d'acquérir le nombre des machines & des instruments dont ils auroient besoin. Tous les voyageurs, qui ont parcouru l'Asie méridionale, ont été étonnés d'y voir travailler avec cinq ou six outils à des ouvrages où l'on en emploie plus de cinq cent en Europe. (a) Cela ne vient point, comme on seroit d'abord tenté de le croire, de la paresse ou du défaut d'industrie de ces peuples ; mais cela résulte réellement de leur indigence. Tout ce qui sort de leurs mains se ressent de cette disette d'instruments, & on

---

[a] *Le Comte, nouveaux mémoires sur la Chine.* Tome *I. Lettre VIII.*

ne peut rien voir de plus mal travaillé que la vaisselle d'or ou d'argent qu'on fait en Turquie, en Perse, au Mogol & à la Chine, où il y en a, à la vérité, fort peu. Ainsi tous les arts, comme l'orfévrerie, l'horlogerie, &c. qui ont besoin de beaucoup de machines & d'outils, ne se perfectionnent point dans ces contrées, & pas même dans les atteliers qui appartiennent aux princes; parce que leur luxe s'y dirige vers d'autres objets.

De tout ceci il a encore résulté une chose qui ne nous auroit pas semblé possible, si nous n'en étions bien exactement instruits. Les métiers, qui ne sont point exercés que par des ouvriers sédentaires en Europe, sont exercés dans les états despotiques de l'Asie par des ouvriers ambulants: on y voit des orfévres, qui vont travailler dans les maisons des particuliers, qui s'établissent en un instant par tout où on les appelle; car ils portent leurs outils sur eux, & je viens de dire qu'ils en ont peu.

Les rues des villes de la Chine ne seroient pas du tout remplies de monde, si la plûpart des artisans y possédoient, comme chez nous, un attelier à demeure; mais là ils sont dans une agitation & un mouvement continuel pour aller d'un quartier vers l'autre. Les maréchaux travaillent dans neuf ou dix endroits différents en un seul jour, & transportent autant de fois leur enclume & leur soufflet. (*a*) Or il ne faudroit avoir aucune pénétration pour ne pas s'appercevoir que c'est l'excès de la pauvreté qui oblige tous ces malheureux à une vie errante, qu'on ne peut nommer qu'une honnête mendicité. On est bien revenu de l'erreur, où on a été

___

(*a*) Salmon, *Etat présent de la Chine*. T. I. p. 34.

pendant long-temps au sujet des lettrés de la Chine : on croyoit qu'ils honorent ceux qui exercent les arts mécaniques ; tandis qu'ils les méprisent souverainement : mais on est toujours resté dans ce préjugé par rapport aux Turcs, & on s'imagine encore ridiculement que les empereurs de Turquie doivent eux-mêmes apprendre un métier, suivant les loix fondamentales de l'état. Le prétendu travail de ces princes s'est toujours borné à faire avec un couteau, des cure-dents ou anneaux à tirer de l'arc. Et il n'y a qu'à lire avec attention un passage d'Elien, pour se convaincre que les anciens empereurs de Perse s'occupoient tout de même. (*a*) Ainsi ce qu'on a pris pour un métier n'en est pas un ; & ce qu'on a pris encore pour une loi particuliere aux Turcs est un usage immémorial de toutes les cours despotiques de l'Asie, où les princes sont ordinairement aussi imbéciles que les enfants ; de sorte qu'ils ne peuvent s'amuser que comme des enfants. Nous avons quelques remontrances faites par un moufti au sultan Mahomet IV, qui n'aimoit aucune espece d'occupation manuelle : or, dans ces remontrances, il n'est question d'autre chose, sinon du danger de l'oisiveté. Lorsque le chevalier d'Arvieux rendit visite à un des plus grands princes de l'Arabie, il le trouva occupé comme l'étoit l'empereur de Perse, dont parle Elien, c'est-à-dire qu'il découpoit un bâton

---

(*a*) *Persarum Rex iter faciens, ne tædium obreperet ex tempore, philyrium gestare solebat, & quo id scinderet, cultellum ; atque huic operi regiæ manus deditæ fuerunt. Prorsus enim neque libellum, neque cogitationes vel ad necessarium aliquid, dignumque scitu legendum, vel ad magnum aliquid & memorabile consultandum versavit* Hist. divers. Lib. XIV. Cap. 12.

avec son couteau. Ce seroit se moquer du monde, si l'on soutenoit que ce misérable Arabe avoit appris un métier, ou qu'il en exerçoit un.

Lorsqu'on considére la nature du luxe Asiatique, on voit clairement que c'est un effet nécessaire du despotisme : ainsi nous pouvons établir à cet égard une regle, dont l'application sera encore très-vraie même en Europe. Plus la servitude augmente dans un pays, & plus le luxe y croît, & il continue de croître jusqu'à ce qu'il arrive à ce point où il se change en une ostentation vaine & grossiere, qui exclut tous les ouvrages faits avec goût, & tous les chefs-d'œuvres des beaux-arts. Nous avons ouï parler de ces housses si riches dont on couvre les éléphants des empereurs de la Chine, & de ces vestes qui valent deux lacs, ou deux cent mille toupies, dont les empereurs du Mogol font quelquefois habiller les Omrahs : on nous a dit que les cuves, où boivent les chevaux des empereurs de Perse, sont d'or; & que la vaisselle de leur table vaut exactement trente-deux millions. Mais qui a jamais entendu parler des tableaux & des statues des empereurs de la Chine, du Mogol & de la Perse ?

Des hommes, qui sont tous également méprisables, qui n'ont aucun mérite personnel, qui n'ont rien fait pour acquérir la vertu, & auxquels le ciel ne donna point le génie, ne sauroient se distinguer les uns des autres que par la couleur ou la richesse de leurs habits, & enfin des choses qui frappent uniquement les yeux de la plus vile populace ; & c'est alors que le luxe change de nature, & qu'il change même de nom. Pour concevoir comment cette révolution s'opere, & quel est le point intermédiaire entre les deux extrêmes, il ne s'agit que de choisir un exemple dans l'histoire d'un peuple célebre, & de marquer les époques avec quelque précision.

Ce ne fut qu'immédiatement après la conquête de l'Egypte, que les Romains eurent un grand luxe : (*a*) il alla en augmentant jusqu'à ce qu'il se convertit en faste précisément sous le regne de Commode, & enfin, sous le regne de Constantin il se changea en une ostentation barbare & Asiatique. Or, depuis la premiere de ces époques jusqu'à la derniere, la liberté diminua toujours, & les arts dégénérerent aussi toujours.

Il n'y a qu'à consulter tout ce qui nous reste des monuments de l'antiquité sur les états despotiques de l'Orient, & on trouvera qu'on y a été sans cesse occupé, comme aujourd'hui, à fabriquer des étoffes d'un prix excessif, d'un prix presque incroyable : on fait en Perse, dit Chardin, des brocards d'or, dont l'aune coûte onze cent écus ou trois mille trois cent livres. Mais on n'y rencontre pas un seul meuble, ni un seul ouvrage fait avec goût ou avec élégance. Comme on y estime beaucoup plus la matiere que le travail, il s'ensuit que les grands artistes, s'il pouvoit s'en trouver dans de tels pays, y mourroient de faim ; puisqu'on n'y emploie que des ouvriers. Et en effet, le luxe dégénéré en ostentation n'a besoin que d'ouvriers : un maréchal eût pu faire à la fois la monnoie de l'empereur Constantin, son diadême, son sceptre & les harnois de son cheval. Il est vrai que le type des médailles de l'empereur Julien n'est point d'un meilleur caractere de dessin &

(*a*) *Explicuitque suo magno Cleopatra tumultu,*
Nondum translatos Romana in sæcula luxus.

de gravure ; mais Julien mourut trop tôt ou vécut trop tard pour réparer tous les maux qu'avoit fait le despotisme.

On a dit mille fois, qu'il n'y a que les hommes libres qui puissent réussir dans les beaux arts. Mais la raison n'en est point si connue, ni même si aisée à trouver qu'on le pense : plus l'effet est sensible plus la cause est cachée : car il ne faut pas se contenter, en de telles choses, de grands mots vuides de sens, ou de phrases ampoulées qui ne signifient rien. Les Russes ont affranchi ceux d'entre eux que la cour de Petersbourg a envoyés en Italie pour y apprendre le dessin, & se former dans les éléments de la peinture : comme par-là on n'a changé ni les organes, ni la constitution physique de ces éleves, on demande s'ils feront, par le seul effet de l'affranchissement, plus de progrès qu'ils n'en eussent fait, si on les avoit laissés dans l'état de la servitude. Oui, s'ils portent d'ailleurs en eux le germe du génie, qu'on ne leur a pas donné en leur donnant la liberté.

Voici, à ce qu'il nous semble, la véritable solution de ce problême.

Il faut distinguer les esclaves nés en deux classes : il y en a qui ne réfléchissent jamais à leur malheur : il y en a qui y réfléchissent toujours. Dans le premier cas, il est clair qu'ils manquent de pénétration & qu'ils n'ont point beaucoup plus de sentiments que les Negres ou les animaux domestiques : or, de quelque maniere qu'on instruise de tels hommes, on est sûr de perdre ses peines. Dans le second cas, qui est celui des esclaves qui conçoivent toute la grandeur du bien que la fatalité & l'injustice leur ont ôté, il est visible que cette idée de leur propre infortune les occupe sans cesse ; & que chez eux cette pensée attristante absorbe tellement les autres, qu'ils ne sauroient avoir une attention assez suivie & assez opiniâtre pour réussir dans l'étude des arts, auxquels un homme doit se consacrer tout entier, & être inaccessible aux soins & aux soucis : car enfin, s'il est permis de le dire, notre ame ne sauroit porter deux fardeaux à la fois ; & de tous les fardeaux, la servitude est sans doute le plus pesant pour les esclaves qui réfléchissent : ils deviendroient plutôt des philosophes qui, comme Epictete, embrasseroient la vertu la plus rigide, laquelle pourroit seule les consoler de la perte de la liberté, que de devenir d'excellents peintres ou de grands poëtes, dont l'esprit doit être divin, & le style fort & mélodieux. Les affranchissements faits parmi cette espece d'esclaves ont produit quelquefois de très-bons effets, & l'histoire ancienne en offre plusieurs exemples : mais par le plus grand des malheurs imaginables, on ne sauroit, dans les états despotiques de l'Orient, donner la liberté comme on la donnoit chez les Grecs & les Romains : on peut bien y tirer un malheureux des fers de la servitude domestique ; mais il reste toujours dans l'esclavage civil. Il est bien triste après tout cela, de voir aujourd'hui tant de philosophes allarmés par les efforts réitérés que fait le pouvoir arbitraire pour s'établir en Europe, qu'on suppose devoir ressembler à l'Asie en moins de trois siecles. Il faut observer que la combustion sera plus rapide en Europe qu'elle ne le fut jadis dans l'Asie mineure, où les hommes avoient moins de besoins réels & physiques ; de sorte qu'on pouvoit leur prendre beaucoup, avant que de les faire mourir de faim ; & cependant ils moururent de faim. Lorsque les empereurs Grecs de Constantinople, qu'on sait avoir été des princes infâmes &

chargés de tous les crimes, mirent un impôt sur l'air qu'on respire, *pro haustu aëris*, le nombre de ceux qui respiroient encore dans l'Ionie, étoit déja très-petit, & les financiers, qui reprirent cet impôt à ferme, ne gagnerent pas alors autant qu'ils avoient gagné sous Constantin. L'histoire des finances du bas empire seroit une piece fort intéressante ; mais qu'aucun honnête-homme ne pourroit lire sans verser des pleurs.

Quant aux influences du climat sur les beaux arts ; nous tâcherons de les indiquer avec précision, sans répéter ce qui a déja été dit du style Oriental dans l'introduction de cet article.

Dans les pays chauds les hommes n'ont point cette force d'esprit par laquelle on soumet l'imagination à la regle : toujours emportés par leur vivacité ils ne sauroient tenir long-temps les yeux fixés & comme immobiles sur un modele, pour en saisir le contour. Presque tous les peintres y paroissent avoir le même défaut qu'ont les éleves en Europe, c'est-à-dire qu'ils vont en deux ou trois tons, de l'ombre à la lumiere ; tandis que les grands maîtres dont l'esprit est plus rassis, emploient infiniment plus de temps pour arriver au même point en dégradant insensiblement les couleurs.

De tous les effets, que l'ardeur continuelle de l'air opere sur le corps humain, le plus singulier est celui qu'on a jusqu'à présent fort peu connu : sous les climats brûlants les hommes dorment moins que dans les pays tempérés, & bien moins encore que dans les régions Boréales ; où la chaleur vitale, concentrée vers le cœur de l'estomac, fait que le sommeil des Groenlandois & des Eskimaux dure toujours très-long-temps. Les anciens ont dit que les

Tropiques, qu'on trouve des peuples, qui, en dormant, ne font jamais fujets à rêver; mais ils fe feroient beaucoup moins trompés en attribuant ce prodige aux habitants de la Zone glaciale. C'eft un fait déjà obfervé par Mr. Boerhaave, que le fommeil diminue vrai-femblablement dans tous les animaux qui ont un fang chaud, à mefure que la foibleffe de l'eftomac augmente: or, fous les climats brûlants la foibleffe de l'eftomac eft telle, que fi la nature n'avoit eu foin d'y faire croître des plantes très-aromatiques, dont les hommes doivent faire un ufage exceffif, perfonne ne feroit prefque en état d'y digérer long-temps fans devenir malade. Il réfulte de cette obfervation que les indigenes des contrées, dont je parle, ont les efprits vitaux fort exaltés; parce qu'ils jouiffent de moins de repos: car il n'y a que le fommeil naturel ou artificiel procuré par des drogues, qui puiffe calmer les efprits vitaux. Ce qu'on appelle enthoufiafme dans nos poëtes, eft dans les leurs une extafe violente: les expreffions les plus outrées ne leur paroiffent point encore alors affez fortes pour peindre ce qu'ils croient voir, ou ce qu'ils croient fentir, de forte que les vers de Pindare femblent être une profe rampante en comparaifon des leurs. Je me fuis apperçu, il y a long-temps, que les monftres & les chimeres, qui renaiffent toujours fous le pinceau des peintres, & fous le cifeau des fculpteurs Orientaux, viennent de la même fource que les métaphores, les allegories & les figures exagérées des poëtes de l'Orient. C'eft le déréglement de l'imagination, qui éloigne les uns & les autres des bornes du fens commun, fans lequel on ne fauroit rien penfer, ni rien dire que de monftrueux.

Si l'on avoit eu la curiofité de s'en inftruire,

on auroit trouvé que ces verſificateurs, dont il eſt ici queſtion, compoſent très-rapidement les pieces où ils paroiſſent mettre le plus d'emphaſe. *A voir les vers de Corneille ſi pompeux, & ceux de Racine ſi naturels, on ne devineroit pas,* dit Mr. de Monteſquieu, *que Corneille travailloit facilement, & Racine avec peine.* (a) La raiſon en eſt une : pour bien rendre la nature, il faut beaucoup réfléchir, & choiſir enſuite, parmi toutes ces réflexions, celles qui ſont les meilleures : ce qui exige du temps. Quand on veut s'écarter de la nature, il n'y a qu'à s'abandonner au torrent des idées, & on va extrêmement vîte. Au reſte le grand art en ceci ſera toujours de travailler de la maniere la plus pénible & de produire des ouvrages qui paroîtront avoir été faits avec la derniere facilité; mais il ne faut pas que des génies communs eſperent jamais de pouvoir atteindre à ce point; puiſqu'ils ſont même très-incapables d'en approcher.

Ce que l'on a obſervé au ſujet de l'immutabilité des mœurs & des modes de l'Orient, peut, en un certain ſens, s'étendre juſqu'aux arts, tels que la peinture. Comme l'action du climat n'y a pas changé depuis un temps immémorial, les peintres y ont auſſi à-peu-près les mêmes idées lorſqu'ils compoſent leurs ſujets, & la même vivacité lorſqu'ils les exécutent; de ſorte que les productions d'un ſiecle reſſemblent à celles de tous les autres. On a prétendu à la vérité, qu'il falloit ici excepter les *Hoa-pei* de la Chine, qu'on croit s'être extrêmement négligés depuis ſoixante ans; mais c'eſt une erreur : les Chinois n'ont altéré

(a) *Fragment d'un Eſſai ſur le Goût.*

que les substances colorantes & la pâte de la porcelaine ; car pour la diaprure, elle est précisément comme en 1644, hormis quelques corrections faites à des figures que les Tartares n'ont pu souffrir.

Quand même tous ces peuples pourroient parvenir à calmer leur imagination, & à corriger leur dessin, la disposition singuliere de leurs organes optiques les empêcheroit encore d'exceller dans la peinture. C'est par cette disposition de leurs organes qu'ils n'aiment que les couleurs vives, & tellement opposées les unes aux autres qu'il en résulte de l'antipathie, au lieu de l'union, que les Européens y exigent, & laquelle y paroît absolument indispensable. Les couleurs, qu'on nomme ennemies, & qu'on ne peut rapprocher sans offenser nos yeux, sont celles qui réjouissent les leurs.

D'ailleurs leurs peintres ne donnant jamais ni dans l'ombre, ni dans les enfoncements, de l'austérité au coloris trop fleuri, & employant très-peu de demi-teintes, ne font point des tableaux, mais des images enluminées : les peintures qu'on leur apporte de l'Europe, & sur-tout celles qui sont faites à l'huile, leur paroissent être morbides ou enfumées ; & si on avoit pu leur montrer les pieces les plus foncées de Rembrant, ils en eussent été épouvantés.

Ce penchant, qu'ils ont pour les couleurs éblouissantes, provient de la foiblesse de leurs yeux, auxquels il faut de fortes impressions. On croit que plus l'air d'un pays est sec, & presque toujours serein, plus la vue des habitants y est foible ; & à cet égard l'humidité de l'atmosphere semble être beaucoup plus favorable. Mais indépendamment de cette cause générale, les habitants de l'Egypte, de la Péninsule Arabique, de la Carmanie ou du Kyrman, de l'Inde, de

Siam, de la Chine méridionale, & d'une partie du Japon, sont assez sujets à une maladie des yeux, dont nous avons traité fort amplement en parlant des Chinois & des Egyptiens en particulier : cependant on peut soupçonner que de certains vents très-pénétrants, qui soufflent quelquefois de la ligne équinoxiale vers le tropique du cancer, doivent-être regardés comme une plaie à l'égard de tous ces peuples ; auxquels il ne seroit vrai-semblablement point possible de lire sans cesse des ouvrages écrits ou imprimés en caracteres aussi petits que ceux dont on se sert en Europe : d'ailleurs ils ont le diaphragme des paupieres plus épanché que nous, & quelques-uns d'entre eux, comme les Chinois, l'alongent encore par artifice ; & leurs peintres rendent à-peine tout l'orbite de l'Iris sensible, lorsqu'ils représentent des visages de face : les sculpteurs de Siam taillent les yeux en lozange, les Indiens les font d'une maniere singuliere qu'il me seroit difficile de définir ; & il est certain qu'on ne voit pas non plus de beaux yeux dans les anciennes statues Egyptiennes. Cette bizarrerie, qui a eu cours parmi les mythologues au sujet de la Vénus Cythéréenne, qu'ils disent avoir un peu louché, paroît provenir de quelque représentation de la *Nephtis* faite en Egypte : aussi voit-on que Perse, pour désigner une prêtresse de cette contrée, se contente de l'appeller *lusca sacerdos*.

Comme toutes les couleurs natives & factices sont admirablement belles & abondantes dans l'Asie méridionnale, les peintres y peuvent aisément satisfaire le goût dominant de leur nation, qui n'est jamais révoltée par les défauts du dessin, pourvu que le coloris conserve tout son éclat ; mais il n'en est point ainsi en Europe, où l'on exige que ces deux parties soient également portées à un même degré de perfection ; voilà pourquoi la peinture dégénéra en Italie, malgré les dépenses des Romains, qui tiroient à grands frais des Indes orientales, par la voie de l'Egypte, les couleurs les plus précieuses pour l'usage de la détrempe. (*a*)

Dans les pays chauds, peu de motifs peuvent déterminer les hommes à quitter leur patrie : l'amour du gain y fait voyager les marchands, & la crainte de l'enfer y fait voyager les pélerins ; mais ceux, qui ne font qu'artistes ou artisans, ne sortent pas de chez eux pour apprendre, & n'apprennent pas beaucoup chez eux. D'ailleurs, ce que nous nommons les belles-lettres, la littérature, l'étude des langues, de l'histoire, de l'antiquité, & de la saine critique, sont des choses inconnues à tous les peuples de l'Asie méridionale : & c'est cette ignorance qui produit la grossiereté de leur style & la rudesse de leur génie, qu'on a faussement imputée à l'usage de renfermer les femmes, qui n'avoient pas à Athenes la millieme partie de la liberté, dont elles jouissoient à Rome ; & cependant on sait quelle a été la supériorité des Athéniens dans les beaux-arts. D'un autre côté, il s'en faut de beaucoup que le commerce des femmes eût adouci le génie des Romains, si adonnés à ces épouvantables spectacles de combats de gladiateurs, de bêtes féroces, & à toutes ces atrocités qui se passoient

───────────────

(*a*) *Indiâ conferente fluminum suorum limum, & Draconum & Elephantorum saniem, nulla nobilis pictura est.* Lib. 35. cap. VII. Plin.

Pline a pris le sang de Dragon pour une production du regne animal, par une erreur entièrement opposée à celle de Pomet, qui dans son histoire des drogues, a pris la cochenille pour une substance végétale.

fur l'arene. Enfin, l'expérience prouve que le goût & l'esprit d'un peuple se corrompent infiniment plus, lorsqu'il accorde trop de liberté au sexe, que lorsqu'il le contient dans des bornes raisonnables ; & on ne citera plus, comme on l'a fait, l'exemple des Egyptiens, dont le goût d'ailleurs ne valoit rien dans tout ce qui avoit rapport aux beaux-arts.

Il ne nous reste maintenant plus qu'à faire une seule observation touchant la Chine, qui, par sa prodigieuse étendue, se trouve située sous différents climats. Il paroît qu'on devroit distinguer dans les ouvrages qu'on exécute à Pekin un caractere assez opposé à celui des ouvrages de Canton ; cependant la différence est à peine sensible, parce que les habitants des provinces se mêlent constamment dans la capitale où ils viennent refluer. Comme il n'y a point dans tout l'empire de poste à l'usage des particuliers, ni aucun commerce par lettres, la plupart des marchands ne sont que des colporteurs, qui transportent leurs effets avec eux en allant & en venant sans cesse. D'un autre côté, la forme du gouvernement est par-tout la même, & n'accorde pas plus de liberté aux artistes dans les provinces du Nord que dans celles du Sud, qui étant sans comparaison plus peuplées, ont dû donner le ton & fixer le goût national. Ce ne sont pas seulement les négociants, qui par le défaut d'une correspondance régulière, doivent beaucoup voyager comme dans le reste de l'Asie, d'où résulte ce mélange dont je viens de parler ; mais les Mandarins même viennent continuellement d'une province dans une autre, parce qu'il est rare qu'on leur accorde des emplois dans les endroits où ils sont nés, ce que l'extrême foiblesse d'un gouvernement despotique ne peut souffrir, non plus que l'établissement de la poste ; ce qui y rend la police générale bien inférieure à celle de l'Europe, & la communication des lumieres & des connoissances infiniment plus difficile, de façon que l'esprit des artistes n'y étant excité ni par de nouveaux objets ni par de nouvelles idées, conserve toujours le pli qu'il a une fois contracté.

Tel est le résultat de nos recherches sur l'état de la peinture & de la sculpture chez les Orientaux. Quant à ce qui concerne les autres arts des Egyptiens & des Chinois, on le discutera dans les deux sections suivantes ; tandis que les principaux points de la religion & du gouvernement de ces peuples, seront traités dans la troisieme partie. Cette division nous a paru la plus propre à mettre quelque ordre dans cette immense quantité de choses.

SECTION V.

Considérations sur l'état de la Chymie chez les Egyptiens & les Chinois.

IL est presque inconcevable que quelques hommes aient eu la foiblesse d'écrire des livres, pour démontrer que le voile de la mythologie Egyptienne ne cache à nos yeux que des secrets chymiques. Et c'est une espece de tache pour le dix-huitieme siecle qu'un moine obscur ait encore de nos jours publié sur cette matiere une compilation qui décele autant d'ignorance dans la fable que dans l'histoire ; & à cet égard l'ouvrage de Tollius, étoit mille fois plus supportable ; mais il falloit oublier la folie de Tollius, & non l'imiter. (*a*) Quant à ce qu'on trouve sur la prétendue philosophie hermétique des Egyptiens dans Conring, dans Borrich & dans un volume de l'*Œdipe* de Kircker, nous nous dispenserons d'en porter un jugement, pour nous attacher à des choses beaucoup plus réelles.

Les Juifs de l'Egypte avoient été en grande partie ruinés sous le regne de Cléopatre, qui détestoit

---

(*a*) Cet ouvrage, qui a fait tant de tort à la mémoire de Tollius, est intitulé : *Fortuita in quibus, præter critica non nulla, tota fabularis historia, Græca, Phœnica, Ægyptiacæ ad Chymiam pertinere asseritur.* in-12. *Amsterd.* 1688.

détestoit cette colonie de monopoleurs & d'usuriers venus de la Palestine sous les premiers Lagides, mais ce qui le ruina encore davantage ce fut la conquête des Romains, qui leur ôterent les péages du Nil, & l'administration du blé à Alexandrie. Pendant cette détresse, quelques-uns de ces malheureux tomberent par désespoir dans une dévotion outrée & un fanatisme intolérable : ils s'établissoient dans les déserts, y lisoient la Bible, & l'expliquoient dans un sens bizarre, c'est-à-dire, entiérement opposé au sens commun. Or, ce sont ces visionnaires, pris très-mal à propos par Eusebe pour des Chrétiens, (a) que je soupçonne d'avoir les premiers imaginé la fable grossiere touchant la transmutation des métaux, dont ils attribuoient le secret à une femme Juive, à un mage de Perse & à tous les anciens prêtres de l'Egypte, qui n'y penserent jamais. Car avant le regne de Constantin, aucun auteur Grec ou Latin n'a écrit un seul mot d'où l'on pourroit inférer que ces prêtres eussent entrepris des recherches de cette nature. Pline sur-tout n'auroit pas gardé là-dessus le silence, d'autant plus qu'il avoit occasion d'en parler, lorsqu'il rend compte de cette opération chymique, que fit faire Caligula sur l'orpiment, qui recele quelquefois de très-petites parcelles d'or ; & si ce prince ou plutôt ce voleur eût continué à faire de l'or de cette maniere-là, il se seroit ruiné de cinq ou six mois plutôt : quoique il dissipât d'ailleurs très-promptement les trésors accumulés par l'infame Tibere.

(a) *Historia Eccles. Lib. II. Cap. 16.*
Si Eusebe eût bien réfléchi à la narration de Philon, il se seroit aisément apperçu que ces Ascétiques de l'Egypte étoient des juifs & non des chrétiens.

Ces Juifs de l'Egypte, dont je viens de parler, & qu'on nommera comme ou voudra, Thérapeutes, Allégoriftes, Enthoufiaftes, Afcétiques, difparurent d'une maniere qui nous eft inconnue : mais ils furent remplacés par les Anachoretes, dont quelques-uns ont été réellement chrétiens, & enfuite par des moines qui vivoient en commun dans un très-grand nombre de couvents, dont quelques-uns fubfiftent encore & dont d'autres font tombés en ruines. Ces perfonnages d'une fainteté exemplaire eurent d'abord foin de recueillir les traditions fabuleufes, déjà fort répandues fur la méthode dont les anciens Egyptiens changeoient l'effence des métaux ; & enfuite ils commencerent eux-mêmes à travailler jour & nuit, comme ils en ont été accufés par leurs propres évêques, & vers la fin du fiecle paffé celui d'une ville connue fous le nom de *Siut*, qu'on fait être la *Licopolis* des anciens, montra au voyageur Vanfleb les débris d'un monaftere Copte, où trois cent foixante religieux cherchoient fans ceffe la pierre philofophale ; (a) mais il ne faut pas croire que les Orientaux la cherchent de la même maniere que les Adeptes de l'Europe ; car ordinairement ils n'emploient ni fourneau, ni creufet ; mais des paroles myfterieufes, des prieres, des cérémonies ; & reffemblent enfin beaucoup plus à ceux que le peuple nomme des magiciens, qu'à ceux qu'il nomme des alchymiftes.

Les habitants du monaftere, dont il eft ici queftion, & qui étoit dédié à faint Sévere, ont pu avoir connoiffance d'un paffage interpolé dans la chronique d'Eufebe par Panodore,

---

(a) *Voyage en Egypte*, page 380.

qui croyoit qu'au moyen de l'alchymie on pouvoit aussi faire une couleur pourpre, égale en beauté à celle de Tyr, laquelle étoit encore de son temps extrêmement chere. Cette interpolation grossiere & mal imaginée a été regardée comme un texte authentique par George le Syncele, qui a inséré des chimeres semblables dans sa chronographie. Enfin, les moines du monastere de saint Sévere ont pu avoir encore connoissance d'un fait rapporté par Suidas, qui assure que l'empereur Dioclétien fit chercher en Egypte les livres qui contenoient le vrai procédé du grand œuvre; & les jeta au feu pour prévenir les séditions. Mais tout cela est aussi vrai & aussi raisonnable que ce que les Coptes rapportent du nombre prodigieux d'hommes, que ce prince fit massacrer, au point que les cadavres couvroient un terrain de plusieurs lieues carrées, d'où il sortit un fleuve de sang aussi large que le Nil à Monflot; car tel est le génie bizarre des Orientaux, ils mêlent toujours des contes atroces parmi des contes ridicules.

Celui qui a écrit la vie de Dioclétien, n'étoit pas un homme assez absurde pour y insérer un seul mot touchant la prétendue perquisition des livres Hermétiques, fable inventée long-temps après la mort de cet Empereur, qui fut obligé de se rendre en Egypte pour y punir quelques révoltés, qui tenoient *Coptos* & son district dans l'oppression: cette ville étoit d'un difficile accès, ce qui inspira à Dioclétien l'idée de la raser entiérement, & d'en bâtir une autre ailleurs; ce qu'il exécuta en élevant d'abord *Diocletianopolis.* Quant aux autres réglements, qu'il fit pour rétablir toute la Thébaïde, ils ont été fort sages, & loués même par Eutrope.

Les moines de l'Egypte, malgré leur inextinguible soif de l'or, & leur haine aveugle contre la mémoire de Dioclétien, sont restés dans une affreuse indigence, & qui est peut-être sans exemple; car je doute réellement qu'il y ait sur la terre beaucoup d'hommes qui les égalent en pauvreté. Quand même, à force de chercher, ils eussent fait quelque découverte propre à les enrichir, les Arabes y auroient mis ordre; car ces brigands sont très-habiles à emporter tout ce qu'ils peuvent trouver dans les monasteres; & je soupçonne que leur acharnement à piller ces maisons vient de l'idée qu'ils se forment touchant les richesses qui y existent actuellement, ou qui y existeront un jour, lorsque les alchymistes seront heureux. Il est très-certain que les Arabes sont encore plus infatués que les Coptes mêmes, de deux opinions sur lesquelles ils ne se laissent jamais désabuser. Il y en a parmi eux qui croient que toutes les ruines tant soit peu considérables d'anciens bâtiments Egyptiens cachent des trésors gardés par des Talismans, qu'il ne seroit pas absolument impossible de désenchanter: d'autres s'imaginent que le mercure est la seule substance qu'on puisse transmuer; & pour ne pas être pris au dépourvu, ils ont soin de porter toujours sur eux de petites boëtes remplies de mercure. En 1714, le Scheic Sélim montra la sienne à Paul Lucas, (a) qu'il supplia d'opérer, & cela dans un endroit où il ne se trouvoit, je ne dirai pas des fourneaux, mais pas même du charbon. Un jour le bruit se répandit qu'un autre Scheic avoit découvert un très-ancien manuscrit, rempli de

---

(a) *Voyage de la haute Egypte*, page 126, tome II.

secrets relatifs à la chymie, & échappé par le plus grand des hazards aux recherches de l'empereur Dioclétien : ceux qui allerent pour examiner ce livre, virent, sans même l'ouvrir, que c'étoit un bréviaire du rituel Romain, dont les Arabes s'étoient emparés en déshabillant un moine Italien, qu'ils avoient égorgé. Ils enleverent aussi à M. Pococke le livre dans lequel il dessinoit les ruines de Thebes ; de crainte que ces plans ne missent un jour les Anglois en état de venir prendre le dépôt d'or, qui doit être, suivant eux, à *Karnac*; mais les Anglois prendront plutôt les isles Moluques que ces trésors de *Karnac*. Les Arabes n'ont jamais ouï parler de l'histoire de Néron, qui étoit possesseur paisible de l'Egypte, sur laquelle il a pu savoir beaucoup de particularités que nous ignorons aujourd'hui ; mais s'il eût soupçonné seulement qu'il y avoit quelque argent caché dans la Thébaïde, il y eût fait creuser à mille pieds de profondeur ; car il fit bien d'autres fouilles en Afrique pour découvrir les richesses apportées par Didon ou enterrées par les Carthaginois, lors du saccagement de leur ville. Il n'est point vrai qu'on puisse prouver par le témoignage des historiens, que Cambyse fut obligé d'abandonner toute la caisse militaire de son armée dans la grande Oase, ou dans un endroit nommé *Cambysis ærarium* : je doute même que ce prince ait jamais envoyé un gros corps de troupes dans l'Oase, dont il est ici question : car il eût été absurde de vouloir aller par ce chemin-là pour piller le temple de Jupiter Ammon dans la Martinique. Tout ce qu'on sait avec certitude, c'est que l'or, l'argent & les vases précieux des anciens Pharaons, qu'on avoit pu soustraire au pillage des Persans, ont été transportés en Ethiopie par

Nectanebe dernier du nom, dont on n'a jamais plus entendu parler; & c'eſt ſans fondement qu'on ſuppoſe qu'il ſe retira dans l'établiſſement formé par les déſerteurs ſous Pſammétique, vers le dix-huitieme degré de latitude Nord ſur le rivage de l'*Aſtaboras*.

Je ne crois point qu'il ſoit néceſſaire d'indiquer ici les paſſages du livre, qui a fait naître aux Juifs allégoriſtes de l'Egypte des idées ſi bizarres touchant des anciens prêtres de ce pays, & ſurtout à l'égard de ceux qu'on nommoit en Hébreu *Mécaſchaphim*, & en Grec d'un terme, qu'on ne peut bien rendre en François que par celui de Pharmaciens, & qui paroiſſent avoir appartenu au college de médecine. D'ailleurs ces Juifs allégoriſtes n'ont point ignoré que les Egyptiens, qui travailloient aux verreries de la grande Dioſpolis & d'Alexandrie, avoient des procédés ſecrets pour contrefaire les pierres précieuſes, & les vaſes murrins qu'on ſait avoir coûté quelquefois infiniment plus que les pierres précieuſes.

Ces opérations cachées de la verrerie étoient elles ſeules en état de faire ſoupçonner à des viſionnaires que les prêtres de l'Egypte doivent avoir été très-verſés dans l'Alchymie: auſſi ne douté-je nullement que ce ne ſoit là la véritable ſource de toutes ces fables, qui germerent dans l'eſprit des Arabes, lorſqu'ils s'appliquerent aux ſciences; car ce ſont eux qui ont jeté les premiers fondements de la Chymie réelle, ou du moins ils ont reſſuſcité cet art preſque entiérement perdu.

Les Egyptiens ſont de tous les anciens peuples connus, ceux qui ont le mieux travaillé le verre, & les ouvriers de ce pays dirent à Strabon, que l'Egypte produit une certaine ſubſtance ſans laquelle on ne ſauroit faire du beau verre. (a) Or cette substance n'est, suivant moi, autre chose que la soude que les Vénitiens vont acheter à Alexandrie ; & sans l'impardonnable stupidité des Turcs, jamais les verreries de Venise n'auroient acquis la réputation dont elles ont joui. Cette soude, dont il est ici question, doit être regardée comme la meilleure ; & il n'y a personne qui ne sache, que c'est la cendre d'une plante nommée par les botanistes *Mesem bryanthemum Copticum*.

On voit par ceci qu'au temps de Strabon on n'étoit pas du tout persuadé en Egypte, que les verreries de Tyr & de Sidon eussent jamais eu un avantage si décidé qu'on le croit de nos jours par la seule qualité du sable que fournit le petit fleuve *Bélus*. Quelques auteurs modernes disent, à la vérité, que les Egyptiens n'étoient pas en état de couler des glaces de miroirs, tandis qu'on en couloit chez les Sidoniens. Mais je doute extrêmement que dans l'antiquité on ait connu les grands miroirs de verre étamé ; & le terme de *specula*, qu'on trouve dans Pline, lorsqu'il parle de la verrerie de Sidon, (b) paroît un terme placé pour celui de *specularia* ; de sorte que ce naturaliste n'a voulu désigner que de petites pieces de verre, fort épaisses & ordinairement rondes, qu'on enchâsse dans du plâtre pour en faire des fenêtres, telles qu'on en trouve encore de nos jours en plusieurs endroits du Levant & de la Turquie. Cette pratique, qui semble en quelque façon être l'origine des vrais carreaux de vitre, ne suppose aucune habileté dans les ouvriers : & les Egyptiens n'eussent point été embarrassés

---

(a) *Geograp. Lib. XVI.*
(b) *Hist. Nat. Lib. 36. cap. XXXI.*

pour surpasser à cet égard les Tyriens & les Sidoniens, qui ont souvent tâché de s'attribuer des découvertes qu'ils n'avoient pas faites.

Il faut avoir à la fois un jugement foible & une grande crédulité pour adopter la fable de ces marchands, qui ayant allumé un feu sur le rivage de la Phénicie, virent que le sable entroit en fusion, & trouverent ainsi sans y penser la méthode de faire du verre. Les hommes avoient allumé des feux sur le sable, plusieurs milliers d'années avant qu'il fût question de la ville de Tyr au monde, & en de certains cas la cendre du bois & celle des herbes seches peuvent elles seules faciliter la fusion. Ainsi il étoit superflu de supposer que les aventuriers, dont on nous parle, avoient heureusement avec eux de la soude ou un sel alkali à bord de leur navire : cette circonstance ridicule a été ajoutée après coup pour étayer un conte mal imaginé. Le concours des causes fortuites n'a pas dans toutes ces choses autant de pouvoir qu'on le croit communément : les procédés doivent se développer les uns après les autres. Enfin le hazard a eu peu de part à l'invention du verre, qui ne peut avoir été découverte qu'à la suite de l'art du Potier : on a eu une pâte assez approchante de la porcelaine, avant que d'avoir du verre : plusieurs nations même se sont arrêtées à la découverte de la porcelaine, sans pouvoir aller au-delà ; d'autres n'ont connu qu'une sorte d'émail. Par exemple, on ne savoit faire du verre dans toute l'étendue d'Amérique en 1492, & cependant de certains Sauvages y possédoient la méthode de vernir d'émail les pots de terre, au rapport de Narbourough, homme judicieux, assez éclairé, & dont il a même été parlé avec quelque éloge dans les Recherches Philosophiques sur les Américains.

La véritable argile est rare en Ethiopie : presque toutes les substances terrestres y sont plus ou moins mêlées de sable : les plantes y contiennent plus de sel alkali qu'ailleurs, & on y brûle des plantes arides au défaut de bois, qui y est aussi rare qu'en Egypte, ou bien il est trop précieux, comme celui de palmier, à l'égard de ceux qui vivent de dattes. Ainsi il est possible qu'en voulant y cuire des vases de terre, on y aura observé plutôt qu'ailleurs tous les développements de la vitrification. Les anciens historiens conviennent presque unanimement, que les Ethiopiens ont connu le verre ; & si Hérodote avoit prétendu parler de grands morceaux de sel gemme, qu'on excavoit en Ethiopie pour en faire des cercueils, il n'eût pas donné le nom de verre à une substance saline qui se liquefie dans l'eau : car enfin, ce Grec, quoique très-menteur par instinct, n'étoit pas assez imbécille pour confondre des choses de nature si différente.

Au reste, mon opinion est que la verrerie de la grande Diospolis, capitale de la Thébaïde est, dans l'ordre des temps, la première fabrique réguliere de cette espece ; & si les Tyriens eussent eu des monuments décisifs en leur faveur, on ne les auroit pas vu recourir à des fables pour appuyer leurs prétentions. D'ailleurs ils n'ont rien exécuté de plus remarquable que de certaines colonnes & des cippes de verre coloré, qui jouoit l'émeraude ; tandis que les Egyptiens ont fait cent sortes d'ouvrages plus difficiles les uns que les autres ; car sans parler ici des coupes d'un verre porté jusqu'à la pureté du cryftal, ni de celles qu'on appelloit *Alassontes*, & qu'on suppose avoir représenté des figures dont les couleurs changeoient suivant l'aspect sous lequel on les regardoit, à-peu-près comme ce qu'on nomme vulgairement *Gorge de pigeon*, ils ciseloient encore le verre & le travailloient au tour ; tellement que quelques coups donnés trop profondément brisoient tout l'ouvrage, qui avoit déja coûté des soins infinis à l'ouvrier : & lors même que ces sortes de vases réussissoient parfaitement, il falloit encore les manier avec subtilité ; de sorte que ceux qui connoissoient l'art de jouir, que rarement les poëtes ignorent, n'aimoient pas, dans leurs parties de plaisir, à se servir de coupes si précieuses & si fragiles.

Tolle, puer, calices, tepidique toreumata Nili ;
   Et mihi securâ pocula trade manu. (a)

D'ailleurs les Egyptiens savoient dorer le verre ; (b) ce qu'on ne sut jamais ni à Tyr, ni à Sidon ; & quoiqu'il n'y eût plus qu'un pas à faire pour l'étamer, ce peuple n'a point connu d'autres miroirs que ceux de métal, qui paroissent même avoir tous été petits & portatifs : car la critique, dont nous faisons l'usage le plus rigoureux, nous oblige à ranger parmi les fables ce que l'on a dit de deux prodigieux miroirs, dont l'un étoit suspendu à la tour de Phare, & l'autre incliné sur le sommet du temple d'Héliopolis, où il réfléchissoit l'image

―――――――――――――――――――

(a) *Martial. Lib. XI. E. XII.* Ce passage de Martial est expliqué par un autre du livre XII. E. 75 & surtout par les distiques suivants :
   Non sumus audacis plebeia toreumata vitri :
      Nostra nec ardenti gemma feritur aquâ.
   Aspicis ingenium Nili, quibus addere plura
      Dum cupit ah, quoties perdidit auctor opus.

(b) *Athenée. Lib. V. Cap. 5.*

du soleil par une ouverture du toit ou de la terrasse. Je n'ignore point que les anciens ont quelquefois placé dans les temples des miroirs dont les effets étoient singuliers, & qu'on nommoit pour cela monstrueux; car il est sûr qu'il y en a eu de tels dans le temple de Smyrne; mais pour celui d'Heliopolis, Strabon le décrit très-exactement, sans dire un seul mot de ce faisceau de rayons qui éclairoient l'autel aux yeux des spectateurs, qui ne pouvoient appercevoir la source de la lumiere. Ainsi ce prétendu prestige, auquel les prêtres de l'Egypte ne penserent jamais, n'a pas donné lieu à celui qui est aujourd'hui en vogue dans une église des chrétiens Coptes, dédiée à sainte Damiane, où les moines font paroître, par le moyen de deux petites fenêtres basses, des ombres contre le mur opposé. Je crois bien, comme Vansleb le dit, que cette église, qu'on rencontre près de *Tekébi* à plus de vingt-sept lieues de l'ancienne Héliopolis, n'a pas été bâtie suivant les vrais principes de l'optique, dans la seule vue de tromper le peuple; mais si Vansleb & le pere Sicard eussent été plus versés dans la phisique, ils se seroient d'abord apperçus que l'apparition des ombres ne sauroit avoir lieu dans un endroit bien éclairé: (*a*) de sorte qu'on peut toujours soupçonner que celui-ci a été rendu à dessein assez sombre pour y introduire cette illusion, laquelle est à-peu-près ce qu'est l'effet de la chambre obscure. Ce tour me paroît un peu moins grossier que celui que font certains charlatans à Naples : quoique au fond tout ce qui tend à tromper le peuple, en fait de reli-

---

(*a*) *Vansleb Journal. page 158.* ... *Mémoires des Missions du Levant. Tome II. page 99.*

gion, soit également abominable aux yeux des Philosophes.

Quant au grand miroir du Phare d'Alexandrie, j'ai eu la patience de lire ce qu'en a écrit un académicien de Barcelone, (*a*) qui suppose que par ce moyen on a pu appercevoir les objets d'aussi loin qu'on les apperçoit avec des lunettes d'approche; & ensuite il se jette dans d'inutiles détails pour prouver que les anciens savoient étamer le verre, en citant un passage d'Isidore, qui mourut en 636, & un autre passage de Vincent de Beauvais, qui écrivoit vers l'an 1240. Il est clair qu'il ne s'agissoit point du tout ici ni de Vincent, ni d'Isidore: il falloit prouver par des témoignages d'écrivains antérieurs à notre ere, l'existence du miroir, & ensuite raisonner : mais Ptolomée Evergete, ni aucun de ses successeurs ne pensa jamais à une telle folie. En un mot, il n'y a non plus eu de miroir au sommet de la tour du Phare, que quatre écrevisses de verre pour supporter ce bâtiment, qui doit avoir été plus que aucun autre en bute à l'imagination des exagérateurs. Il est vrai que Vossius, si fameux par son érudition, & si décrié par la foiblesse de son jugement, a prétendu expliquer ce fait en supposant que ces écrevisses avoient été fabriquées d'une pierre Obsidienne véritable ou sophistiquée par le verre noir, dont les Egyptiens savoient couler des statues ; (*b*) mais malgré l'autorité du manuscrit que Vossius dit avoir eu dans sa bibliotheque, il ne faut pas douter un instant que cette fable n'ait été forgée

---

(*a*) *Amusements philosophiques sur diverses parties des sciences.* Amus. *VI.*

(*b*) *Commentar. ad* Pomp. M:lam, *page 271.*

par les Arabes qui paroissent aussi avoir imaginé la *Table Smaragdine*, ou cette prodigieuse lame d'émeraude sur laquelle Hermès, personnage qui n'a jamais existé, grava à la pointe du diamant le secret du grand œuvre. Il y a aujourd'hui des Bédouins assez enfants ou assez imbécilles pour croire que cette table est cachée dans le *Harem* ou la plus grande des pyramides de *Gizeh*, où il a si peu été question d'ensevelir quelque secret, qu'on n'y a point trouvé une seule inscription ni dans la salle d'en haut, ni dans celle d'en bas. Et s'il y a eu des caracteres hiéroglyphiques gravés sur les faces extérieures de ce monument, il faut que le temps les ait effacés, car il n'en reste plus de trace. Je sais bien ce qui a donné lieu à cette tradition des Arabes : ils ont manifestement confondu la *Table Smaragdine* avec ce colosse d'émeraude, qu'Apion, cité par Pline, disoit être encore de son temps renfermé dans le labyrinthe; quoique ce ne puisse avoir été qu'un ouvrage de verre coloré, comme les Egyptiens en faisoient déja du temps de Sésostris; car il faut rejeter l'opinion de ceux, qui disent qu'ils y employoient le Prême d'Emeraude, mot barbare, corrompu de celui de Prase, qui n'enveloppe pas la vraie émeraude au moins dans les mines de l'Egypte, où l'on en connoît deux : l'une à l'Occident du Nil au pied de la côte Libyque entre *Ipson* & *Thata*; & l'autre vers le bord du golfe Arabique, un peu au-delà du vingt-cinquieme degré. Cette derniete ne paroît pas, dans l'antiquité, avoir appartenu aux rois de l'Egypte, comme on seroit tenté de le penser; mais aux rois de l'Ethiopie, qui soutinrent à cette occasion une guerre, où l'on voit qu'ils réclamerent comme une partie de leur domaine & la ville de Phylé & la mine d'émeraude. (*a*) L'Arabe Abderrahman, qui l'avoit visitée, dit qu'on y trouve ces pierres enveloppées dans une matiere blanchâtre: il y en a de trois especes, dont aucune n'est ni prême, ni prase; & on les clarifie toutes également au moyen de l'huile chaude.

Quoique la pratique de faire des statues de verre coloré exigeât beaucoup d'habileté de la part des ouvriers de l'Egypte, il paroît pourtant que la façon de contrefaire les murrins en suppose encore davantage. Il est à jamais étonnant qu'après les recherches entreprises par les plus savants hommes que l'Europe ait produits, on ne sache pas encore aujourd'hui avec certitude de quoi on formoit ces fameux vases, dont le prix, quoique très-considérabe & même excessif, a néanmoins été augmenté par le pere Hardouin, qu'on sait avoir changé les sesterces en talents: or, c'est précisément comme si l'on changeoit les livres tournois en louis. En suivant cette folle correction faite par Hardouin au texte de Pline, & une évaluation du talent donnée par le comte de Caylus, (*b*) il se trouveroit que le bassin du Murrin, que brisa Pétrone, avoit coûté un million-trois-cent cinquante-mille livres. Le vase antique de cornaline, qui représente les mysteres de Cérès, & qu'un

―――――――――――――――

(*a*) Voyez *Héliodore* Æthiopic. *Lib. IX.*

On voit par la narration de cet auteur que les Persans en conquérant l'Egypte, s'étoient aussi emparés de la mine d'Emeraude, qu'ils furent obligés de restituer aux Ethiopiens; d'où je conclus que cette mine leur avoit appartenu long-temps avant l'époque de la conquête.

(*b*) *Mémoires de l'Acad. des Inscript. Tome* XXIII. *page 122.*

Cette évaluation du talent à 4500 liv. ne doit point être regardée comme exacte à beaucoup près.

soldat prit au siege de Mantoue, n'a jamais été estimé qu'à cent & cinquante-mille écus d'Allemagne, quoique il n'en vaille pas la vingtieme partie, & qu'il soit encore chargé d'un grand travail en relief; tandis que les Murrins au contraire paroissent avoir été tout unis sans aucune apparence de gravure. L'opinion populaire sur la matiere de ces vases, est celle qu'on trouve déduite assez au long dans l'ouvrage de M. Mariette, (*a*) qui prétend que c'étoient des porcelaines de la Chine. Mais tous ceux, qui depuis Cardan & Scaliger ont embrassé ce sentiment absurde, n'ont pu le défendre contre les moindres objections qu'on leur a faites.

Les Romains, loin de donner une somme exorbitante pour acquérir les porcelaines de la Chine, telles que celles que nous connoissons aujourd'hui, n'eussent pas même voulu les acheter ni les introduire parmi leurs meubles à cause des dessins ridicules & grossiers dont elles sont chargées; ce qui eût produit un horrible contraste avec les ouvrages Grecs. Il n'y a d'ailleurs point un seul auteur ancien, qui ait jamais dit qu'on tiroit les Murrins de quelque contrée inconnue, comme l'étoit alors la Chine. On assure qu'ils se trouvoient en différents endroits de l'Orient, en Perse, plus particuliérement dans la Carmanie, dans l'Inde, & la Thebaïde: mais ceux de cette derniere province étoient sophistiqués, c'est-à-dire, produits par une composition qui imitoit le Murrin, quoiqu'elle fût d'une nature différente.

C'est en vain qu'aujourd'hui on recherche dans les cabinets les plus riches & les plus fournis d'antiques: on n'y trouve rien qui ressemble à

[*a*] *Traité des pierres gravées*, Tome I,

ces célebres vases, & il en est de même en Asie, où l'on ne les connoît plus. La Carmanie, nommée actuellement *Kerman*, ne produit de nos jours qu'une espece de pierre lardite, des belemnites, & il y existe une fabrique de porcelaine, dont la pâte donne dans le roux, & qui est beaucoup inférieure à celle du Japon ; comme c'est néanmoins cette province qui a fourni les plus beaux murrins, & une espece précieuse d'alabastrite, il seroit à souhaiter que les Anglois & les Hollandois qui ont des loges au Bender Abassi, à Ormus & à Gomrom, voulussent faciliter à quelques naturalistes le moyen d'examiner les productions du *Kerman* & d'une partie du *Fars*. Il se peut même que ce terme de *murrin*, qui doit être écrit sans aspiration, & qui n'est ni Grec ni Latin, subsiste encore dans quelques endroits de la Perse méridionale.

Il n'y a qu'à lire même superficiellement le second chapitre du trente septieme livre de Pline, pour s'appercevoir que les murrins n'étoient point peints ou diaprés avec le pinceau, on y observoit des taches & des veines irrégulieres qui circuloient en ondoyant, & qui donnoient tantôt dans le pourpre, tantôt dans le blanc, & produisoient souvent des nuances où ces couleurs étoient plus ou moins fondues.

De toutes les porcelaines que nous connoissons, il n'y en a pas une qui approche de cette description de Pline, pas même celle qu'on nomme *porcelaine craquelée*, où l'on voit une infinité de petites lignes qui se croisent en tous sens, & souvent des raies dont l'effet est de faire paroître les vases comme s'ils étoient fendus & fêlés dans toutes leurs parties. Quoique cette espece soit plus chere & plus rare, sans comparaison, que l'espece chargée de figures régulieres, elle n'offre néanmoins rien d'agréable aux yeux.

Mais il existe une porcelaine avanturine, qui n'a vrai-semblablement jamais été vue en Europe, & dans laquelle il seroit plus tolérable de vouloir retrouver le murrin de l'antiquité. on l'apelle *Yao-pien*, c'est-à-dire transmutation : car toute la pâte se convertit tellement qu'enfin elle ressemble à de l'agate ; mais les Chinois sont hors d'état de faire cette Porcelaine : ils ne savent même comment il faudroit s'y prendre pour en approcher. Tout ce qu'on a appris jusqu'à présent, c'est que de certains vases, & sur-tout ceux qu'on a diaprés en rouge, se changent de temps en temps pendant la cuisson, & deviennent ce qu'on nomme *Yao-pien* : cela arrive par hazard, par un caprice du fourneau, à l'insu & contre le gré des ouvriers ; mais il me paroît que ces sortes de pieces, soit par un défaut de la pâte, soit par un feu trop gradué ont été presque entiérement vitrifiées ; (*a*) de sorte qu'elles doivent se rompre, lorsqu'on y verse une liqueur bouillante ; & les murrins au

---

(*a*) Je suppose que les vases, qui se changent en *yao-pien*, sont de la matiere de ceux où il n'entre pas du vrai *Pét-untsé* ; mais une autre substance, qui est peut-être beaucoup plus vitrifiable ; & la couleur rouge, qui est tirée du cuivre, peut aussi y contribuer. Voici ce que l'on trouve à cet égard dans le mémoire du pere Dentrecolles. » On applique, dit-il, cette couleur rouge » sur la porcelaine lorsqu'elle n'est pas cuite, la couleur » rouge ne coule pas en bas du vase. On m'a assuré que » quand on veut donner ce rouge à la porcelaine, on ne » se sert pas de *Pét-untsé* pour la former ; mais qu'en sa » place en emploie avec le *Kao-lin*, de la terre jaune » préparée de la même maniere que le *Pét-untsé*. Il est » vrai-semblable qu'une pareille terre est plus propre à » recevoir cette sorte de couleur. »

chaude, comme Martial nous l'apprend. (*a*)

D'ailleurs, comment a-t-on pu s'imaginer que la porcelaine de l'Asie, qui est actuellement à un prix si bas, eût coûté prodigieusement cher dans l'antiquité, & sur-tout lorsque les Romains commerçoient en droiture aux Indes orientales par la mer Erythrée. Mais, dit-on, les Parthes interceptoient alors les productions & les ouvrages de la Chine, de sorte que les Romains devoient les acheter de la seconde ou troisieme main, & suivant une taxe telle que celle qu'on jugeoit à propos de leur imposer ; mais c'est là une erreur à laquelle M. de Guines a donné lieu en soutenant que l'empereur Marc Aurele avoit envoyé en 166, une ambassade à la Chine pour ouvrir un commerce direct avec cette contrée, & se délivrer de l'espece de tribut qu'on payoit aux Parthes. M. Gautier de Sibert a répété, dans une histoire de Marc Aurele, ces opinions si décriées, tandis qu'il eût pu aisément s'appercevoir que long-temps avant le regne de ce prince, les vaisseaux Romains venoient jusqu'à *Halibothra* sur le Gange, où ils pouvoient négocier sans dépendre des Parthes en quelque maniere que ce soit. Les embarcations qui ne vouloient pas doubler le cap de Komorin, faisoient, après le débouquement du détroit de *Bab-el-Mandeb*, leur route vers le Nord-Est, & venoient dans le golfe de Kambaye mouiller à *Berug* ou à *Barygaza*, où les machands indigenes tiroient les denrées de la Sérique par la voie de la Bactriane. D'ailleurs parmi les denrées de la Sérique & de la Cochinchine, il n'est

---

(*a*) *Si calidum potas, ardenti Murra Falerno*
Convenit, & melior fit sapor inde mero.

jamais queſtion de porcelaine, ni de rien de ſemblable. Quant à la Chine, Marc Aurele, loin d'y avoir envoyé une ambaſſade, n'en avoit jamais ouï parler, car un géographe tel que Ptolémée, en a ignoré l'exiſtence, comme cela eſt démontré par l'erreur qu'il y a dans ſa longitude, & le ſilence profond qu'il garde ſur cette région. Enfin, du temps des Antonins, on ne connoiſſoit dans notre Europe que les *Seres* & les *Sines*, peuples qui n'avoient rien de commun avec les Chinois, & c'eſt choquer toutes les notions de la géographie que de ſoutenir le contraire.

L'ouvrage le plus complet & le mieux approfondi que nous ayons ſur les vaſes murrins, eſt, ſans contredit, celui de Chriſtius, qui, à un paſſage près de Martial, dont il n'a pas eu de connoiſſance, produit généralement tout ce qu'on peut trouver ſur cette matiere dans les auteurs de l'antiquité; (*a*) car pour les modernes il les a aſſez négligés, & ne parle pas même de ces détails curieux qu'on trouve dans le gloſſaire de du Cange au mot *madre*. Au reſte Chriſtius prouve, par d'invincibles arguments que les murrins n'ont pas été des porcelaines; mais des pierres qui approchoient du genre de l'alabaſtrite & de l'onychite. Quant à moi, je penſe qu'ils n'étoient point d'une nature calcaire, & que l'art ajoutoit beaucoup à leur beauté: car

---

(*a*) Voyez *Joh. Frid. Chriſti de* Murrinis Veterum *liber ſingularis. Lip.* 1743.
Voici le diſtique de Martial, que Chriſtius a ômis.

Nos bibimus vitro, tu Murrâ, pontice, quare?
Prodat perſpicuus ne duo vina calix.

Seu quœ palmiferœ mittunt venalia Lhebœ;
Murreaque in Parthis pocula cocta focis.

on peut soupçonner qu'on les clarifioit non pas avec le miel imbu de suc d'if, dont les anciens se servoient pour clarifier presque toutes les pierres précieuses, mais qu'on les renfermoit dans des fourneaux où on leur faisoit endurer un certain degré de feu ; tellement qu'on peut à la rigueur laisser subsister le célebre distique de Properce, qu'on sait avoir tant tourmenté les commentateurs.

Seu quæ palmifera mittunt venalia Thebæ;
Murreaque in Parthis pocula coma focis.

On pourroit traduire ces vers de la maniere suivante : *les marchandises que Thebes nous envoie de l'ombre de ses palmiers, & les vases murrins, qui ont été cuits dans les fourneaux des Parthes.* Or, comme Properce s'explique dans un autre endroit de ses poésies, où il dit que les murrins participoient de la nature de l'onyx, (*a*) on peut croire que dans le distique qu'on vient de rapporter, il parle à la fois des véritables qu'on tiroit de la Perse, & des faux qui venoient de l'Egypte.

Après tous ces détails, que nous avons tâché de presser autant qu'il a été possible ; la grande difficulté est de savoir comment & avec quelle matiere les Egyptiens faisoient les faux murrins. On seroit d'abord porté à croire qu'ils employoient une espece d'Alabastrite gypseuse, c'est-àdire, qui n'est point calcaire, & à laquelle on pouvoit faire essuyer un assez grand

―――――――――

(*a*) *Et crocino nares Murreus ungat Onyx.*
          Proper. Lib. 171. Eleg. 8.
On voit par ce vers combien Properce étoit éloigné de prendre les murrins pour de la porcelaine.

degré de feu pour y incorporer des couleurs : cette pierre se trouvoit en abondance dans les carrieres de l'Heptanomide, à soixante lieues ou à-peu-ptès au-dessous de Thebes ; mais elle n'approchoît ni de la beauté, ni de la finesse des alabastrites de la Carmanie. (*a*) On embrasseroit, dis-je, assez volontiers ce sentiment, si Pline, lorsqu'il parle du murrin adultéré, n'assuroit clairement que c'étoit du verre, *vitrum murrinum*. Ainsi les Egyptiens n'altéroient point l'alabastrite de l'heptanomide ; mais employoient des pâtes de verre, avec lesquelles on pouvoit tromper de temps en temps ceux d'entre les Romains qui n'étoient point de grands connoisseurs ; mais on trompoit infailliblement, par ce moyen, des nations assez grossieres & barbares comme les Moscophages & toutes celles qui habitoient le long de la côte Orientale de l'Afrique, depuis la hauteur du quinzieme degré jusqu'aux environs de *Bérenice Epi-dires* ou le cap *Rasbel*. Aussi voyons-nous que la majeure partie des faux murrins passoit dans les ports du golfe Arabique, (*b*) où les vaisseaux s'en chargeoient pour les porter à ces peuples, dont je viens de parler, & auxquels ces vases pouvoient servir à contenir toutes sortes de liqueurs, pourvu qu'elles ne fussent ni bouillantes ni trop chaudes ; car on peut bien croire que les faux murrins ne résistoient pas aux mêmes épreuves que les véritables qui

---

(*a*) Les anciens, en parlant de l'alabastrite de l'Egypte, semblent désigner une pierre colorée & calcaire; l'alabastrite ou le faux abatre des modernes est d'une substance vitrifiable. Et à cet égard nos notions sont beaucoup plus sûres que celles des anciens.

(*b*) *Peripl. Mar. Erythr. page* 145.

doivent avoir difparu entiérement par les invafions des Barbares, qui en auront enlevé & brifé une grande partie ; & on peut foupçonner que ce qu'il y a eu de plus précieux en ce genre à Rome, a paffé enfuite à Conftantinople où il feroit impoffible aujourd'hui de trouver un feul débris de la ftatue de verre coloré dans le goût de l'émeraude, qu'on voyoit au temps de l'empereur Théodofe, & qui étoit, fuivant la tradition confervée dans Cédrene, (a) un ouvrage exécuté en Egypte fous Séfoftris. Si des monuments d'un tel volume ont été anéantis, il eft aifé de fe figurer quel aura été le fort des vafes murrins, prefque auffi fragiles que le verre. Quant à la porcelaine, le comte de Caylus croit que les Egyptiens la faifoient affez bien, & pour le prouver, il cite une petite ftatue qui porte des caracteres hiéroglyphiques peints en noir fur un émail de bleu vif. Mais pour juger fûrement de la matiere dont cette piece a été pétrie, il eût été néceffaire de la rompre, car il vient de l'Egypte beaucoup de ftatues femblables, & le chevalier de Montaigu entre autres en a rapporté plufieurs ; mais la couverte n'y cache pas une pâte de porcelaine, ni rien d'approchant : c'eft feulement une terre blanche, friable, légere & telle que celle des vieilles fayences, nommées en Italie par corruption *Majoliche*, & qu'on recherche à caufe de l'idée où l'on eft, que Raphael & d'autres artiftes en ont peints quelques vafes. (b) Mais Raphael ne

---

(*a*) *Pag. 322.*

(*a*) L'ouvrage le plus détaillé qu'on ait par rapport à la peinture de quelques pieces de majorique, eft un livre Italien, intitulé, *Ifloria delle pitture in Maioliche fatte in Pefaro, e ne luoghi circonvicini.*

paroît jamais avoir touché la Majorique ; & le travail de Rubens, en apprêt ou sur le verre, est quelque chose de bien plus certain. Tout cela me fait douter que les Egyptiens aient jamais exécuté en ce genre d'autres ouvrages que des fayences assez estimées, lorsque, par le moyen des particules de *mica*, mêlées dans le vernis, elles sembloient être comme poudrées d'argent : mais cette fabrique appartenoit à la ville de Naucrate, dans le *Delta*, & étoit par conséquent entre les mains des Grecs, dont on ne confondra point les ouvrages avec les vases de *Coptos* dans la Thébaïde, & qui ne paroissent point avoir été vernissés, sans quoi on n'auroit pu leur donner une odeur qu'ils conservoient assez long-temps, & qui y étoit sûrément incorporée par des drogues d'une substance étrangere : car les recherches faites sur différentes parties de la minéralogie de l'Egypte, n'ont rien produit de satisfaisant touchant une argile naturellement odoriférante, que Prosper Alpin dit être en assez grande abondance aux environs de la Matarée, dont on suppose que l'emplacement répond à-peu-près à celui de l'Héliopolis située hors du *Delta*.

M. de Maillet a toujours soutenu que les anciens Egyptiens aimoient extrêmement les feux d'artifice & les illuminations ; & en effet on découvre beaucoup de particularités qui portent à penser que cela est très-réel. Au reste je ne compte ici pour rien le temoignage d'Elien, puisqu'il n'a fait que copier mot pour mot Hérodote, le seul auteur qui ait parlé d'un palais illuminé toutes les nuits par l'ordre du Pharaon *Mycerimus*, dont l'histoire me semble être un roman qui a entraîné les conséquences les plus ridicules, en ce que les jésuites l'ont inféré dans leurs prétendues relations de la Chine, pour expliquer l'origine de la *fête des lanternes*, sur laquelle on est maintenant mieux instruit. Il s'agit encore dans Hérodote d'une illumination qu'il prétend avoir été, une fois par an, générale en Egypte, depuis la cataracte du Nil jusqu'au bord de la Méditerranée, quoique suivant toutes les apparences, elle se soit bornée à la ville de Saïs & à la préfecture Saïtique; ce qui formoit un canton de peu d'étendue. Cette fête consistoit en un grand nombre de lampes qu'on allumoit à l'approche de la nuit; mais il est fort difficile de savoir pourquoi les Egytiens mettoient dans tous ces vases une certaine quantité de sel, & de quelle nature ce sel peut avoir été (a) On ne sait, dis-je, si par ce moyen ils varioient la couleur de la flamme, ou si par ce moyen ils retardoient la consomption de l'huile : secret qu'il ne seroit pas possible aujourd'hui de retrouver.

C'est ici l'endroit où je dois entrer dans quelques discussions entiérement neuves sur la maniere dont on imitoit le tonnerre & la foudre dans la célébration des mysteres; car il est certain qu'on faisoit voir & entendre ces phénomenes simulés aux personnes qu'on initioit. Je ne prétends parler, en quelque sens que ce soit, de ce qui doit s'être passé en Arabie sur le *Gebel-Tour*; car cet événement est étranger à notre sujet; mais il faut observer que les Egyptiens ayant les premiers imaginé tout l'appareil des mysteres, transporté depuis dans l'Asie & dans l'Europe, doivent être regardés comme les inventeurs

---

(a) *Lucernas plurimas accendunt circum circà domos sub dio : lucernæ autem sunt vasa sale & oleo plena, quibus super incumbit ellychnium.* Herodot. Lib. II.

venteurs du tonnerre artificiel, & de cette effusion de lumiere qui paroissoit tout à coup au milieu des ténebres; au point qu'Apulée en compare les effets à ceux du Soleil ; car ayant été admis, ainsi que l'on sait, aux secrets Isiaques à Corinthe, il observa assez bien toute la singularité de ce spectacle. (a)

S'il étoit vrai, comme on l'a prétendu, que de certains mysteres se célébroient dans quelques appartements du labyrinthe, alors il n'eût point été difficile d'y faire entendre des éclats semblables à ceux de la foudre ; puisque Pline assure que la répercussion de l'air produisoit un bruit épouvantable dans ce bâtiment, dès qu'on y ouvroit des portes ou des soupiraux, qui vrai-semblablement en faisoient refermer d'autres ; car sans cela je ne puis expliquer ce phénomene suivant toute la rigueur des termes employés par ce naturaliste, qu'il faut supposer avoir été bien instruit; & la description détaillée qu'il donne du labyrinthe le fait penser. (b) Quant à Hérodote, on ne voulut point lui permettre d'entrer dans les chambres souterraines où doit avoir été le centre de l'artifice, & la sépulture de ces crocodiles qu'on nommoit les *justes* ou en Egyptien *Suchu*, & qu'on a pris pour de petits lézards d'une espece différente, & laquelle n'est point malfaisante.

Quant à la Grece, j'avois d'abord cru que le bruit qu'entendoient les initiés dans le temple de Cerès Eleusine, venoit de la voute ou du

―――――――――――――――――――――――

(a) *Nocte mediâ vidi solem candido coruscantem lumine.* Metamorphos. Lib. XI. page 1001. Edit. Beroal.

(b) *Quarumdam autem domorum* (in Labyrintho) *talis est situs, ut adaperientibus fores tonitru intus terribile existat.* Lib. XXXVI. Cap. 13.

comble que Vitruve dit avoir été dans cet édifice d'une grandeur effrayante, *immani magnitudine*, & construit par un architecte nommé Ictinus (a) Or il n'eût pas été difficile de faire retentir cette partie par le moyen des machines: mais si l'on peut ici citer l'autorité d'un poëme tel que le *rapt de Proserpine*, il est sûr que ce bruit sortoit de quelque excavation pratiquée sous le pavé du temple : car Claudien, après avoir parlé des éclairs qu'on voyoit, ajoute que le mugissement terrible, qui succédoit immédiatement, paroissoit partir des entrailles de la Terre. (b)

Quoiqu'il en soit, les machinistes qui travailloient à ces spectacles mystérieux, ont dû être aussi embarrassés pour faire un tonnerre simulé, que pour bien copier les effets de la foudre; car le comble du ridicule seroit de vouloir que ceux qui assistoient aux mysteres, ne voyoient & n'entendoient rien de semblable ; mais qu'ils se l'imaginoient, & que la frayeur faisoit en même temps une égale illusion à leurs yeux & à leurs oreilles. On ne sauroit trop répéter que les anciens nous parlent de toutes ces choses d'une maniere qui ne laisse subsister à cet égard aucune ombre de doute. Et le Grec Plethon en décriant l'initiation, em-

---

(a) *Vitru. Præfa. ad lib. VII.*

(b) *Jam mihi cernuntur trepidis delubra moveri*
  Sedibus, & claram dispergere culmina lucem,
  Adventum testata Deæ. Jam magnus ab imis
  Auditur fremitus terris, templumque remugit
    De rap. Proser. Amstelod. apud Jansson. 1627.

Il faut observer que d'autres éditions de Claudien portent *fulmina* au lieu de *culmina*, & *ecropium* au lieu de *Cecropidum*; mais cette derniere différence n'est point si importante que la premiere.

sur les Egyptiens & les Chinois.

ploie les termes les moins équivoques de sa langue, comme ceux de *keraunus* & de *Pyr*, la Foudre & le Feu. (*a*)

Je dois ici avouer au lecteur, que je sens une extrême répugnance à admettre que, dans des temples & même dans des souterrains, on eût fait usage de la machine dont se servoient les comédiens de l'antiquité sur les théâtres, c'est-à-dire de *Céraunoscope*, par le moyen duquel on lançoit violemment la foudre sur la scene, d'un endroit nommé le *Bronteion*, où, suivant l'opinion commune, on contrefaisoit le tonnerre en roulant des pierres dans des vases de cuivre.

Le *Céraunoscope*, dont on peut à peine aujourd'hui se former une idée fort claire, doit avoir été une machine très-élevée, (*b*) & dont l'action a pu être frappante en plein air ; mais dans des temples comme ceux des anciens, qui étoient ordinairement peu exhauſſés en comparaison de leur étendue, ce jeu n'eût point été praticable. Quant aux vases rangés dans le *Bronteion*, c'est-à-dire le lieu où l'on contrefait le tonnerre, on ne conçoit pas qu'ils aient pu produire un bruit assez violent sans le secours du feu. Il s'agissoit d'épouvanter les initiés, &

(*a*) *Pletho. Schol. ad Orat. mag. Zoroast.*

(*b*) Voici comme on définit ordinairement le *Céraunoscope* & le *Bronteion* dans les Lexiques. Κεραυνοσκό-πιον *machina est altissima in scenâ ad instar speculae ex quâ fulminum jactus exhibebantur.... Βρο-τεῖον, locus est in scenâ ubi conjectis in aerea vasa saxis tonitru simulabatur.*

Ainsi le *Céraunoscope* étoit constamment placé dans le *Bronteion*. Au reste, les sculpteurs & les peintres n'ont point copié la foudre qu'ils mettoient dans la main de Jupiter sur quelque piece employée dans les machines de théâtre.

on les épouvantoit bien dans les mysteres de *Mithra*, en leur mettant une épée nue sur la gorge; mais leur frayeur eût-elle été fort grande? si on ne leur avoit fait voir que les mêmes choses qui se passoient aux yeux de tout le monde sur les théâtres. Ces considérations me portent à penser que, dans les mysteres, ces phénomenes étoient beaucoup mieux exécutés & sans comparaison plus terribles, à l'aide de quelque composition pyrique, qui est restée cachée, comme celle du *feu Gregeois*, qu'on n'a pas rétrouvé de nos jours, ainsi que l'on a affecté de le publier pour allarmer toutes les puissances maritimes.

Tandis que Salmonée & Rémulus nommé Alladius, dans le premier livre de Denys d'Halicarnasse, étoient regardés comme les plus impies des hommes, pour avoir voulu imiter les éclairs & le tonnerre ; les prêtres & les comédiens les imitoient tous les jours, sans que personne s'en soit scandalisé ; & on ne trouve rien dans l'histoire ancienne, qui ait plus approché de la poudre à canon, qu'on n'a pas inventée dans l'Asie même pour l'employer à la destruction de l'espece humaine ; mais pour s'en servir à des illuminations, & ce que nous nommons des feux d'artifice. Il n'est point vrai, quoiqu'on en dise, que le premier essai de la poudre à la guerre, ait été fait sur les Tartares Mongols en 1232, pour les empêcher de prendre la ville de *Kai-Fong-fou*, qu'ils prirent cependant. Car si les Chinois eussent été en état dès le treizieme siecle, de faire des armes à feu, on ne voit pas pourquoi ils en auroient ignoré l'usage plus de quatre cent ans, après, lorsqu'il s'agissoit de les employer contre les voleurs qui prirent Pekin, & contre les Mandhuis qui prirent la Chine. Mais voici à cet égard un fait décisif : sous le regne de *Tu-*

sur les Egyptiens & les Chinois. 317
tssung on eût recours aux lumieres du Venitien Marc paul, pour inventer quelque machine capable de réduire les villes de *Siang-yan* & de *Fan-Hching* : il ne vint par conséquent point alors dans l'idée des Chinois attachés en grand nombre au parti des Mongols, d'employer la poudre. On fit à Pekin des balistes, qui étant servies par des Mahométans forcerent toutes les places contre lesquelles elles jouerent. Au reste, il sera toujours surprenant que le retour de Marc Paul à Venise, fut bientôt suivi & de l'invention de la poudre & de l'invention des canons en Italie.

Il y a un point qui concerne l'état de la Chymie chez les Egyptiens, & qu'on peut dire être couvert de beaucoup de ténebres. Pline assure qu'un souverain de l'Egypte avoit trouvé le moyen de contrefaire la pierre précieuse, nommée *Cyanus*, & qui n'a aucun rapport avec le saphir des modernes ; ce que Mr. Hill a très-bien prouvé. (*a*) Or, comme les anciens distinguoient leur *Cyanus* en mâle & en femelle, Agricola a cru que le procedé dont il est ici question, consistoit à rechauffer la couleur & à changer les femelles en mâles par leur propre teinture. (*b*) Mais je n'examinerai pas tout cela, étant convaincu comme je le suis, que Pline s'est trompé, & a confondu une opéra-

─────────────────────────

(*a*) Voyez son *Traité des pierres de Théophraste*. Le Cyanus des anciens étoit un *Lapis Lazuli*.

(*b*) *Tincturâ ex Cyano fœminâ fit mas. Primus autem gemmam illam tinxit Rex Ægypti : crystalli etiam & vitra sic tinguntur ut speciem Cyani exprimant, sed tactus maxime linguæ facile deprehendit fraudem* De nat. Fossilium. p. 623 Col. I. Ce passage feroit croire qu'Agricola ne connoissoit point le *Cyanus* des anciens.

tion avec une autre. On trouve beaucoup plus de lumière dans Théophraste, qui dit que le roi d'Egypte dont il s'agit, avoit découvert la méthode de faire du bleu ou du faux azur ; de sorte qu'il n'est point proprement question d'une pierre précieuse, mais d'une substance colorante, pour teindre les fayences, les émaux & les verres. Quand on voit les ouvriers Egyptiens employer des sels alkalis & une espece de gros sable, alors on ne doute point qu'ils n'aient tiré comme on fait aujourd'hui, de la substance métallique du Cobalt une terre, qui étant mêlée de soude & de silex se vitrifie aisément, & produit ce qu'on nomme maintenant le *bleu d'émail*.

La difficulté est de savoir dans quel temps peut avoir vécu ce roi, dont le nom n'existe nulle part dans les monuments ; mais c'est une folie manifeste de vouloir que ce soit le premier des Ptolémées, fils de Lagus, avec lequel Théophraste entretenoit un commerce de lettres ; de sorte qu'il n'eût pas manqué de nommer un monarque qu'il connoissoit particuliérement, & qui méritoit encore d'être connu des philosophes ; ce que peu de princes ont mérité.

Les plus anciens ouvrages de poterie qu'on déterre en Egypte, comme ces petites statues dont j'ai parlé, prouvent qu'on y a déja employé le bleu de Cobalt, dont la découverte va se perdre dans la nuit des temps. D'ailleurs les Grecs de l'Egypte ne paroissent point avoir dirigé leurs recherches vers de tels objets ; mais plutôt vers tout ce qui concernoit les drogues propres à la médecine, & de certains parfums très-précieux, & dont quelques-uns surpassoient le prix de l'or au poids, à en juger par les précautions qu'employoient les marchands d'Alexandrie pour empêcher leurs ouvriers de voler ; car le soir ils renvoyoient ces ouvriers-là tout nuds, (*a*) exactement comme les Espagnols en agissent avec leurs Negres qui exploitent les mines, & avec ceux qui pêchent les perles, auxquels ils servent de violents vomitifs, dès qu'ils les soupçonnent d'en avoir avalé quelques unes. On ne conçoit pas comment le prix des parfums a pu être si exorbitant en Egypte, s'il est vrai, comme on le dit, que les Ptolémées y avoient transplanté de l'Arabie l'arbre qui produit l'encens ; de même que Cléopatre y transplanta les Baumiers ; & c'est-là la seule action louable, qu'on découvre dans l'histoire de sa vie, d'ailleurs assez chargée d'événements pour en remplir un volume.

Il paroît que les connoissances chymiques des anciens Egyptiens étoient seulement fondées sur de certaines observations, & non rédigées en théorie ou en système ; & je pense qu'on pourroit en dire autant de leur astronomie. L'effervescence froide, produite par le vinaigre & le natron leur ayant été connue de temps immémorial, cela avoit suffi pour leur donner quelques notions sur la différence des acides & des alkalis ; & à force d'observer ils parvinrent bientôt à savoir que presque toutes les couleurs tirées du regne végétal essuient une altération considérable, dès qu'on y mêle de l'un ou de l'autre de ces sels ; & là-dessus a été fondée leur pratique de peindre les toiles, dont nous avons parlé dans l'article précédent.

(*a*) *At hercule Alexandriæ ubi thura interpolantur, nulla satis custodit diligentia officinas. Subligaria signantur opifici. persona adjicitur capiti densusque reticulus. Nudi emittuntur.* Plin. Lib. XII. Cap. 14.

Cette opération, qu'ils n'avoient point prise des Indiens, comme Mr. Amailhon l'insinue très-mal à propos, (*a*) ne pouvoit rien produire de bien achevé; & cependant c'est cette opération même, qui les a, suivant toutes les apparences, empêchés d'inventer les moules pour appliquer les mordants; ce qui eût rendu leurs toiles beaucoup plus belles; quoique leurs couleurs foncieres paroissent principalement avoir été tirées de *l'alkana* & du carthame, qu'on reçoit aujourd'hui de leur pays sous le nom ridicule de *saffranum*.

Quand on considere le procédé usité actuellement en Egypte pour faire le sel ammoniac, procédé qu'on sait être un véritable travail chymique dans toute la rigueur des termes; alors il me paroît que ce n'est ni des Grecs, ni des Romains, ni des Arabes qu'on le tient; mais qu'il a été connu de tout temps; & c'est le défaut du bois qui y a donné lieu : car dans l'antiquité comme de nos jours les Egyptiens, pour se procurer des matieres combustibles, ont dû faire sécher la fiente des animaux frugivores; or le sel ammoniac sur lequel on a débité tant de choses absurdes, est uniquement tiré de la suie, qui s'attache aux foyers où l'on brûle des substances semblables; & quand le pere Sicard a assuré qu'on y ajoute de l'urine de chameau, il étoit moins instruit que le sont les enfants Coptes & Arabes, qui ont vu mille fois cette opération à *Gizeh* & dans plusieurs autres endroits du *Delta* : car on la fait en public. On se dispensera d'entrer dans des discussions pour examiner le sentiment de ceux, qui prétendent,

---

(*a*) *Histoire du Commerce & de la Navigation des Egyptiens sous les Ptolémées* p. 185.

comme Mr. de Schmidt, que l'ammoniac de l'ancienne Egypte différoit totalement de celui qu'on y fait présentement. (*a*) Car, si nous n'avons point un seul livre sur la matiere médicale où l'on ait parlé de cette sorte de sel, sans y mêler quelque fable, on peut juger comment les anciens ont embrouillé ce qu'ils en disent.

Quant à l'art d'embaumer les corps, il n'exigeoit point, ainsi que l'on s'imagine, des connoissances chymiques fort approfondies ; & quelques observations réitérées ont pu d'abord faire découvrir la durée du temps qu'il falloit laisser à l'action de l'alkali fixe pour pénétrer la peau & la chair ; & il n'y a personne qui ne sache que ce terme avoit été fixé pour toujours à soixante-dix jours : ce qui heureusement ne fournit pas deux mois philosophiques, qui sont chacun de quarante jours ; sans quoi les alchymistes eussent encore voulu découvrir de grands mysteres. Ce qu'il y a de plus remarquable au sujet des momies, c'est que plus on avance vers la haute Egypte, moins on en trouve, & encore celles, que Vansleb prétend avoir été découvertes dans la Thébaïde, étoient-elles très-mal conservées. On sait, par le témoignage des anciens, que les couleuvres cornues, reposoient après leur mort dans le temple de Thebes ; mais on n'en a jamais déterré le moindre débris. Et en général je doute qu'on ait vu en Europe beaucoup de momies d'animaux tirés de quelque catacombe située au-delà du vingt-sixieme degré de latitude Nord. Tan-

---

(*a*) *De Commerciis & Navigationibus Ptolemæorum*. 357 Cette dissertation a remporté le prix à l'académie des inscriptions, & mérite les plus grands éloges.

dis qu'aux environs de *Sakara* & de *Busiris* on trouve par milliers des vases qui renferment des ibis. Comme les Européens s'établissent fort rarement dans quelque ville de l'Egypte plus méridionale que le Caire, il est sûr que cela est en quelque sorte cause du peu de recherches qu'on a faites dans les différents cantons de la Thébaïde : car je ne parle point de l'Ethiopie, dont les momies nous sont entiérement inconnues : quoique rien ne seroit plus curieux que de trouver quelques corps humains enveloppés de cette substance que les anciens ont prise pour du verre, & qui peut avoir été une résine diaphane, & peut être même une gomme, qu'on fait se trouver abondamment dans cette contrée; car une partie de l'Arabie, l'Egypte & l'intérieur de l'Afrique jusqu'au delà du Sénégal produisent plus de gomme que le reste du monde connu ; parce que l'acacia se plaît singuliérement dans ces régions brûlées, & il y répand sans comparaison plus de substance gélatineuse qu'on en obtient des arbres de son espece plantés sous d'autres climats ; & l'extrême rigueur du froid semble produire un effet assez semblable sur les arbres résineux.

Les opinions des savants sont partagées sur les véritables causes de la rareté des animaux embaumés de la Thébaïde : les uns, en faisant quelque violence au texte de Plutarque, prétendent par-là démontrer que réellement les Thébains n'embaumoient jamais aucune bête : d'autres pensent que les pharaons, ayant transporté leur cour à Memphis, firent placer aux environs de cette ville, par je ne sais quelle politique, toutes les sépultures des animaux sacrés. Mais ce sentiment des modernes paroît aussi peu probable que tout ce que les anciens ont dit d'un tribunal établi pour juger les morts,

& qui ne peut avoir subsisté de la maniere dont on le croit vulgairement. Enfin l'imagination des Grecs a travaillé beaucoup sur l'histoire de l'Egypte : souvent ils entrent dans des détails, qui semblent porter un caractere frappant de candeur & de vérité aux yeux des lecteurs ordinaires, & qui s'évanouissent comme des rêves, dès qu'on les soumet à un examen rigoureux; & si l'on n'avoit déja assez bien prouvé dans les *mémoires de l'académie des inscriptions*, (a) que de certains procédés, qu'Hérodote rapporte touchant la maniere d'y embaumer les corps humains, sont impossibles dans la pratique, on pourroit ici le démontrer sans beaucoup de peine. Au reste je crois entrevoir le véritable motif de la rareté des animaux embaumés de la Thébaïde dans la difficulté où l'on y a été de s'y procurer en assez grande quantité les drogues nécessaires, & dont les meilleures, comme la cédria & le bitume Judaïque, étoient apportées avec les aromates par les caravanes Arabes, qui ayant dépassé l'isthme de Suez n'alloient pas plus loin ; & s'arrêtoient dans les premieres villes du *Delta*. Car il n'y avoit alors aucune communication entre l'Arabie & la Thebaïde par la mer rouge : les Egyptiens, loin de naviguer sur cette mer-là, n'avoient point même fait de chemin pour se rendre aux endroits où l'on a vu depuis, les ports de *Myos hormos*, de *Philoteras* & de *Bérenice Troglodytique*. Tout cela étoit pour eux un pays inconnu ou indifférent. Et ce ne fut que dans des temps bien postérieurs à ceux dont il s'agit ici, que les Ptolémées ouvrirent les routes que les Egyptiens avoient tenu constamment fermées. Après cela

_____

(a) *Tome XXIII.* page 125.

on peut bien concevoir qu'il en coûtoit sans comparaison moins pour embaumer un corps à Memphis qu'à Thebes, où il falloit acheter de la troisieme ou quatrieme main les drogues venues de l'Arabie.

Outre les mensonges, qu'on a à reprocher aux auteurs Grecs dont on vient de parler, il est manifeste que très-souvent ils ont mêlé les chimeres de leur propre mythologie avec celle de l'Egypte ; & c'est par un effet de cette confusion que Diodore parle du breuvage de l'immortalité donné par isis à Horus : quoique les Egyptiens n'eussent jamais entendu parler d'une fable de cette nature. Et tout ce que nous pouvons dire avec quelque certitude, c'est qu'ils avoient exagéré les vertus du *nephentes*, qu'on sait n'avoir eu rien de commun avec l'ambrosie ; & que beaucoup de savants prennent pour l'*opium* Thébaïque, exprimé d'une espece de pavot nommé dans la langue du pays *nanti* : car les Egyptiens ne paroissent avoir eu aucune connoissance, du *bernavi*, qu'on obtient du chanvre verd, plante qu'on n'a cultivée en aucun endroit de leur pays ; mais on a pu y connoître une composition qu'on appelle *berghe*, qu'on fait avec la jusquiame blanche ; & dont les princes Arabes de la Thébaïde usoient beaucoup au siecle passé.

Ces drogues produisent toutes le même effet ; c'est-à-dire, qu'à la longue elles affoiblissent également la mémoire dans ceux qui en font un continuel usage : on voit même en Asie de ces misérables, qu'on y désigne sous le nom de *théraquis*, & auxquels il reste à peine la réminiscence : ce qui est un signe assez infaillible d'une mort prochaine.

Ainsi ce qu'on a dit du *népenthes* de l'Egypte, ne peut s'appliquer à l'*opium*, qu'en tant qu'on

sur les Egyptiens & les Chinois. 325

le prend sans discontinuer un seul jour ; & en augmentant insensiblement la dose jusqu'à ce qu'on parvienne à une demi dragme ; & alors il peut tellement faire oublier à un homme l'histoire de la vie, qu'il ne lui resteroit plus la moindre trace du passé, ni aucune réflexion sur l'avenir. C'est l'art de s'abrutir, & d'approcher le plus qu'il est possible d'une certaine félicité, que je soupçonne aux animaux, en ce qu'ils n'ont très-probablement aucune idée de la mort : c'est-à-dire, qu'il n'y a point de bête qui sache qu'elle doit mourir, pas même lorsqu'elle voit les cadavres de ses semblables, pas même lorsqu'elle expire : tandis que cette appréhension agite, trouble & consterne les hommes ordinaires jusqu'au milieu de leurs plaisirs ; car je ne parle point des philosophes, qui sont au-dessus de toutes les allarmes, & dans un état de repos qui est le prix de la vertu.

Il est encore fait mention, mais fort rarement, d'une drogue dont de certains fanatiques de l'ancienne Egypte se frottoient les yeux pour avoir des visions & des extases, telles que les Scythes s'en procuroient aussi jadis en se balançant avec violence sur une planche suspendue, ou en tournant avec vîtesse toujours vers le même côté, usage dont il subsiste des traces bien remarquables parmi les Turcs.

Quelques naturalistes assurent que les Egyptiens dont il s'agit ici, n'employoient que l'encens de l'Arabie ; mais je doute extrêmement que cette résine appliquée sur les yeux & sur le front, force le sang & les esprits vitaux à monter en abondance vers la tête ; & il est beaucoup plus croyable que ces malheureux avaloient quelques grains d'encens ; ce qui produit une espece de délire dans l'homme : & c'est par ce moyen qu'on étourdissoit les criminels avant que de les conduire au supplice, coûtume qui a duré très-long-temps, sans qu'on puisse précisément décider si l'on a bien ou mal fait de l'abolir.

Au reste, l'*opium* Thébaïque, le *berghe*, le *bernavi* & d'autres drogues de cette nature ne font point des compositions trouvées par des chymistes qui cherchoient le breuvage de l'immortalité, comme on l'a cherché à la Chine, & dont je dirai des choses assez singulieres dans l'instant : car il ne reste plus ici à parler que de ces prétendues inscriptions Egyptiennes, dans lesquelles des insensés ont cru voir des choses relatives à la transmutation des métaux.

On nous a conservé trois inscriptions du temple de Saïs : celle qu'on lit dans Clément d'Alexandrie, est une simple sentence morale : celle que rapporte Plutarque paroît avoir été corrompue par les Grecs, qui, suivant l'usage établi à Athenes, ont donné un voile à la Minerve Egyptienne ; ce que M. Jablonski dit choquer extrêmement le costume.(*a*) Ces considérations ont engagé les savants à préférer l'inscription qu'on trouve dans les commentaires de Proclus sur le Timée ; & qu'il faut traduire de la sorte, mot pour mot.

JE SUIS *ce qui est, ce qui a été, ce qui sera. Nul mortel n'a soulevé ma robe. Le fruit, que j'ai engendré, a été le soleil.*

Les Egyptiens, suivant le génie & l'usage très-répréhensible de presque tous les Orientaux, avoient personifié les attributs de la

---

(*a*) *Pantheon Ægyptic. Tom. I. p.* 66. L'observation de M. Jablonski n'est pas si bien fondée qu'elle le paroît, lorsqu'on réfléchit au voile d'Isis, sur lequel celui de la Minerve d'Athenes peut avoir été copié.

divinité, ce que les hommes appellent la sagesse de Dieu, étoit figuré chez eux par la *neitha* ou la Minerve de Saïs ; ainsi l'inscription qu'on vient de rapporter, concerne la création de l'univers, & le plan préexistant suivant lequel notre monde a été arrangé : car il paroissoit absurde de soutenir qu'un ouvrage régulier & très-compliqué eût été formé sans aucun plan antérieur à sa formation. Il faut être, comme je viens de le dire, un insensé pour vouloir entrevoir en tout ceci quelque rapport avec les opérations des Alchymistes, qui nous parlent encore de la colonne d'Osiris, dont Diodore de Sicile donne l'inscription, tellement conçue que je n'y ai pu découvrir une seule idée Egyptienne : elle commençoit par ces mots : *je suis le fils de Saturne le plus jeune des dieux.* (a) Or jamais les Egyptiens n'avoient entendu parler de Saturne, divinité absolument étrangere à leur mythologie ; & ce seroit bien pis, si l'on disoit que par ce mot de *Saturne* il faut entendre leur *phtha* ou leur Vulcain, qui loin d'être le plus jeune des Dieux, passoit pour le plus ancien de tous, suivant les traditions allégoriques sur lesquelles jamais les prêtres n'ont varié. Cette observation est plus que suffisante pour démontrer que ce sont des Grecs qui ont forgé l'inscription qu'on lisoit sur la colonne d'Osiris, érigée en Arabie dans la ville de Nysa ; quoique l'ancienne géographie n'ait pas connu de ville de Nysa en Arabie. L'expédition d'Osiris, qu'on sait être la même que celle de Bacchus, n'a rapport qu'au cours du soleil, & aux différents effets produits par la chaleur de cet astre. On se dispensera après

---

(a) *Biblioth.* Lib. 5.

cela d'entrer dans des détails touchant la co-lonne d'Isis : car quoiqu'on y distingue un style & des expressions qui se rapprochent beaucoup davantage du goût Oriental, il en est de cette inscription Egyptienne comme de cinquante autres, qui ont été plus ou moins altérées par l'ignorance ou la hardiesse des traducteurs.

Ce sont principalement les jésuites, qui ont tâché de nous dépeindre les Chinois comme des alchymistes déterminés, dans les premieres relations qu'ils publierent touchant ce peuple; & comme chez lui le prix de l'or n'est point à beaucoup près aussi haut qu'en Europe, les missionnaires ne manquerent pas de dire qu'il avoit sur-tout cherché le secret de faire de l'argent. Le pere Martini n'a point eu honte d'assurer (*a*) que l'empereur *Hoangti*, qui n'a vraisemblablement jamais existé, travailloit fort bien & avec le plus grand succès dans un laboratoire situé sur le lac *Yotang*, dans la province de *Setchuen*, à peu de distance de la ville de *Pukiang*. Et ce qu'il y a de réellement surprenant, c'est que le pere Kircker, homme capable de tout rêver & de tout croire, a rejeté ce fait comme une fable dans son monde souterrain, ouvrage qu'on sait d'ailleurs être rempli des plus puériles chimeres.

Là-dessus le médecin Cléyer entreprit de faire des recherches à la Chine, & attesta à son retour, qu'il n'avoit pu trouver dans tout ce pays un seul alembic. (*b*) Mais la figure de ces machines peut beaucoup varier ; & à peine en reconnoîtroit-on la forme primitive dans ces

---

(*a*) *Libro XI*.

(*b*) *Medicina* Chinensium *ex pulsibus & linguâ in* 4to.

sur les Egyptiens & les Chinois. 329

tuyaux que les Tartares ajuftent fur des vafes remplis de lait de jument, dont ils ont fu tirer la partie la plus volatille long-temps avant qu'on eût diftillé quelque liqueur que ce foit en Europe, où l'on ne croit pas que l'efprit de vin ait été connu avant l'an 1200 ; époque qui m'a néanmoins toujours paru incertaine.

Les miffionnaires, qui ont écrit fur la Chine dans des temps poftérieurs, prétendent que ce n'eft que depuis *Laokium* qu'on s'y eft appliqué à l'alchymie, & que ce font principalement les difciples de cet homme affez obfcur, qui ont répandu ce goût dans différentes provinces de l'empire. Mais comme on connoît l'acharnement des jéfuites contre les *Tao-effé* & contre les Bonzes, & celui des Bonzes & des *Tao-effé* contre les jéfuites, il eft de la prudence & de l'équité de fe défier de tout ce que l'efprit de parti a fait dire à ces différents ordres de religieux. Et on peut juger fi la foif de l'or n'avilit pas extrêmement le cœur de l'homme ; puifque les avares même fe la reprochent les uns aux autres comme un crime inexpiable.

Voici la véritable origine de toutes les fables dont on vient de rendre compte. Il eft vrai que les Chinois ont cherché le breuvage de l'immortalité dans des fiecles antérieurs à notre ere ; & cette folie fuperftitieufe leur vient des Tartares leurs ancêtres, qui ont tâché de fe rendre immortels dès le temps de la plus haute antiquité. Et il n'y a perfonne, qui en lifant ce que Hérodote & Strabon rapportent de certains Scythes, ne reconnoiffe d'abord la liaifon qu'il y a entre toutes ces chofes : (*a*) Hérodote même entre dans de grands détails en décri-

---

(*a*) *Herod. lib. IV.... Strab. lib. VII.*

vant la coûtume adoptée chez une nation Gétique ; & il a été bien prouvé que cette nation fuivoit la religion du grand Lama, qui a auſſi été furnommé *l'immortel* par quelques voyageurs d'Europe ; quoique ce titre de Dalai Lama ne fignifie proprement que prêtre univerfel, dont le pouvoir eſt auſſi étendu que l'Océan : car, dans la langue Mongale, la mer s'appelle *Dalai*. (a) M. d'Anville dit qu'on ne retrouve aujourd'hui ni en Europe, ni en Afie, ces hommes finguliers indiqués dans le texte Grec de Strabon par le nom d'*Abio*. (b) Mais je doute qu'on puiſſe retrouver actuellement beaucoup de peuplades Tartares par les feuls noms que leur ont donnés les hiſtoriens & les géographes Grecs : ces grands corrupteurs des appellations nationales ont répandu d'épaiſſes ténebres fur toute la furface de l'ancien Continent pour rendre leur ſtyle plus harmonieux. D'ailleurs M. d'Anville auroit pu s'appercevoir que les *Abio* ne nous font pas préfentés comme une peuplade, mais comme une fociété ; & cela eſt bien fûr, lorſqu'on réfléchit qu'ils contractoient rarement des mariages. S'il y a eu plus de treize cent ans avant notre ere des moines parmi les Tartares connus fous le nom de *Lamas*, on peut croire que c'eſt à eux que fe rapporte cet amour du célibat & cette auſtérité dans les mœurs, que les anciens ont unanimement attribués à de certains Scythes, auxquels nous ne connoiſſons point de tels penchants, fi l'on en excepte les Lamas, qui font vœu de chaſteté ; ce qui dans la rigueur des termes,

---

(a) *Fifcher de Origine Tartarorum.* pag. 76.
(b) *Géographie ancienne, abrégée.* Tom. II. pag. 321.

sur les Egyptiens & les Chinois. 331

ne signifie autre chose, sinon qu'ils renoncent au mariage légitimement contracté ; car chez eux le célibat entraîne de grands désordres. Là, où il y a beaucoup de voleurs, dit Mr. de Montesquieu, il se commet beaucoup de vols.

Je pense que le système de la métempsycose a fait imaginer qu'on pouvoit se rendre immortel, c'est-à-dire, qu'on pouvoit mettre son ame en état de passer d'un corps humain dans un autre corps humain pendant une suite de siecles innombrables sans passer par celui des bêtes immondes, ou par celui des plus foibles insectes. Ensuite il est survenu, comme cela arrive toujours, des charlatans qui ont expliqué dans un sens purement physique, ce qui devoit s'entendre dans un sens purement moral. Alors on ne crut plus que la justice, la charité, le travail, étoient des vertus ou des qualités nécessaires ; mais qu'il falloit découvrir des plantes, qui pussent opérer directement sur les organes, & leur donner de l'indestructibilité.

Il ne fut point difficile à des imposteurs d'inculquer des idées si flatteuses & si extravagantes à des hommes grossiers, & à des princes, qui, depuis que le monde existe, ont été la dupe des plus absurdes projets & des plus folles espérances.

Quoiqu'il en soit, les Scythes connus plus particuliérement sous le nom de *Sacques*, infecterent les Persans de leur opinion touchant cette immortalité qu'on peut se procurer par le moyen de certains végétaux ; & les recherches des mages de la Perse se dirigerent surtout vers un arbuste appellé *Hom*, & qu'on croit être le même que celui dont parle Plutarque sous la dénomination corrompue d'*Omomi* (a), & qu'il

---

(a) *Au Traité d'Isis & d'Osiris.*

dit avoir employé par les Persans dans des sacrifices très-superstitieux. Il se peut que les fables des Grecs au sujet de l'ambrosie dérivoient de cette admirable doctrine des mages ; car, parmi les fables Grecques, on en trouve plusieurs qui leur venoient de l'Orient, & même de l'Inde. Les choses bizarres qu'on lit dans la comédie des oiseaux d'Aristophane touchant l'alouette, qui est vrai-semblablement l'hupée, sont mot pour mot conformes à ce que les anciens Indiens ont écrit de la Hupe, que Mahomet a aussi jugé à-propos de mettre dans l'alcoran, où l'on dit que cet oiseau découvre les sources & les veines d'eau au travers des terres qui les cachent. Et c'est une grande honte pour le dix-huitieme siecle qu'on y ait renouvellé de si monstrueuses absurdités par rapport à je ne sais quels enfants de France & d'Autriche, & cela dans l'instant même que je composois cette section, sans avoir eu la moindre connoissance de la lettre que M. de la Lande a publié depuis.

D'autres Scythes, qui avoient d'abord séjourné dans le Thibet, porterent à la Chine la chimere du breuvage de l'immortalité ; & on dit que l'empereur *Scki-chuan-di*, qui monta sur le trône en 251 avant notre ere, voulut absolument prendre cette liqueur ; mais les imposteurs, auxquels il s'adressa, furent assez habiles pour lui persuader qu'il n'y avoit aucune vertu dans la plante *Pusu*, que produit la province de *Huquang* ; qu'on la croyoit à la vérité assez forte pour faire rajeunir ; mais qu'on n'en connoissoit pas d'exemple bien avéré, & qu'enfin, dans toute l'étendue de la Chine, il ne croissoit aucun végétal propre à en extraire le breuvage de l'immortalité : mais qu'il falloit chercher de telles racines dans la Tartarie ou dans des isles situées à l'Orient de la Corée, où on les trouveroit infailliblement. Là-dessus *Schi-chuan-di* fit équiper un navire, qu'il envoya vers le Japon pour y examiner les productions du regne végétal, mais ceux, qui entreprirent ce voyage, ne jugerent pas à-propos de revenir. Et nous avons eu des historiens assez imbécilles pour prétendre que c'est par l'équipage de ce vaisseau ou par cette colonie que le Japon a été peuplé: aussi les habitants, dit le pere du Halde, s'y font-ils encore gloire aujourd'hui de descendre des Chinois. Mais comment oseroit-t-on répandre en Europe des fables si grossieres? puisque les Japonois savent indubitablement qu'ils ne descendent point des Chinois; & ils ont tant de mépris pour le jargon de la Chine, qu'ils l'appellent la *langue de confusion*, où les plus habiles ont souvent peine à se faire comprendre les uns aux autres. (a)

Vers l'an 157 avant notre ere, un autre empereur de la Chine, nomme *Ven-ti*, prit des précautions beaucoup meilleures que celles de *Schi-chuan-di* pour se procurer le breuvage de l'immortalité: il le but en secret, & expira à la fleur de son âge. Quarante ans après, l'empereur *Wou-ti* parvint encore à se procurer une drogue de cette espece; mais comme il tarda trop à la prendre, un courtisan la lui vola, à ce que disent les historiens Chinois, qui ont souvent inféré dans leurs annales des contes dignes des *mille & une nuit*. Tout ce qui s'est passé depuis cette époque dans l'intérieur de la Cour par rap-

---

(*) Mr. Boysen suppose que l'Empereur *Schi-chuan-di* n'avoit que des vues de commerce, lorsqu'il envoya une colonie aux isles du Japon. Mais on ne peut gueres parler positivement de tout ce qui s'est fait à la Chine deux ou trois cent ans avant notre ere.

port à ces extravagances, a été tenu fort secret, & il n'en a rien transpiré pendant plusieurs siecles.

Quant à ces personnages qu'on nomme *Laokium* & *Confucius*, ils nous sont trop connus pour qu'on puisse déterminer s'ils se sont aussi appliqués à la magie, & à la recherche des qualités surnaturelles des végétaux. C'est sans le moindre fondement que dans un roman qui a paru en Europe sous le titre d'*Yu le grand & Confucius*, on attribue à ce dernier des connoissances dans la chymie, & même dans l'astronomie, quoique ni de son temps, ni plus de dix-sept-cent ans après sa mort aucun calendrier de la Chine n'ait été exact, & les premiers de cette espece qu'on y ait vus, furent dressés par des savants étrangers, amenés par le conquérant *Koublai*; sous le regne duquel tout ce pays changea de face, comme on le verra fort clairement dans la section suivante, qui est à la tête du second volume.

Nous devons maintenant rendre compte de quelques événements, qui paroissent revêtus de la certitude; parce qu'ils sont arrivés dans un temps où l'histoire n'étoit plus absolument un chaos d'absurdités & de mensonges mêlés de peu de vérités. En 820 après notre ere, un misérable empereur de la Chine, nommé *Hien-song*, prit le breuvage de l'immortalité, & expira plus promptement que si l'on eût percé son cœur avec un poignard; ce qui a fait soupçonner que les eunuques, qui étoient alors les souverains de l'empire, avoient répandu du venin dans sa coupe, mais ce soupçon, que je ne sens pas beaucoup de répugnance à admettre, n'est cependant point absolument fondé. Car une potion de cette nature a pu être extraite d'herbes malisantes, & de drogues, que ceux qui les employerent, ne connoissoient pas. Et cela est d'autant plus croyable, que trente ans après ce fatal accident l'empereur *Suen tsong*, qui but encore une liqueur semblable, en contracta une maladie qui le conduisit au tombeau à pas précipités; & on croit que l'empereur *Wou-tssong*, en étoit mort aussi en 846.

Ces faits éclatants, parvenus à notre connoissance, peuvent donner une idée de ce qu'il doit y avoir eu d'hommes obscurs parmi le peuple, empoisonnés par cette manie, qui étoit dans sa force lorsque les Tartares Mongols envahirent la Chine, & comme ces conquérants firent tout ce qui fut possible pour policer leurs nouveaux sujets, il y a bien de l'apparence qu'ils recherchèrent les livres qui traitoient du breuvage de l'immortalité, & les firent jeter au feu: quoique de certains chroniqueurs prétendent qu'on ne brûla ces ouvrages vraiment dignes de l'être, qu'en 1368. Ce qui n'est nullement probable, & il y a en cela une erreur de quelques années: car dès que la dynastie des *Yuen* fut éteinte, & la domination des Tartares Mongols anéantie, les Chinois recommencerent à travailler à leur élixir. En 1564 l'empereur *Yia-tsing* le but, en mourut, & c'est là la derniere victime dont l'histoire nous ait conservé le nom.

Il est presque inutile d'avertir que tous ceux, qui se déterminent à faire usage de ces drogues, les acompagnent de cérémonies superstitieuses & supplées par des moines: & qu'enfin ils se soumettent à des pratiques magiques, vaines, pitoyables, & auxquelles on peut appliquer ces expressions de Tacite,

Stolida, vana; si mollius acciperes, miseranda.

Telle a été la démence incorrigible d'un peuple, que les jésuites ont tâché de reprétenter aux yeux de l'Europe comme une société de Philosophes; mais il y a bien de l'apparence que jamais les jésuites n'ont su en quoi la vraie philosophie consiste. Et d'ailleurs ils se sont contredits eux-mêmes dans leurs relations de la maniere la plus palpable. Le pere Trigault, qui se trouvoit à Pekin avant la conquête des Tartares Mandhuis, assure qu'on ne connoissoit alors dans cette ville que très-peu de mandarins & de magistrats, dont l'esprit n'eût été infecté & corrompu par cette folie (a).

Comme ce n'est point proprement sur les terres de la Chine, que doit croître la plante la plus spécifique, il y a bien de l'apparence que la réputation dont jouit le *Jaen-Saem*, qu'on tire de la Tartarie & de la Corée, n'est fondée que sur l'usage qu'on en a d'abord fait dans le prétendu breuvage de l'immortalité, ainsi que je l'ai déja insinué en parlant de cette racine dans l'article qui concerne le régime diététique : car enfin il est possible que les Chinois aient fait des découvertes utiles sur les végétaux, en cherchant le *Pusu*, le *Ku-y* & d'autres chimeres de cette espece.

Quant à de véritables chymistes, il n'y en a point à la Chine, & on ne trouve dans les pharmacies de ce pays que des graines, des herbes & des racines, soit fraîches, soit desséchées; & jamais des liqueurs distillées, des sels factices,

ni

(*a*) *Et quidem in hac regiâ Pequinensi, in quâ degimus, pauci sunt omnino magistratus, eunuchi, cœterique Primores, qui non hoc insaniæ morbo laborent. Et quoniam non desunt discipuli; ita neque magistri: superioribus tanto cariores, quanto immortalitatis per se majus est studium, & acrioribus igniculis excitat ambientes.* Exped. apud Sinas. p. 101.

ni en un mot aucune préparation chimique. Ce sont les feux d'artifice, qui ont fait soupçonner que ce peuple possédoit des connoissances fort étendues dans la Pyrotechnie, mais si cette supposition devoit avoir lieu a son égard, elle seroit beaucoup plus fondée à l'égard des Persans, dont les feux d'artifice surpassent ceux de la Chine. Et cependant on ne sauroit dire qu'ils ont été instruits, puisqu'ils emploient de certains procédés inconnus en Europe même.

Il faut que la poudre à canon ait été trouvée par différentes nations de l'Asie, situées à d'immenses distances les unes des autres ; sans quoi nous ne verrions point les Achemois en reclamer l'invention tout comme les Thibetains, & il se peut qu'en réduisant à sa juste valeur ce que dit Marc Paul de quelques prétendus prodiges, opérés par les Lamas, on trouveroit qu'ils ne se servoient que de la poudre.

S'il est vrai que le salpêtre est extrêmement abondant dans le Thibet ; s'il est vrai, comme de certains voyageurs le prétendent, qu'en quelques endroits la terre y est couverte d'efflorescences qui s'élevent comme l'herbe, il y auroit une raison naturelle pourquoi on y a connu depuis long-temps la détonnation & la grande inflammabilité de ce sel, qui, par lui-même, comme Lemery le prétend, ne produit point de flamme dans des creusets rougis ; mais le soûfre & le charbon, qui s'y mêlent, lorsqu'on le jette dans un feu de bois, suffisent pour occasionner de tels effets. (*a*) On assure qu'au Pégu le salpêtre croît encore plus copieusement dans les campagnes qu'au Thibet même, & il y est dans un état de pureté si grand, qu'on peut l'employer sans qu'il soit nécessaire de le raffi-

---

(*a*) *Cours de Chymie*. p. 433.

ner. Au reste, il est difficile de savoir par le moyen de quel peuple les Chinois sont parvenus à connoître la poudre ; car si c'étoit une découverte qu'eux-mêmes eussent faite, il est indubitable que leurs annales en indiqueroient à-peu-près l'époque ; mais on n'en trouve pas le moindre mot, & il n'est point vrai qu'il en soit parlé dans le livre intitulé *Sun-tse-ping-fa*, au chapitre qui traite *des cinq manieres de faire la guerre par le feu*, & où l'on ne voit autre chose sinon les pratiques des incendiaires réduites en regle, & ce n'est point là le seul endroit de cet ouvrage, sur lequel nous ayions dû faire un cri ; car il contient différentes maximes diamétralement opposées au droit des gens, opposées au droit de la guerre & de la paix.

Le silence, que les Chinois ont gardé sur l'invention de la poudre, s'étend également sur celle de la porcelaine. Le pere Dentrecolles, qui a fait des recherches sur les lieux, qui a interrogé les ouvriers dans les fabriques, qui a feuilleté différentes chroniques particulieres, n'a jamais pu rien apprendre à cet égard ; comme si dans ce pays on eût affecté de supprimer les époques intéressantes de l'histoire des arts qu'on prétend y avoir découverts : ce qui a fait naître de grands soupçons. Et on ne parviendra jamais à la connoissance de quelque vérité importante, si l'on ne prend des informations dans trois endroits différents de l'Asie : d'abord aux Indes, & principalement à *Bénarez* ; ensuite à *Balk* & à *Samarcand*, où l'on suppose qu'il existe des pieces recueillies par des gens de lettres, qui étoient en correspondance avec les astronomes, les géographes & les architectes que Koublai-Kan appella à la Chine. Le dernier endroit & le plus intéressant de tous est *Brantola* où résident les grands Lamas ;

comme la succession de ces pontifes a été fort régulièrement suivie pendant un long laps de siecles, il n'est presque point possible que leurs archives ne renferment quelques documents qui pourroient répandre beaucoup de lumiere sur différentes parties de l'histoire Chinoise. Mais il faudroit pour cela savoir exactement la langue du Thibet ; tandis que l'Arabe suffiroit pour les recherches qu'on voudroit entreprendre à *Samarcand* & à *Balk*. La difficulté de pénétrer au Japon, & de s'y fixer pendant quelques années, fait qu'on ne pense pas au projet d'y envoyer des savants. Quant aux jésuites François de *Pekin*, les fragments qu'ils envoient de temps en temps à leurs correspondants d'Europe, sont des pieces de nulle importance ; & on ne sauroit dire combien peu l'ouvrage intitulé *l'art militaire des Chinois par le pere Amiot*, a répondu à l'idée, qu'on s'en étoit formée avant qu'il eût paru. Je soupçonne ce missionnaire d'avoir été très-peu versé dans les matieres qu'il a traitées ; & ce qui a semblé surprenant, c'est qu'il assure qu'à la Chine chaque soldat fait lui-même sa poudre, tant celle qui sert à la charge que celle qui sert aux amorces. (*a*)

Les fusils, dont les Chinois font aujourd'hui usage, ont été indubitablement copiés sur des mousquets à fourchette, tels qu'en portoient les Portugais & les Espagnols vers la fin du quinzieme siecle ; & dont les premiers modeles ont apparemment été envoyés de *Macao* dans l'intérieur de la Chine.

Ce sont des machines mal imaginées, gê-

(*a*) Art Militaire *des Chinois* in-4to. *avec des fig. enluminées. Paris* 1772. *pag.* 370. Nous parlerons ail-

nantes qu'on allume avec des mêches qu'on appuye sur une espece de pied, qui tient au corps de l'arme ; d'où il résulte qu'on ne peut y former les lignes de trois rangs de fusiliers, qui s'embarrasseroient trop les uns les autres : & il y a apparence qu'on renforce les lignes par des gens armés d'arcs & de flêches. C'est néanmoins cette mauvaise espece d'arquebuse, qui paroît avoir fourni aux Tartares Mandhuis l'idée d'une arme à feu fort meurtriere, & laquelle étant jointe à leurs canons de campagne, qui sont très-aisés à transporter, a pu réduire les *Eleuths*, & faire de l'empereur *Kien-long* un conquérant, qui possede plus de terrain que n'en parcourut jamais *Gengis-Kan*: car on suppose qu'il est maître de la troisieme partie du continent de l'Asie ; & dans ce vaste empire il n'y a presque pas un soldat Chinois, toute la milice de la Chine étant composée de Tartares. Quelques princes foibles & indolents, qui surviendront bientôt dans la dynastie actuellement régnante, renverseront cet édifice plus promptement qu'on ne l'a élevé.

Les Chinois assurent qu'ils ne sauroient employer des pierres à leurs fusils, parce que, par un effet du climat, les pyrites y deviennent humides au point de ne pouvoir tirer une seule étincelle de l'acier ; mais comme on n'a rien conservé de tel dans les armes à feu apportées de la Russie à Pekin, (*a*) je crois que c'est une fiction, par laquelle ils tâchent d'excuser le peu d'industrie de leurs armuriers, qui sont hors d'état d'exécuter les différentes pieces de la bat-

---

(*a*) Voyez *intermony*, Journal d'un voyage fait à Pekin. Tom. I. pag. 307. On porte des pierres de fusil de l'Europe à la Chine en grande quantité.

terie; de sorte qu'on s'y voit dans la nécessité de faire usage des mêches.

Ce qui supposeroit le plus de connoissances chymiques dans les Chinois, c'est l'emploi qu'ils font d'une infinité de substances pour colorer la porcelaine. Mais on ne sauroit croire avec quelle simplicité ils operent ; & ce n'est proprement que pour tirer le rouge d'une espece de couperose, qu'ils se servent de deux creusets. Toutes leurs autres couleurs sont des matieres qui, comme l'azur, n'ont besoin que de recevoir une simple torréfaction ou une calcination dans des fourneaux ordinaires.

Du reste, ils ne connoissent ni l'eau forte, ni l'eau régale : tellement que le peuple, qui doit faire purifier son argent pour payer les impôts & les douanes, perd l'or qui pourroit y être mêlé. Car leurs affineurs n'emploient que la coupelle, & ne sauroient, faute d'eau forte, procéder au départ, la seule opération qui sépare l'or d'avec l'argent. Ce seroit une tyrannie insupportable de la part du gouvernement, de ne vouloir recevoir dans les caisses du souverain que du métal purifié, si l'extrême friponnerie des Chinois ne rendoit cette précaution absolument nécessaire ; & c'est leur faute, lorsque l'argent, qui sort des coffres de l'empereur, tel qu'il y est entré, reçoit une aloi dans le commerce. Or il y a de cet argent dans le commerce, qui a perdu la neuvieme ou la dixieme partie de sa valeur intrinseque. L'établissement d'une autre monnoie que de celle de cuivre est, selon tous les politiques de ce pays, une chose impossible, parce que cela feroit naître une multitude ou pour mieux dire une nation entiere de faux monnoyeurs. Mais ce malheur ne seroit point à craindre, si les mandarins & les magistrats étoient des hommes de probité, & sur la foi desquels on pût se reposer : car s'ils ne connivoient pas avec les faux monnoyeurs, on les empêcheroit de devenir assez redoutables pour entraîner la combustion de l'empire. D'ailleurs il se commet, au moyen de la méthode actuelle, plus de fraudes & de malversations qu'on ne pourroit le dire ; comme cela est assez démontré par l'existence de l'argent, que les Tartares nomment *marfea infa*, & que les Chinois ont altéré au point qu'il ne vaut pas, à vingt pour cent près, l'argent qui sort du trésor impérial : or, ceux qui n'ont point de bonnes pierres de touche, ou qui ne savent pas bien lire, comme les gens de la campagne, prennent ce métal pour plus qu'il ne vaut. Quelques personnes ont cru que les Chinois sont hors d'état de graver des coins d'acier, puisqu'ils coulent même leurs monnoies de cuivre ; mais si c'étoit là le seul obstacle qui arrêtât chez eux l'introduction des especes d'or & d'argent, on pourroit y appeller des graveurs d'Europe, ils savent fort bien contremarquer les pieces de fabrique étrangere, qui ont cours dans le commerce de Canton.

Ce qu'on vient de dire des préparations propres à dompter la porcelaine, doit s'étendre aussi de celles dont on use pour teindre les étoffes de soie, & même des lames de corne destinées à faire des lanternes, pratique connue des Romains au temps de Plaute. Mais il seroit à souhaiter qu'on pût démontrer, par des monuments historiques, que dans l'antiquité les étoffes de la Chine étoient déja ce qu'elles sont aujourd'hui.

Les savans disputent beaucoup sur la nature de la soie qu'on recevoit jadis de la Sérique ; & à ne suivre que les notions que les auteurs nous ont laissées, ce n'étoit qu'un fil fait par des vers sauvages, qui travailloient sur les arbres dans l'Igour, & dont les vers apprivoisés ou domestiques descendent indubitablement. Mais loin que cette soie de la Sérique eût reçu une belle teinture avant que d'être apportée dans l'Occident, je trouve au contraire que c'est dans l'Occident qu'on la teignoit, soit avec la pourpre de Tyr, soit avec d'autres couleurs précieuses. (*a*)

Il est vrai qu'on tire encore maintenant de la Chine beaucoup de soies crues, qui ont cet œil ou ce teint jaunâtre que Claudien appelle *luteus*; mais si les anciens eussent connu les belles étoffes teintes de ce pays, il est plus que probable qu'ils en auroient parlé dans leurs ouvrages, où l'on ne trouve pas un mot qui y soit relatif, non plus qu'à la porcelaine, dont on ne voit d'ailleurs aucun fruste, aucun débris dans tout ce qui se déterre à Rome, & dans les autres villes de l'Italie, comme M. Winkelman l'avoit déja observé en combattant la fausse opinion de Marriette sur les vases murrins. (*b*) De tout cela il paroît résulter que, vers le temps dont on parle, les Chinois n'avoient presque aucune communication avec leurs voisins, ou que les arts n'étoient pas encore portés chez eux à ce degré où on les a

---

(*a*) . . . . *Tribuere colorem*
  Phœnices, Seres subtegmina. Claud. de *IV. Consf. Hon.*
Ce Poëte dit encore ailleurs :
  Pars infecta croco velamina lutea Serum
  Pandite
Lucain, en décrivant le voile de soie que portoit Cléopatre, dit qu'il avoit été teint de pourpre de Sidon.

(*b*) *Descript. des pierres gravées du Baron de Stosch.* Class. V.

vus depuis la conquête des Tartares Mongols. Une découverte, qui n'a, à la vérité, aucun rapport direct à la chymie, mais dont ils se glorifient extrêmement, est celle du papier, qu'ils assurent avoir été faite sous le regne de *Ven-ti*. Quand ensuite on leur demande de quelle maniere étoient fabriqués les livres qu'ils disent avoir été brûlés long-temps auparavant & sous le regne de *Schi-chuan-di*, alors ils sont déconcertés & ne savent que répondre : car ils n'oseroient mettre en fait qu'on a connu chez eux l'usage du velin, ni avouer non plus que les prétendus livres brûlés sous *Schi-chuan-di* n'étoient que des tablettes de bambou ou des morceaux de bois. Nous ne prétendons pas ici tirer les lettrés Chinois de leur embarras ; mais il est possible qu'anciennement ils aient eu des livres faits d'étoffes de soie. Et en ce cas on a eu très-grand tort d'y substituer la plus mauvaise espece de papier qu'on puisse imaginer ; puisqu'un volume, dont les feuilles seroient de tafetas ou de satin, dureroit cinq ou six fois plus long-temps que le papier sur lequel les lettrés font imprimer aujourd'hui leurs ouvrages. (*a*)

―――――

(*a*) Le P. du Halde, (*Descript. de la Chine*. Tom. I. p. 350.) dit que dans tous les temps au regne de *Ven-ti*, qui mourut en l'an 157 avant notre ere, les Chinois écrivoient avec des cloux ou des pointes de fer sur des feuilles d'arbres & des écorces. Mais d'où le sait-il ?

D'ailleurs quelle idée peut-on se former d'une écriture faite avec des pointes de fer sur des feuilles, quand même ce seroient celles d'Aloé ou de Bananier ? Il faut supposer que les écorces de certains arbres ont pu être enduites de cire ou de mastic où l'on gravoit avec des stylets. Ainsi c'est parler improprement, lorsqu'on dit que *Schi-chuan-di* fit brûler des livres ; puisqu'il n'en existoit pas encore de son temps.

L'époque de l'invention du papier est extrêmement incertaine à la Chine.

sur les Egyptiens & les Chinois.

Nous avons déja fait remarquer au lecteur, que les Chinois ont une inclination superstitieuse pour un certain nombre impair ; or, tout ce qu'ils ne sauroient diviser par neuf, ils le divisent par cinq ; & c'est en conséquence de ces folles idées qu'ils ont établi qu'il y a cinq vertus morales, cinq livres canoniques ou cinq *Kings* ; cinq couleurs foncieres, cinq sortes de goûts, cinq tons de musique, cinq graines alimentaires, & pour comble de ridicule cinq éléments, parmi lesquels ils comptent le bois ; ce qui prouve qu'ils n'ont jamais eu la moindre notion de la chymie proprement dite : puisqu'il n'y a pas de corps qui soit plus aisé à décomposer, & il n'y en a pas qui soit plus manifestement accumulé de substances hétérogenes.

Ils ont aussi rangé parmi ces éléments tous les métaux quels qu'ils soient. (*a*) Et je pense qu'en cela on excusera plutôt leurs prétendus physiciens, que par rapport aux productions du regne végétal.

Comme il n'y a pas de doute que le penchant de ce peuple pour le nombre neuf, ne lui vienne des Scythes ou des Tartares, il seroit assez inutile d'en rechercher ici l'origine. Mais sa passion pour le nombre cinq dérive, selon nous, de cette mémorable erreur en cosmographie suivant laquelle il faisoit & fait encore le monde carré ; tellement qu'il s'est imaginé que les quatre coins

---

(*a*) Après le bois & le métal, les Chinois comptent parmi les éléments l'eau, le feu & la terre. J'ai toujours été étonné qu'ils aient pu se résoudre à partager seulement l'année en quatre saisons ; ce qu'ils ont peut-être adopté de quelque autre nation. L'année des Egyptiens n'étoit divisée qu'en trois saisons, & au lieu d'avoir cinq tons de musique, comme les Chinois, ils en avoient sept, & autant de notes.

de la terre & le ciel produisoient une somme mystique, par laquelle il falloit regler tout ce qui ne pouvoit l'être par le nombre neuf, qui a eu, dans ce pays-là, plus d'influence qu'on ne seroit incliné à le croire, dans les opérations & les maximes de la guerre ; tandis que les destinées de l'empire étoient attachées, suivant l'opinion vulgaire, aux neuf vases d'airain que fit faire *yu* le grand, qui pourroit bien être un personnage imaginaire ; mais l'existence des vases paroît très-réelle. J'insiste sur ces faits, parce que je suis le premier qui en ai découvert les conséquences dans différents points d'histoire, dont la solution eût été sans cela désespérée. Et on voit par tout ceci combien les idées des Chinois ont toujours différé de la doctrine des Egyptiens, chez qui la découverte des planetes accrédita certainement beaucoup le nombre septenaire, dont il existe tant de traces encore dans le Judaïsme. Mais cela n'empêche point que les Egyptiens n'aient surpassé les Chinois dans l'art de faire des observations & d'étudier la nature, comme on a pu s'en convaincre par l'analyse de leur régime diététique, qu'en son genre on doit nommer un chef-d'œuvre ; puisqu'il eût été impossible au plus habile médecin de rien imaginer de plus propre & de plus convenable à la complexion de ce peuple.

Comme il y a des pays où la conquête a tout détruit, il y en a d'autres où les conquérants ont tout vivifié ; & tel a été deux fois le bonheur singulier de la Chine. Quand on y voit entrer les Tartares Mongols, on s'imagine que ces usurpateurs vont tout dévaster, & changer les villes en autant de monceaux de ruines ; mais ils firent le contraire. Quand on y voit entrer les Tartares Mandhuis, on s'attend encore à une combustion générale ; mais il y a cent & vingt-huit ans que ces conquérants travaillent avec une ardeur inconcevable à policer & à instruire les Chinois : ils n'ont épargné ni soins, ni dépenses pour faire traduire des livres utiles, pour se procurer des machines & des instruments, pour attirer des artisans d'Europe, & des gens capables au moins de faire un almanach & de dresser une carte, sans le secours de laquelle les anciens empereurs de la Chine n'ont pas même connu leur propre pays : car, loin de parcourir les provinces, ils ne se montroient que rarement aux environs de la capitale, & n'avoient point un seul géographe dans tous les états. Ce qui choqua le plus l'empereur *Can-hi*, ce fut de ne pas trouver à la Chine des fabriques de verre, & il en fit d'abord établir une à Pekin, qu'il prenoit plaisir à visiter encore quelques années avant sa mort. Quoique cet établissement n'ait fait que languir comme tous ceux qui appartiennent immédiatement aux despotes de l'Asie, les Tartares ont néanmoins depuis jugé à propos de défendre l'entrée du verre d'Europe par la voie de *Canton* ; & Mr. Osbeck dit que cette loi étoit encore dans sa vigueur en 1752.

Si, malgré tout cela, la dynastie actuellement régnante étoit demain précipitée du trône, on verroit les Chinois en dire & en écrire autant de maux qu'ils en ont répandus au sujet de *Koublai-Kan*, qui mettoit, suivant eux, trop de confiance dans des hommes venus de l'Occident. Mais ce sont des hommes venus de l'Occident, qui ont fait le grand canal royal, & changé toute la face de la Chine, comme on le verra dans l'instant ; car il faut ici terminer ce volume.

Fin du Tome premier.

www.ingramcontent.com/pod-product-compliance
Lightning Source LLC
Chambersburg PA
CBHW050805170426
43202CB00013B/2572